COMMUNITY

THINKING

RETAIL

新社群
新思维
新零售

庄崇沣◎著

清华大学出版社
北京

内容简介

本书内容基于作者近 20 年的阅读和工作实践的体会进行组织，其中也反映了作者与近百位中小微企业业主深入沟通后的感悟。全书共分成三部分，第 1～5 章是新社群，第 6～10 章是新思维，第 11～16 章是新零售。新社群重新定义了投资者、生产者和消费者之间的关系，是未来新的组织结构。新零售则重塑了生产商、零售商和消费者之间的关系，是未来新的商业模式。这两者都是以人为核心，把人当作新的传播节点。新思维则是连接上述两者的桥梁。

本书适合电商店主、运营主管、中小微企业业主、线下实体零售（如便利店、生鲜超市相关的店主等）、软件服务商、物流提供商阅读，同时也可作为电商培训学校的参考书。

图书在版编目(CIP)数据

新社群新思维新零售 / 庄崇沣著. — 北京：清华大学出版社，2017（2019.9重印）
ISBN 978-7-302-47483-8

Ⅰ. ①新… Ⅱ. ①庄… Ⅲ. ①网络营销 Ⅳ. ①F713.365.2

中国版本图书馆CIP数据核字(2017)第129599号

责任编辑：张　敏
封面设计：杨玉兰
责任校对：胡伟民
责任印制：李红英
出版发行：清华大学出版社

网　　　址：http://www.tup.com.cn，http://www.wqbook.com
地　　　址：北京清华大学学研大厦A座　　　　　邮　　编：100084
社 总 机：010-62770175　　　　　　　　　　　邮　　购：010-62786544
投稿与读者服务：010-62776969, c-service@tup.tsinghua.edu.cn
质量反馈：010-62772015, zhiliang@tup.tsinghua.edu.cn

印 装 者：三河市金元印装有限公司
经　　销：全国新华书店
开　　本：170mm×240mm　　　印　　张：17　　　字　　数：305千字
版　　次：2017年9月第1版　　　印　　次：2019年9月第4次印刷
定　　价：49.80元

产品编号：072307-01

序

五百年前，天泉桥畔。

阳明先生悠然吟出了四句必将流传千古的名言："无善无恶心之体，有善有恶意之动，知善知恶是良知，为善去恶是格物。"

在阳明先生看来，良知，是判断善恶的根本。所谓"是非之心，不待虑而知，不待学而能，是故谓之良知"。

于是，在五百年后的今天，当阳明心学被商业人士莫名推崇的时候，"致良知"作为阳明心学的主旨，也就成为了商界名流们脱口而出的金句。

之所以会提到这个问题，是因为在庄先生的书中看到了四个字"回归人性"，庄先生认为，那些符合人性的社群文化有助于把人类的有限发展变得最大化。

在社群商业模式如日中天之时，有必要好好讨论一下这个问题。

毋庸置疑，在社群经营者的眼里，人性是重中之重。

这里的人性包含两层意思：第一层意思是尊重社群成员的人性，即为个性；第二层意思是社群经营者自己的人性，此为良知。

这两种人性不是独立的，而是相通的。

社群经营者为什么要尊重社群成员的人性？因为需要人心。

关于人心所向，可以用另外一个词汇来代替，叫作认同。

社群存在的本质是认同。

认同的学术定义是个体关于自己归类于某个群体的积极认知。通俗来说，就是一个人能够打心眼里承认自己是某个群体的一分子，并以作为该群体的一分子而自豪。因此，认同与身份相关，但是又不完全相关。当你以"XX人"来称呼另一个人的时候，也许在你的眼里，他的社会身份就是"XX人"。但是对方听完的反应却未必如此，或许他会骄傲地收下这个称呼；或许他会朝地上吐一口浓痰，并回敬你一句："呸，你才是XX人呢！"对于前者来说，他对"XX"这个群体是有认同的，但是对于后者来说却没有（虽然他本人确实身在其中）。

作为社群经营者，我们当然不希望成员们在提到社群身份时会冠以"呸"这个感叹词。所以，社群经营的核心之一就是认同。我们既希望社群成员能够热情接纳社群的身份，以此为傲；我们也希望社群成员彼此之间能够产生感情，相互依赖；我们还希望社群成员能够积极推动社群建设，共同成长。所以，社群经营者们努力推动社群服务，努力为成员创造平台，希望能够最高程度、最大范围获得社群成员的认同。

现实中的社群经营者，愿望仅限于此吗？

当然不是，为了生存，为了发展，他们还希望变现。

只是，有些人把变现和认同等同了起来。

一念之差，"良知"的天平出现失衡，社群滑向深渊。

社群当然可以变现，社群当然需要变现。正如庄先生所说："无论是在传统社群，还是在新社群里，大家是因为兴趣才走到一起，但是如果没有利益关系，这种关系维持不了多久。"庄先生引用了马克思的一句话来支持自己的观点，"一切经济关系都仅仅是为了平等的利益才被发明的"。

为了生存，为了能够给社群成员提供更优质、更长久的服务，社群必须要获得足够的营养与资源。对于商业社群来说，还要通过交易来获得利润。

但是请注意，交易的主体是产品与服务，而不是认同。

作为互联网先行者，庄先生对此深有感触，他指出："产品一定要好，否则不管是哪个渠道，都不会有任何的机会。"

认同可以在很大程度上提升成员的信任，还可以在很大程度上提升成员的忠诚感，而且是长期忠诚感。这些都无疑有助于社群经营者进行品牌推广和产品交易。但是如果经营者放弃认真经营产品与服务，而试图把认同、信任和忠诚变成赚钱的直接工具，结果会怎样呢？

答案也许是三种：把虚假产品作为交易的对象，沦为诈骗；把成员身份作为交易的对象，走向传销；而把精神控制作为交易的对象，类于邪教。

作为社群研究者，我并不想危言耸听，但是有义务敲响警钟。

我最不想看到的情景是：失去人性的社群经营者，却大肆绑架着民众善良的人性。

所以，我特别欣赏庄先生在讲述"新社群"的同时，还讲述了"新思维"和"新零售"。

他希望用新社群来定义投资者、生产者和消费者之间的关系，用新零售来重塑未来新的商业模式，而把新思维作为连接二者的桥梁。

我这样来理解庄先生的含义：社群的主体是人，零售的主体是产品，用新的思维把两者连接起来，将会形成一种新的组织形式与商业模式。

"把产品做到极致，把服务和体验做到极致，靠人、靠口碑把产品或者服务传播出去。"

庄先生在一次分享中如是说，我把它誊抄在这里，与君共勉。

哈尔滨工业大学经济与管理学院副教授

组织与人力资源系主任

社群与商业模式创新研究中心主任

杨　洋

前　言

　　这是一本"非专业"书籍，没有艰涩难懂的专业词语，也没有高大上的逻辑思辨，更没有哗众取宠的营销案例。只是偶尔从国学和人性入手，够狠也够接地气——有的是作者近20年的互联网实践和生活体验，有的是作者和近百位中小微企业主深入沟通后的深刻感悟。

　　本书共分成三部分，第1～5章是新社群，第6～10章是新思维，第11～16章是新零售。新社群重新定义了投资者、生产者和消费者之间的关系，是未来新的组织结构。新零售则重塑了生产商、零售商和消费者之间的关系，是未来新的商业模式。这两者都是以人为核心，把人当作新的传播节点。新思维则是连接上述二者的桥梁，九大新思维的每一种方式都闪烁着时代和科技的智慧，希望有那么一道光，在某个瞬间，能让你灵光一现，迎来新的"运气"和思路。另外，本书部分图片资料来自于企鹅智酷、阿里研究院、艾瑞、TalkingData等。

　　书中每个章节都有诸多小例子分析，例如"数据决定驱动"这个好像很难理解，但是如果你知道几千年前，宋国养猴子那个老头"朝三暮四"的故事，各位读者肯定都会"啊哦"，原来如此。

　　本书特别适合开网店开得生不如死的网店店主，以及整天被忽悠着赶紧"互联网+"或者"+互联网"的中小微企业主。作为不如意的经营者，与其怨天尤人，还不如好好提升自己。全书共16章，其实只讲了四个字——"去中心化"。如何"去中心化"？除了新社群之外，另外一个就是马云提出来的"新零售"。

　　新零售真的就像2003年的淘宝，那时候马云告诉大家要做淘宝，大多数人说他是骗子，如果这次你再不了解或者拥抱一下"新零售"，10年后，你肯定还是和今天差不多，但是你一定会骂自己，毕竟大势不可违啊。

　　《地心引力》中有一句话说：思考生活的意义并不能帮我们改变世界，但是可以帮我们认识自己。其实，新社群、新零售和新思维一样，都是一种全新的思维方式，我相信，《新社群·新思维·新零售》这"三个新"会让我们全新认知自己。

庄崇沣

目　录

第1章
社群进入移动互联网时代

📖 **本章导读**

　　社群进入移动互联网时代，即进入新社群时代。与 PC 时代的社群相比，新社群已经发生了质的改变，随着手机成为人类器官的延伸，新社群也成为人类社交新体系。

1.1　新社群及定义

1.1.1　什么是新社群

　　什么是群？群，qún，形声。上君下羊，君，取治理意；羊，取人人意。本义是指羊群、兽群，引申为人群、物群。

　　《汉语大字典》中说："群，三个以上的兽畜相聚而成的集体。"而东汉的许慎在《说文解字》里说："群，辈也。从羊，君声。"又说："辈，若军发车，百辆为一辈。从车，非声。"在《礼记》里，也有这样的说法："王为群姓立社，曰大社。"这里的群，显然是指一群人。

　　在移动互联网时代，"群"这个字被赋予了新的含义，"君"是君子文化，是一种价值体系；"羊"则是一种财富，是一种商业交易。先有君子的价值体系，后有交易，两者合在一起，才能做成生意。

"社"就比较好解析了。古代指土地神和祭祀土地神的地方、日子及祭礼。如春社、秋社、社日、社稷；现代字义指团体或机构，指共同工作或生活的一种集体组织，如报社、通讯社、合作社、集会结社。

1. 社群的定义

社群就是一个村落，或者是一个部落，也就是一群人的聚合。

物以类聚，人以群分。简单来说，社群就是一群人的集合，他们有明显且共同的社交属性，如来自同一个家乡、城市，各地的老乡会、某城市的商会等；共同爱好，如喜欢苹果手机的人群聚集在一起的果粉，喜欢小米手机的米粉等；共同偶像，如某明星或者名人的粉丝等。百度百科对社群的定位为：一般社会学家与地理学家所指的社群（Community），广义而言是指在某些边界线、地区或领域内发生作用的一切社会关系。它可以指实际的地理区域或是在某区域内发生的社会关系，或指存在于较抽象的、思想上的关系。除此之外，Worsley(1987)曾提出社群的广泛含义：可被解释为地区性的社区；用来表示一个有相互关系的网络；社群可以是一种特殊的社会关系，包含社群精神（Community Spirit）或社群情感（Community Feeling）。

社群的特征主要如下：有稳定的群体结构和较一致的群体意识；成员有一致的行为规范、持续的互动关系；成员间分工协作，具有一致行动的能力。

社群类型依社会学家不同的分类标准呈现差异性。仅美国社会学家埃班克的《社会学概念》一书就列举了 40 种之多。

2. 150 定律

150 定律（Rule Of 150），即著名的"邓巴数字"，由英国牛津大学的人类学家罗宾·邓巴（Robin Dunbar）提出。150 定律显示，一个人最多只能和 150 个人进行有效的社交交流，超过这个数字，就显得无能为力。

邓巴认为，我们许多人都远离村庄生活，但是却没有脱离这个概念。他让一些居住在大都市的人列出一张与其交往的所有人的名单，结果他们名单上的人数大约都为 150名。邓巴依此根据猿猴的智力与社交网络推断出：人类智力将允许人类拥有稳定社交网络的人数是 148 人，四舍五入大约是 150 人。而精确交往、深入跟踪交往的人数为 20人左右。该定律认为，这是由人的大脑新皮层的应对能力决定的。

随着网络社交的兴起，这一定律也得到验证，美国 Facebook 内部社会学家卡梅伦·马龙（Cameron Marlow）表示，Facebook 社区用户的平均好友人数是 120 人。

150 定律其实还告诉我们，每一个人身后，大致有 150 名亲朋好友。如果赢得了一个人的好感，就意味着赢得了 150 个人的好感；反之，如果得罪了一个人，也就意味着得罪了 150 个人。这就是口碑理论的依据。

1.1.2　进入移动时代

社群进入了移动时代，也就是进入了以智能手机为标配的"微屏微端"的"新社群"时代，和 PC 时代相比，社群已经发生了质的改变。按照马歇尔·麦克卢汉 [①] 的说法"媒介是人体的延伸"，手机已经成为人类延伸的器官，特别是无线网络的诞生，我们彻底摆脱了 PC 的束缚，随时都能处在社交网中，随着 AR 和 VR 的兴起，真实与虚拟交融、线上和线下合流，也就是说，移动时代的泛社交是无缝的。

根据 TalkingData 数据，截至 2016 年 12 月，我国移动智能终端规模达 13.7 亿台。根据中国国家统计局的最新数据显示，2016 年中国总人口为 13.83 亿人，约人均一台智能终端设备，流量经营时代来临，如图 1-1 所示。

2015Q1-2016Q4 中国移动智能终端规模

移动智能终端规模（亿台）　—○— 移动智能终端规模增速(%)

	6.6%	4.8%	4.6%	3.2%	2.5%	1.5%	1.4%	1.2%
	11.3	11.8	12.4	12.8	13.1	13.3	13.5	13.7
	2015Q1	2015Q2	2015Q3	2015Q4	2016Q1	2016Q2	2016Q3	2016Q4

图 1-1　（图片来源：TalkingData）

2016 年 12 月，我国移动智能终端用户中，女性用户的比例达到 46.1%，较 2015 年末有所提升，移动智能终端用户的性别结构更趋于均衡；35 岁及以下用户的比例达 71.5%，35 岁以上用户比例为 28.5%，年轻用户仍然是移动互联网用户的主体，90 后人群正在成长为消费主体，如图 1-2 所示。

---

① 马歇尔·麦克卢汉（Marshall Mcluhan，1911 — 1980 年），20 世纪原创媒介理论家、思想家。

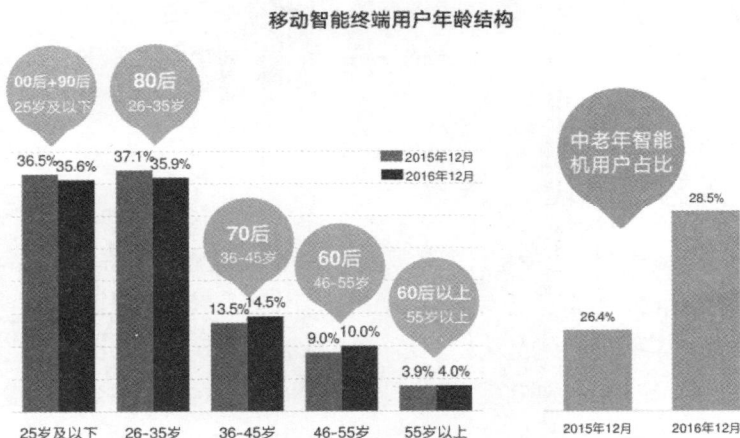

移动智能终端用户年龄结构

图 1-2 （图片来源：TalkingData）

　　2015 年 8 月，在首届"中国互联网移动社群大会"上，腾讯 QQ 联合企鹅智酷发布了《中国移动社群生态报告》，通过腾讯 QQ 独家大数据及海量网民调研，用数据揭秘"群社交"，全面勾勒出国内移动社群生态现状。报告指出，在移动、开放、社交、连接成为行业主流语境的当下，社群已进入"连接一切"的 3.0 时代。以手机 QQ 群为例，月活跃用户从 2013 年 1 月到 2015 年 6 月，复合年均增长率为 72%，社群的移动化趋势十分明显，如图 1-3 所示。

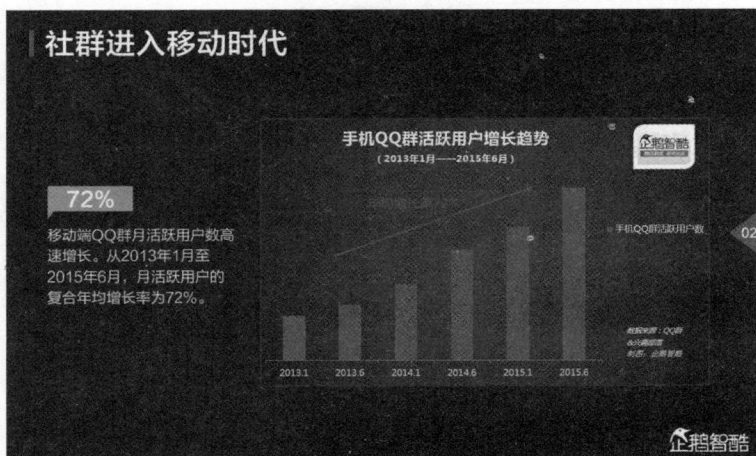

图 1-3 （图片来源：企鹅智酷）

　　而在信息量方面，从 2013 年到 2015 年 6 月，手机 QQ 群的信息量的复合年均增长率为 71%。也就是说，大量的信息从微屏微端发出，如图 1-4 所示。

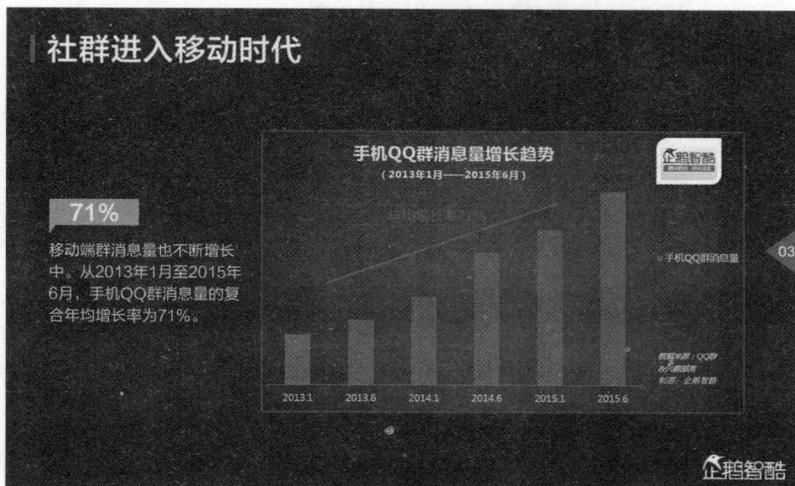

图 1-4 （图片来源：企鹅智酷）

《中国移动社群生态报告》还显示，通过移动端发送的 QQ 群信息量占比已经超过一半，达到 66%，而 PC 端缩减到 34%。

本地群功能受欢迎。拥有地理位置定位功能的手机，为群功能提供了更丰富的使用场景，移动 QQ 用户使用附近的群功能查找和加入新群，活跃的本地群数量年增长率高达 366%。

开通地理位置后群更活跃。手机 QQ 群内用户，开通了地理位置功能，群内互动更活跃，日均消息量比未开通该功能群的平台高出 45%。

1.1.3　新社群的定义

广义上说，新社群就是通过手机等微屏、微端连接在一起的社群组织。狭义上说，新社群就是一群人的连接，在连接人的过程中，通过有温度的内容、有价值的产品、有意义的活动、有统一的价值观、有共同的社群目标及全体群成员的共同利益，基于各种亚文化和互利机制、合作模式等手段，进一步让一群志同道合的人深度聚合和链接的社群组织。

新社群成员以内容为核心，拥有统一的价值观，具有强烈的身份认同和归属感，通过去中心化的社交和网络服务的方式，形成一个强链接关系的社交部落，并彼此建立圈层化互动和体验，从共享和体验中互利，每个人在新社群中是一个内容的贡献者，也是一个获利者。

广义上的社群是"一对多的模式"，是一种明星或意见领袖和粉丝之间的关系，他们没有共同的价值观，最多只有共同的兴趣和爱好而已。狭义上的社群，就严格得多了，必须具有共同的价值观、共同的使命和共同的利益驱使，如公司、宗教、政党等组织。

通过新的移动终端连接的狭义上的社群，称为新社群。

目前的很多社群，更多是微信群而不是社群，更不是新社群。准确地说，他们只是通过微信这个社交工具集合在一起的群而已，并不是真正的新社群，用其他的社交软件也可以完成，如 QQ、陌陌、兴趣部落等，其他很多直播软件也提供群员集合的功能。

目前比较火的罗辑思维和吴晓波频道，也只是传统的"微信群"或者叫"公众号群"，他们通过微信群、公众号、微博、线下读书会、罗友会、音乐会等线上线下相互结合成传统社群组织，与小米的粉丝群没有多大区别，罗振宇和吴晓波的角色仍然属于"意见领袖"，和演艺界的明星和粉丝的关系是一样的，他们只是一种自上而下的单向性组织，这类微信群一般可以分为以下几种类型：

产品型：主要就是以卖货为主的微商群，或者是电商为了能和客户直接交流甚至交易的微信群，其实这是一种自上而下的以产品为主导的粉丝型社区，并非严格意义上的社群组织，小米就是以粉丝运营经济而著名。

服务型：主要是以培训、贩卖知识、内容为主。早期的罗辑思维就定位为"知识人社区"，为会员提供知识型内容消费。之后逐渐转变成卖月饼、茶叶、油等垂直性电商。

人脉型：目前比较出名的有正和岛和创业家，正和岛定位企业家的群体，是高端人脉与价值线上线下相结合的分享型社群。创业家是围绕创业者社群建立的生态链，有"一刊一营一赛"。 还有一些泛交友社群，如 K 友汇。

社团型：各种学习群、跑步群、户外运动群、减肥群，等等，目前相对零散，暂时没有出现影响力较大的社群。

企业型：即企业通过微信群做内控，类似钉钉和纷享销客。企业型微信群是基于契约和利益关系而建立起来的强关系社群，这种微信群具备企业的属性：目标一致、分工明确、流程有序、执行可见。企业型微信群具有一定的新社群雏形。

1.2 社群的分类

1.2.1 泛社交与深度社交

1. 泛社交型社群

微信群不是新社群，微信群只是新社群的一个载体、一个工具。新社群包含一切以微屏、微端入口的社群组织，微信群、QQ 群、兴趣部落、微博、APP 等都只是新社群的载体和连接工具，它们使新社群的聚合成为可能。

虽然微信群很多时候只是基于熟人之间的设计，但微信群仍然属于泛社交型社群。在泛社交型社群中，如果缺乏有内容的产品和KOL(Key Opinion Leader，即关键意见领袖，有专业背景话语权的人)，那么这样的社群无法维持太久，因为泛社交的属性是泛泛之交，没有统一的价值观。微信群和朋友圈在这方面表现特别突出，这也是为什么那么多人在朋友圈或者微信群中发广告，又有那么多人讨厌这种行为。

微信的朋友圈早已经成为社交圈、商品圈和信息圈三圈合一，这与最初腾讯为其定位的社交属性几乎是完全背离，各种信息混杂在一起。

从用户体验来讲，在朋友圈卖货，无疑会严重损害用户的社交体验，微信一直在封杀这个行为。有调查显示，73%的微信用户对朋友圈的营销很不满，只有10.3%的人表示理解，剩下16.7%的人表示无所谓。

微信朋友圈曾经流行这样一个段子：

"身边的朋友们都在朋友圈里卖护肤品、奢侈品，他们都在进行创业，我也不能再低调下去了！本人维修国内外各种航母、核潜艇，回收各国一手、二手卫星，认识的帮我转一下，谢谢了！"

尽管这只是一个玩笑，但是也形象地反映出微商和微营销正在吞噬着朋友圈这个社交平台。

"熟人经济"绑架了友情。现在的朋友圈已经完全变成一个人性展示的舞台，三教九流，各路诸侯纷纷粉墨登场。

腾讯系历来对电商耿耿于怀，在面对微商这个巨大的市场时，微信官方对朋友圈卖货的态度变得暧昧了许多。2016年甚至传言微信将推出一个和朋友圈并存的"购物圈"，一个用来交友，一个用来购物。

2. 深度社交型社群

新社群属于一种深度的社交圈层，不是泛泛而交的泛社交，如图1-5所示。

如图1-6所示，根据马斯洛需求理论，社交属于第三层需求，即在满足了生理需求和安全需求之后的归属需求，即情感和归属的需要，也就是友情、爱情和性亲密；人人都希望得到相互的关系和照顾，社交需求是人类对群体身份

图1-5

的一种强烈情感。感情上的需要比生理上的需要细致,它和一个人的生理特性、经历、教育、宗教信仰都有关系。泛社交能否做到这一点? 显然不能。

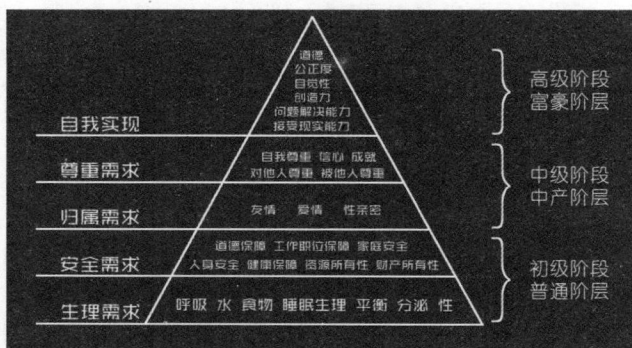

图 1-6

中产阶层需要新社群。也就是说,深度的圈层社交能满足一部分的归属需求之后,必然向更高级别的尊重需求进行发展,也就是自我尊重、信心、成就、对他人的尊重、被他人尊重的需求,成了经济相对独立的中产阶层对精神方面的更高追求,深度的新社群圈层社交能满足这一点。

1.2.2 新社群的四个特质

1. 移动社群的特质

腾讯企鹅智酷关于中国移动社群生态报告显示,移动时代的社群特性,除了大家熟知的本地化、碎片化、去中心化,最引人注目的是首次提到"富媒体化",也就是说社群内部内容信息生产的发布有了不同的玩法,如图 1-7 所示。

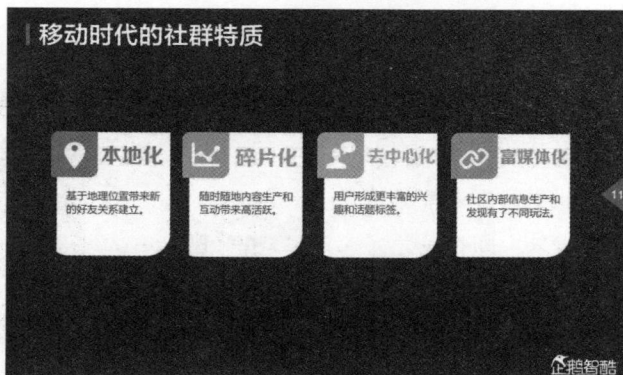

图 1-7

社群进入移动时代，玩法也越来越多，有文字、图片、视频、音频、直播等各种表现形式。好玩、好看、有趣、有料成了体验和互动的关键，优质内容生产成为吸引读者的唯一法宝。现在有很多社群，因为无法生产足够的内容，导致互动严重不足，只能艰难地维持着，所以，内容生产关系到社群的生死存亡。

进入移动时代的社群即新社群有什么特质？

本地化：基于地理位置带来新的好友关系建立。

碎片化：随时随地内容生产和互动带来高活跃。

去中心化：用户形成更丰富的兴趣和话题标签。

富媒体化：社区内部信息和发现有了不同玩法。

2. 新旧社群区别

传统社群和新社群有什么区别和联系呢？传统社群有的特质，新社群基本都具有，新社群有的，传统社群不一定有，也就是说，新社群传承了传统社群的大部分优秀基因并发扬光大，是社群发展的更高阶段。

在 PC 互联网时代，由于 PC 不具备移动性，基于地理信息等社交属性就无法存在，社群更多是以论坛、博客、QQ 群、聊天室等作为载体实现，是一种泛社交的形式，这个时代的社群是一种自上而下的"一对多"模式，是一种网络社区，最多只能称为"粉丝群"，不是真正意义上的社群。

如图 1-8 所示，典型的例子莫过于明星与粉丝的关系，明星与粉丝的直接交流非常有限，粉丝与粉丝的直接交流就更是泛泛之交了，他们之间没有任何利益关系，维系彼此之间关系的唯一纽带就是明星或偶像，当明星或偶像不存在或出现重大意外，粉丝群就会迅速瓦解。

由于以智能手机为代表的智能终端的兴起，社群进入移动时代，社交属性随即发生了重大的变化，从最初的网络社区逐渐发展成以移动端为核心的，连接人、信息与一切的社群生态。移动互联网在互联网基础上，实现了随时随地的互动，并借助通讯录

偶像/名人

图 1-8　（图片来源：艾瑞）

绑定、身份验证、地理位置等技术手段，将线上互动和线下生活融为一体，加上多元化的移动终端和应用服务，使社群功能得到延伸，社群价值得到放大。

如图1-9所示，与一对多的粉丝模式相比，网络社群的传播结构呈网状，节点与节点之间不规则分布，不是传统的一对一传播，而是跨级的、跳跃式、多向性的传播，具有强大影响力，更易形成多层级式的效果，是一种"多对多"的社交模式。

图1-9　（图片来源：艾瑞）

3. 阅读习惯的改变

每次技术的变革，都带来传播的变革，从而带来内容的变革，同时也带来了一系列信息传递、社交行为和商业模式的重大变化。

从甲骨文到竹简、帛书，从雕版印刷到活字印刷术的纸质图书出现，从竖行阅读，到近代的从左到右的图书阅读，到最近30年的PC屏幕阅读，再到最近3年，随着以智能手机为代表的"微屏微端"而兴起的一种全新的"微屏微端阅读"，人类进入了"微屏阅读"模式，社群也进入移动互联网时代。

内容载体的变化不仅带来阅读形式的巨大变化，阅读习惯、阅读场景也随着变化，阅读时间变得更加碎片化。纸质时代我们的阅读方式是一个字一个字念，一段一段，一页一页的读。PC互联网大屏时代，我们阅读新闻博客时是一行一行的看，一目十行的读；现在信息量暴增，读者选择的余地更多，阅读的场景可能是在晃荡的公交车上，或者是在拥挤狭窄的地铁上，大多时候读者扫一眼过去看的就是一屏，是一屏一屏的阅读，看看有没有吸引他的地方，如果没有，就直接关闭或者跳转到其他的地方。

所以，无论从内容创作本身，还是在微小屏幕的内容安排，都要适应这一屏一扫而过的节奏。这对内容创作者和编辑者提出了很高的要求，也就是说，要在每一屏里都有能感动阅读者的句子，要有数据，有关键的信息，要有内容能吸引和打动读者的心。

眼球注意力的转移，也给各行各业带来一系列的连锁反应，同时也带来了新的玩法；做产品、营销、策划，都必须考虑到小屏幕给读者带来的感受，大幅的广告肯定是行不通了，只能把产品做成"内容"，"内容"做成产品，产品做成广告，内容即产品，产品即广告，让商业隐藏于无形之中。

"世异则事异，事异则备变。"语出《韩非子·五蠹》篇，大意是：世道不同了，事物改变了，处世行事的方式方法也要相应变化。

2016 年 4 月 18 日，中国新闻出版研究院发布"第十三次全国国民阅读调查"。报告数据显示，数字化阅读方式的接触率为 64.0%，同比上升了 5.9 个百分点。

其中数字阅读是亮点，首次明显超过纸质阅读。其中成年国民网络在线阅读率首次过半，达到 51.3%，同比增长 1.9%；成年国民手机阅读率最高，达到 60.0%，同比上升高达 8.2% 个百分点，电子阅读器阅读、Pad 阅读及光盘阅读等都呈增长态势。在数字阅读中，微信阅读最为普及，据统计，有 51.9% 的成年国民在 2015 年进行过微信阅读，同比增长 17.5 个百分点，增幅超过 50%。

中国新闻出版研究院院长魏玉山表示，数字阅读尤其是手机阅读发展迅速，移动阅读、社交阅读成为未来的发展趋势。

根据 Trustdata 移动大数据监测平台的数据显示，2016 年上半年 ，移动互联网用户手机使用时长虽然持续降低，但是每日亮屏时长小于 2 小时的用户占比增长至 47.8%。从图 1-10 中可以看出，有超过 52.2% 的用户每日亮屏时长大于 2 小时。

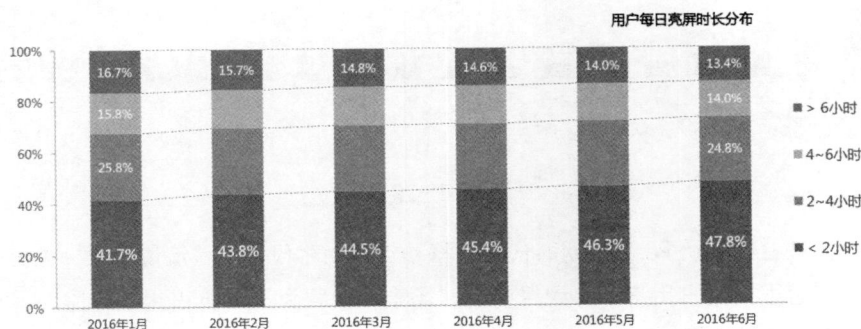

图 1-10　（图片来源：Trustdata）

1.2.3 流量马太效应

无论是在 PC 互联网时代，还是在移动互联网时代，流量越来越向互联网巨头集中。这是一个流量为王的时代，谁把控了流量的入口，谁就具备了分发权。从 PC 互联网向移动互联网过渡，这种状况依然没有得到改善，以 BAT 为主的互联网巨头牢牢把控住用户。

图 1-11 所示的是 2016 年上半年移动应用 MAU（Monthly Active Users，月活跃用户）前 20 排名，微信和手机 QQ 以 71 332 万和 56 120 万遥遥领先对手，如果再加上腾讯系其他应用，如 QQ 浏览器、腾讯视频、QQ 音乐、腾讯新闻等，腾讯系霸占了七成以上的市场。

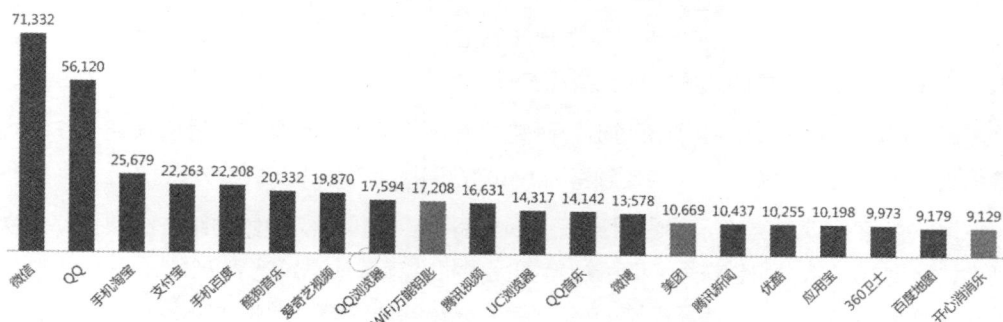

图 1-11

在移动 APP 应用用户使用时长方面，其中腾讯系贡献近七成，而且以腾讯系为代表的几个巨头旗下的移动 APP 应用霸占了移动互联网用户的过半时间。图 1-12 所示是时长占比 TOP20。数据来源：Trustdata 移动大数据监测平台。

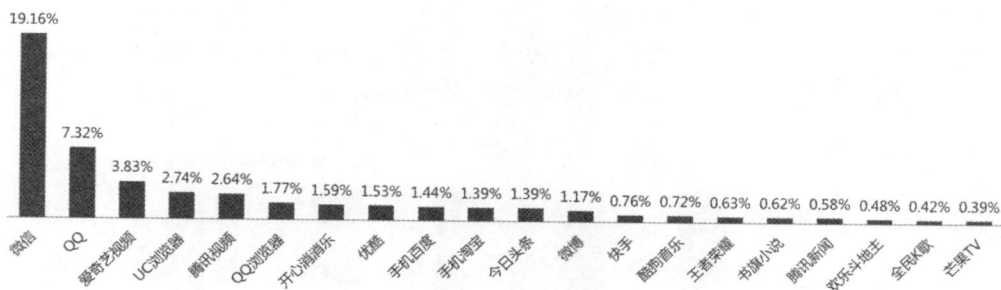

图 1-12

当然，在社群经历 PC 互联网时代进入移动互联网时代，从"流量为王"抢占入口，到以"用户为王"抢占用户，再到目前的"场景和内容为王"抢占用户体验，具有海量优势及较好的应用场景的企业，将会在接下来的行业马太效应中进一步彰显。

不仅如此，流量除了向 BAT 等大企业集中，不以"流量为王"而以"场景和内容为王"的新社群，开始向年轻人集中，年轻人才是未来商业的主角。基于年轻一代的新社群时代，是一个不断拥抱变化的时代。

"唯一不变的就是变化"，这是个最好的时代，也是一个最快的时代，快得连对手都不知道在哪里的时代。就像美军攻打伊拉克，在 2000 多千米外的海上航母发射巡航导弹，一下把伊军干掉，伊军到死都不知道对手在哪里。

诺基亚 CEO 在同意微软收购时最后说："我们并没有做错什么，但不知为什么， 我们输了！" 说完，连同他在内的几十名诺基亚高管不禁潸然落泪。

有个父亲说过这样一段话：我非常不理解湖南台为什么会那么火，有一次我对儿子说，你整天看湖南台，有没有脑子啊。他回答：我为什么要把神经绷得那么紧呢，能不能让我放松一下？我哑口无言。

我们也非常不理解那些所谓的粉丝为什么会在演唱会现场狂叫晕倒，我们也非常不理解为什么那些穿越剧会那么火，为什么那么多的二次元小姑娘在网上火得一塌糊涂。在我们这些 70 后看来，这就是一部"脑残游戏"，可是在 80 后和 90 后看来，却把这些奉为佳肴且乐此不疲。以下这段文字来自《百度二次元吧》，你和 80 后和 90 后隔了几个次元？

其实三次元和二次元没有什么不同。只是你在看韩剧我在看动漫；你在买时尚衣服我在准备 cos 服；你在逛街我在逛漫展；你在买各种首饰我在买各种周边手办；你在追明星我在追 coser；你在拍艺术照我在拍 cos 照。我们只是隔了一堵叫次元的墙。喜欢的次元不同，因此观点也不同，仅此而已。

企鹅智酷调查显示，QQ 上移动社群用户趋于年轻化，社群用户的年龄主要集中在 10 ~ 29 岁，占比近八成，远超中国网民的年龄段比率，如图 1-13 所示。

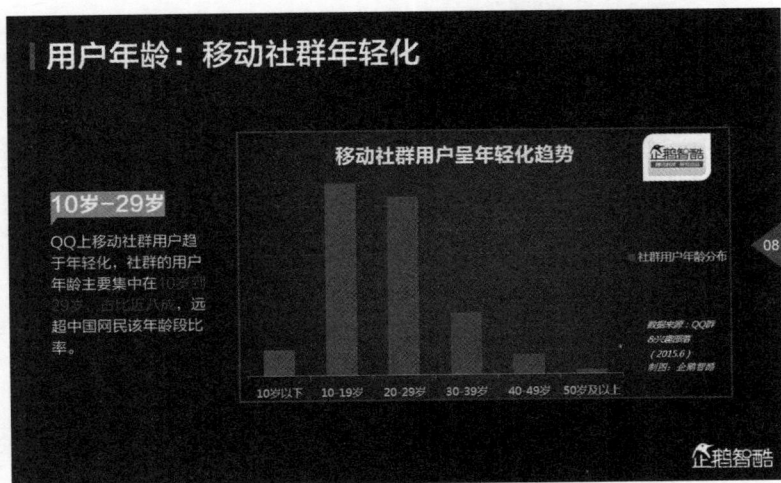

图 1-13 （图片来源：企鹅智酷）

时光太瘦，指缝太宽，不经意的一瞥，已隔数年。也许我们不知道时光走了多久，但是我们就是老了！其实我们并没有老多少，而是这个世界变化实在太快了。有句话说得好，我们不能改变世界，唯一能改变的只有我们自己。我们既然不能让这个世界慢下来，那只有让我们自己跑起来。

要研究新社群，要研究新社群经济，就必须学会改变自己，拥抱变化；学会让自己快起来，学会和年轻人打交道，学会去研究年轻人特别是 80 后和 90 后的兴趣和爱好。

著名财经作家吴晓波创建了一个叫"巴九灵"的公司，专注在"泛财经、泛商业"领域，其目的就是要针对 80 后和 90 后崛起的中产阶层。

如果你还把 7 代苹果，听成 7 袋苹果，那你真的可以进入良渚博物馆了。

本 章 小 结

互联网特别是移动互联网是人类有史以来最伟大的发明之一。社群进入移动互联网时代，即微屏微端的新社群时代，在有限屏幕空间和碎片化的时间，移动场景迎来前所未有的新规则。

基于用户的地理位置、用户行为信息、消费时间轴信息，从依赖热点话题聚合效应，转向长尾分布式的细分兴趣组织，移动社群去中心化的特质越来越明显，用户的分类也越来越精细化。

有人说过，一个人如果想拥有一个未来，那一定是和其他人一起的未来。一个企业或者新社群组织如果想要拥有未来，那一定是和年轻人在一起的未来。

第2章
新社群是一种液态组织

本章导读

新社群是一种液态组织，具有异地重生能力，是一种以人为核心的生态组织。去中心化不等于无中心化，而是多中心化。

2.1 社 群 生 态

2.1.1 液态组织

新社群是一种液态组织。说到液态，大家最容易联想到的就是水，上善若水任方圆。

春秋典故"孔子问礼于老聃"记载的是孔子向老子请教的问题学"礼（理）"，老子向孔子解析了水最具有"道"的特性，老子认为"水几于道"。在列举了水之大德有"七善"时，其中提到"圜必旋，方必折，塞必止，决必流，善守信也。"就是指水善于变化：水遇圆则圆、遇方则方、遇扁则扁、遇上则上、遇下则下、遇高则流、遇低则止。

水无处不在，以任何形态存在，固态成冰，液态成水，气态成雾，存在于山石、植物和一切生物之中，甚至在熊熊烈焰中都能有水分子的存在。社群组织就具备水的这种特性，能根据环境的变化具有异地重生能力。

在传统社群组织的时代，宗教和政党的社群组织在这方面就表现出惊人的能力。

中国历史上经历过"三武一周"的灭佛运动。佛教在中国的发展历程并非一帆风顺，不仅有曲折，而且劫难甚多。据"中国通史"等资料记载，在北魏太武帝真君七年（公元446年）、北周武帝建德三年（公元574年）、唐武宗会昌五年（公元845年）和后周世宗显德二年（公元 954 年）的四次灭佛运动，即称为佛教史上的"三武一宗"法难。

可是，哪怕只有一点火星的存在，宗教的光芒依然熠熠生辉。

政党亦是如此，即使在某个时期遭受重大挫折甚至灭顶之灾，但是只要信念在，星星之火就可以燎原。

社群和水一样，具有异地重生能力。

进入移动时代，社群拥有更强的异地重生能力，一旦社群的灵魂人物的人格魅力获得社群成员认同，就可以依附在任何的传播介质进行迅速聚合重组。

《罗辑思维》罗胖每天 6 点左右坚持推送 60 秒的内容，60 秒内容也成为了罗胖的标签，随即变成每天伴随着用户起床的人格。罗胖之前提出的一个社群概念叫"魅力人格体"，他认为所有的内容领域，甚至不限于内容领域，价值会向人身上转移。也就是说，即使不在微信公众号上传播内容，罗胖到优酷，到喜马拉雅 FM，再到自建的"得到"APP，用户也会跟着他走。

罗胖在微信公众号罗辑思维上拥有 680 万的粉丝，但罗胖认为，微信公众号的机会已经过去，且覆盖的人群有限，于是在其他平台做了一些新的探索。2015 年 12 月 31 日，罗胖通过优酷直播跨年演讲，一个晚上就为优酷招揽了 8 万会员。而在优酷上，《罗辑思维》三年时间累积了 3.3 亿的播放数。《罗辑思维》入驻喜马拉雅 FM 不到两年，在该平台已经拥有超过 500 万粉丝，播放量突破 1.8 亿。《罗辑思维》于 2015 年底推出的"得到"APP，上线 5 个月，用户即破百万，俨然已成为中国最好的知识服务平台。

2012 年到 2014 年的上半年，《罗辑思维》做的就是这件事情——树立自己个人的魅力人格体，把自己的个人人格魅力发挥到极致。以至于一时间谈论社群非谈到罗辑思维不可，就好像谈到可乐非得谈到可口可乐，谈到咖啡非得说到星巴克，谈到搜索非得谈到谷歌一样，罗胖完全把个人人格品牌化。

也就是说，在旧社群或互联网社群时代，人格不在人身上，而在平台上。论坛时代，注册会员只认论坛本身，根本不需要去认识论坛经营者。但社群进入了移动互联网时代，社群运营者的人格魅力直接关系到社群的生死存亡，一旦被成员认同，无论他去哪儿，个人的价值并不会减损，甚至用户会跟着他走。不久前，某社群由于违反了微信的某项规章制度导致公众号被封，群成员在其他平台迅速完成重新集结，过不了几天就满血复活。

2.1.2　社群生态简介

最近几年，无论是华为、阿里巴巴、京东，还是腾讯、小米、乐视，都在大谈生态建设。以小米为例，小米旗下有小米科技、小米通信技术、小米电子产品、小米数码科技、小米支付技术、小米移动软件、小米软件技术、小米电子软件技术等公司。小米公司以小米手机起家，如今已经涵盖了电视机、平板、手环、路由器、电视盒子、运动相机、血压计、电饭煲、平衡车、空气净化器、恒温水壶、扫地机器人、智能灯、体重秤、折叠自行车、摄像机等产品，目前正在全力打造以 MIUI 为核心的智能 IOT 家居生态链，即物联网。

生态系统（Ecosystem）原指由生物群落与无机环境构成的统一整体。生态系统的范围可大可小，相互交错，最大的生态系统是生物圈；最为复杂的生态系统是热带雨林生态系统，人类主要生活在以城市和农田为主的人工生态系统中。生态系统是开放系统，为了维系自身的稳定，生态系统需要不断输入能量，否则就有崩溃的危险。

正常情况下，参与生态系统的成员越多，系统就越不稳定，更容易进化。但是系统中的生态链条如果比较短，系统就比较稳定。

例如，大约在两亿年前，澳大利亚就同其他大陆分离，孤立存在于南半球的海洋上，长期以来，由于自然条件比较单一，物种也就比较单一，不管是植物还是动物，进化过程都比较缓慢，至今还保存着许多古老的物种。那里没有高级的野生哺乳动物，只有低级的有袋类动物，如腹部有口袋以保存幼兽的大袋鼠、吃桉树叶生活的小袋熊，以及卵生的哺乳动物鸭嘴兽等，澳大利亚的植物有 12 000 种以上，其中四分之三是特有物种。

反之，如果生态链链条较长，系统会更不稳定，更容易发生进化。如亚马逊热带雨林的很多动物进化到智力非常高级的阶段，很多鸟和虫都能学会伪装捕食，如变色龙可以根据需要改变颜色进行隐藏或者捕食；甚至连植物都进化成能捕食动物，如捕蝇草、猪笼草、茅膏菜等。而亚欧非大陆上的大猩猩、大象的智力甚至可以达到人类 7 岁儿童的智商。

在海洋复杂的系统中，鲸鱼和海豚的智商非常高，海豚的智商甚至接近人类；美国加州洛约拉马利蒙特大学伦理学专家托马斯·怀特（Thomas White）博士认为"海豚是非人类的人"。他经过对海豚大脑的科学研究，发现海豚远比黑猩猩更加智能，它们彼此交流的方式非常类似于人类。

对于社群来说，其实要构建的就是一个智能的、能自我循环的生态系统，也就是具有智慧的、自我学习和进化能力的生态系统。在这个生态系统中的每个生态链都能运转自如，在这个链条上的每一个参与者都能受益。

亚马逊丛林就是一个非常复杂的自然生态系统，植物、动物、细菌、水系、土壤都是这个系统里面的生态链。在动物系统中，细菌分解植物的落叶转化成无机物溶入土壤，被花草树木所吸收，蝴蝶、蜜蜂、甲壳虫等昆虫食用植物的花果皮叶，变色龙、鸟类等小型动物捕食昆虫，而变色龙、鸟类等小型动物被大型动物如大猩猩、狮子等食物链更顶端的更智力的动物所捕食，大型动物排放的粪便进入土壤，成为植物新的营养，系统完成闭环。

当然，在这个生态系统中，水、大气和阳光也是这个系统非常重要的因素，为什么撒哈拉沙漠有大气和阳光，却是沙漠而不是雨林？如果没有水，亚马逊丛林就不可能有如此复杂且生机勃勃的生态系统。而在亚马逊丛林这个庞大的生态系统中，水也构成了一个非常复杂的生态链，水蒸发，在空中集聚成云、降雨，浇灌了雨林中的植物，也给河流中的植物和鱼儿带来了养分，大鱼吃小鱼，小鱼吃虾米，虾米吃水草。当然，水草和小鱼也会被陆上的动物所采食，动物也喝水，这是生态系统中生态链的跨界参与，正因为如此，雨林生态系统你中有我，我中有你，整个生态系统自我循环不已，生生不息，雨林自己养活自己。这一切驱动力都来自阳光，如果没有阳光，雨林的一切都归于沉寂。对于社群来说，价值观就是阳光，没有了价值观，就如亚马逊生态系统没有阳光一样。

而整个人类社会就是一个巨大的人工生态系统，各行各业就是这个生态系统中的各个生态链，每个人都是这个生态链中的一个成员，每个人都是这个生态系统的参与者，也是受益者。如在农业这个生态链中，农民种植、养殖，从土地平整到农药化肥，从种植到收割，从加工到运输，从批发到零售，再到普通消费者的餐桌，是一个非常复杂的生态链，如果某个环节出了差错，将导致链条脱节而不能正常运转。在手机生产这个生态链中，手机厂商生产手机，也不是一个厂家能单独把手机直接生产出来，从屏幕到后壳，从 CPU 到内存，从摄像头到耳机，手机中的几百个零件，背后就是几百个厂家，哪怕这个生态链中一个微小的螺丝钉出了问题，也不能制造出一部完美的手机。

人类社会这个生态系统，与其他的生态链也是一样，汽车厂家制造汽车，房地产商造房子，大家用货币来交换彼此的商品。很难相信，如果社会不分工，一个人既要种菜，又要造房子，又要造手机，又要造汽车，那是不可能完成的任务，即使有这个能力，绩效也是非常低的。所以，人类的分工协作，其实就是社群生态系统的协同与共享，是一种最低成本，最快捷提高效率的方式，其前提是利益驱动。

2.1.3 自我驱动力

1. 自驱动

在新社群这个生态系统中，自组织、自驱动是生态链的驱动力，其核心的动力就来源于利益。也就是说，只有参与其中的每个成员都能获益，这个生态系统才有活力。

例如，一向强调参与感的小米，之前的做法就是粉丝经济而不是社群经济，虽然粉丝和小米之间具备社群的一些属性，如参与感、互动等，但是粉丝并没有自豪感，也没有非常强的参与感，更不可能在其中获得多大的利益，粉丝给小米提供了很多意见，得到的回报最多就是拥有小米优先购买权或者送个礼品而已，粉丝并不能从估值450亿美金的小米身上获得多大的收益。

最近小米推出的"小米直供"，粉丝可以申请成为小米的分销伙伴，小米利用互联网＋电商基础平台，省去了中间商，实现销售伙伴直接通过该平台向小米工厂订货。用户从直供伙伴手里购买手机，官网报价、发货，一方面可以打击黄牛，另一方面，能让小米的粉丝得到实实在在的利益。

华为作为传统的社群组织，华为员工人人参股，每个员工都是华为这个生态系统的参与者，也是受益者。为什么华为手机用一年多的时间就异军突起？因为华为员工每个人都是在为自己做事。

而小米所奉行并据此发家的粉丝经济并不能给小米带来持续的增长，曾经在国内销量多次排名第一的小米，在2016年的头两个季度被华为等国内手机厂商强势挤压被迫退出了销售排名的前五。这其中原因很多，但最重要的原因就是其所依赖的粉丝不能从小米快速增长中获得实实在在的利益，只是一种轻度的参与。没有关乎切身利益的参与，不可能是重度参与。

无论是在自然生态系统中，还是在人类社会这个最庞大的人工生态系统中，无论是以宗教、政党、公司为主体的传统社群生态系统中，还是社群进入移动时代，也就是我们所说的新社群生态系统，每个个体都是一个节点，而社交是参与和互动的基础，也就是说，只有建立起社交连接，才能有互动，如果没有互动场景，这个社群就没有活力，也就没有生存的土壤。从这个角度看，构建社群就是在建立一个小型的生态系统。

自然生态系统中，互动的最大驱动力在于生存压力，例如，雄性会发育出明显的性特征来吸引雌性，并通过竞争来排挤潜在的雄性对手。最具代表意义的例子是雄性孔雀或天堂鸟那夸张、艳丽的羽毛。无论是雄性天堂鸟用华丽的羽毛取悦雌性，还是变色龙通过变色伪装捕食螳螂，还是非洲的狮子为了交配大打出手，或者是为了食物而围攻水牛，无非就是为了取得生存权所需更多的能量及交配权，使得自己的基因能够更多、更好地传承下去。

人类已经渡过了饮血茹毛的野蛮时代，动物界那种弱肉强食以消灭对方身体而获得能量，使自身更强大的做法已经被人类抛弃。虽然丛林法则仍然存在，但是人类的良知、法律和道德使得人类越来越意识到，协同合作其实比消灭对手所获得的能量更多而且更快。宗教、政党、公司这些传统社群组织的出现，使人类文明进化的速度大大加快，而基于移动互联网的新社群组织，将会使人类的生产和生活的效率达到前所未有的高速度，也将促使人类有更多的时间和智慧去思考未来。

例如，我们花了近20年的时间学习知识，毕业后才能开始工作，创造价值获得回报。

但是，当手机成为人类的标配，微屏微端成为人体器官的延伸，人类获取生存所需的知识变得越来越碎片化，机器人的发展也会让人类的体力劳动强度大大减少。甚至在不久的将来，智能芯片将被植入人类大脑，知识的获得越来越容易，即使人类的寿命没办法延长，但相对于之前为了获取食物或者安全保障（如房子）的基本生存条件而浪费大量的学习和体力劳动时间，人类将有更多的时间用来思考，从而使人类前行步伐进一步加快。这也就很容易解析为什么非洲丛林里的土著整天为了获得食物而忙碌，毕竟填饱肚子才能干其他的事。

天下熙熙，皆为利来；天下攘攘，皆为利往。一切社群组织生态，都将构筑在共同的利益之上，即使是更高层次的价值观，其本质也是思想层面的共同利益而已。所以，对于亚马逊丛林这个自然生态系统来说，阳光就是它们共同的向往、共同的价值观。对于人类这个庞大的人工社群，以及以宗教、政党、公司为代表的传统社群组织，或者以微屏微端为代表的新社群，共同的利益或者说价值观就是社群的最原始、最核心的驱动力。

也就是说，在新社群这个生态系统，以单个群成员为节点，成员之间的社交连接是建立互动的前提，参与感使成员之间的关系更加紧密，共同的利益促使他们建立更强的社交关系，从这个角度讲，新社群就是一种关系型生态。正因为新社群成员之间这种强社交关系，使得新社群犹如亚马逊丛林生态一样，具有自组织、自驱动、自协调、自发展的能力，新社群也就具有自己养活自己、自我生存和自我进化的能力。

2. 强连接关系

新社群成员的连接是一种强连接，成员之间的关系是一种弱关系，就好像雨林系统中，昆虫就是生态链的一环，缺少昆虫对于雨林是不可想象的。而粉丝之间的连接只是一种弱连接，成员之间的关系只是一种弱关系，比如某场粉丝集会，少来 5 位粉丝也没关系。

具体到新社群运营上，无论你的社群是提供产品还是服务，其实就是建立一个强社交连接的关系型生态系统；在这个系统中，每个人都是产品或者服务的提供方，人人为我，我为人人，产品或者服务是以消费者为核心的，消费的本质是人，而社群的活动提供了多元化的互动和交易场景。每个群成员就如热带丛林的蜜蜂，蜜蜂采食花粉花蜜，为植物开花受精繁殖做出贡献，促使植物的生长更加繁茂，反过来能提供更多的花粉花蜜供蜜蜂采食，蜂群有了更多的食物来源，也能得到更好的壮大，这是一种良性循环。

所以，从这个角度来看，新社群是以人为核心的一种生态组织，其连接的介质是人，传播的介质是口碑，所有的产品和服务都是围绕着人这个最关键的因素。因为在新社群中，成员之间的关系就是一荣俱荣、一损俱损的多向共生关系，好比丛林里的植物集体商量不开花，一起来饿死蜜蜂，可是植物自己也会因此而丧失繁殖的机会，也会连累到其他的动植物，最后整个生态系统会因为缺少能量的输入与循环而导致崩溃。

在传统社群时代，以公司为核心的商业模式，构建的是以生产商、渠道商、零售商、服务商、上下游供应链、消费者、跨界合作者之间的一种单向联系。其连接的介质是商品，传播的介质是媒体，一切都是跟着商品在走，这种生态链上的各个环节的参与者之间的关系是非常脆弱的，所以，才会出现公司之间为了利益之争而走上法庭。比如，如果某个供应商把供货价降低，那么采购商可能就和原来合作的价位较高的供应商解约。

2.2 去中心化

2.2.1 大道至简

去中心化不等于无中心化，而是多中心化，或者叫泛中心化。

什么是中心化？举个例子。大道至简，自然是最好的老师。最典型的就是银河系，在银河系中，像太阳系这样的恒星在银河系中就有2000多亿颗，一般意义上，一个恒星就是一个星系，也有不少双星、三星星系，如比邻星就是一个三恒星星系。人类至今也无法统计银河系中到底有多少星系类似太阳，如图2-1和图2-2所示。

太阳系是以太阳为中心，和所有受到太阳的引力约束的天体的集合体，包括八大行星（由离太阳从近到远的顺序是水星、金星、地球、火星、木星、土星、天王星、海王星）以及至少174颗已知的卫星、5颗已经辨认出来的矮行星和数以亿计的太阳系小天体。[①]

在茫茫宇宙中，太阳就像一颗尘埃。如果把太阳系比做一个新社群，太阳就是这个新社

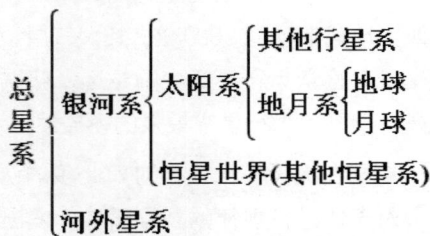

图 2-1

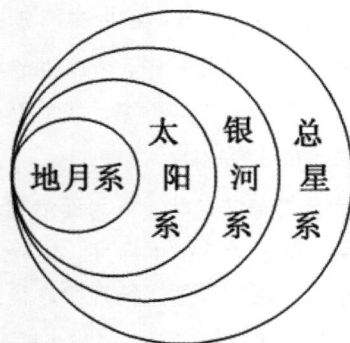

图 2-2

---

① 在2006年8月24日，第26届国际天文联合会在捷克首都布拉格举行，重新定义行星这个名词，首次将冥王星排除在大行星外，并将冥王星、谷神星和阅神星组成新的分类：矮行星。

群的精神领袖，没有这个精神领袖，社群就不会存在。但是如果只是太阳一个恒星在发光发亮，那也没什么意思。所以，八大行星围绕着太阳这个中心在公转，但是每个行星自己也是一个中心，也在自转。

地球就是一个中心，以地球和月球构成的地月系，包括月球和人造卫星在内的其他小天体都在围绕地球转（月球是地球中唯一的天然卫星）。在太阳系中，除水星和金星外，其他行星都有天然卫星。截至目前，木星卫星总数为 68 颗，稳居太阳系行星中卫星数之冠，次为土星，有 62 颗卫星，再次分别为天王星的 27 颗、海王星的 14 颗、火星 2 颗、地球 1 颗。

也就是说，太阳系是多中心的聚合体，太阳只是太阳系中最杰出的精神领袖，八大行星各自都是一个副中心。在新社群中，需要一个类似于太阳的精神领袖，对外能熠熠生辉、发热发光，对内能阳光普照、温暖群员。但当群成员累积达到一个极限的时候，精神领袖的辐射能力就鞭长莫及了，这时，就需要副精神领袖来充当中心，副中心的能量场继续辐射远端的群员，这样就产生了多中心化，社群也就能真正建立和运转起来了。

八大行星中的海王星距离太阳最远，海王星从太阳得到的热量很少，所接受的太阳光照比地球上微弱 1000 倍，其大气层顶端温度只有 −218 ℃，是太阳系最冷的地区之一。科学家普遍认为行星离太阳越远，获得驱动风暴的能量就应该越少，但是海王星上的风暴是太阳系类木行星中最强的，当然这还是未解的科学之谜。

中国古人没有今人面对如此多的诱惑和困惑，思想也更单纯和明澈，经过长时期不懈地对天体运行规律的观察研究，发出了"天行健，君子以自强不息"的畅想。这是一道划破了漆黑夜空的超级闪电，点亮了人类智慧的曦光，在中国的历史天空整整响彻了2500 多年，告诫人们要效法天（即自然），学习天的运动刚强劲健。相应地，君子处事，也应像天一样，自我力求进步，刚毅坚卓，发奋图强，不可懒惰成性。

在"孔子问礼"中，孔子对春秋中后期的"礼崩乐坏"感到无奈和忧心忡忡："吾乃忧大道不行，仁义不施，战乱不止，国乱不治也，故有人生短暂，不能有功于世、不能有为于民之感叹矣。"

而坚持道法自然、无为而治的老子却对孔子说："天地无人推而自行，日月无人燃而自明，星辰无人列而自序，禽兽无人造而自生，此乃自然为之也，何劳人为乎？"从这里也可以看到天的运行规律，我们建立和运营新社群，除了天体通过万有引力互相制衡和多中心化运转之外，是否也能在这大道至简的规律中学习到什么呢？

2.2.2 学会做太阳

现在大家都在讲内容创业，内容创业的本质就是海量获客与批量说服。其实，新社群和传统时代及互联网时代的社群一样，首先是建立以人为节点的连接，其次是促进成员之间的积极互动，再次是把志同道合的人聚合在一起，最后才是走心入情的肝胆相照。这四个阶段也就是包括电商在内的所有商业化社群组织的必经之路：吸引用户、激活用户、转化用户和留存用户。

在太阳系中，不也是一样的道理吗？茫茫宇宙，地球只捕获了 1 颗自然卫星即月亮围绕着它在转，而月亮本身又有独立的运行体系；但木星却能捕获 68 颗卫星。

为什么地球只能捕获 1 颗而木星能捕获 68 颗卫星呢？原来都是能量场——万有引力在作怪。

大家都知道，当两个天体相距较近时，运动的惯性使它们相互背离，万有引力使它们相互靠近，在这两种力的角逐中，最终它们找到平衡点相互绕转，即两者都绕着它们的共同质心旋转。

木星是太阳系八大行星中体积最大、自转最快的行星，是从内向外的第五颗行星。它的质量为太阳的千分之一，是太阳系中其他七大行星质量总和的 2.5 倍。木星的质量是地球的 1316 倍。这也就很容易解析为什么木星和地球的卫星数为 68：1 了。同理，地球质量比月球大得多，两者共同质心靠近地心，月球就应该绕着地球转。那也就更容量理解为什么太阳系中的八大行星和 174 颗已知的卫星、5 颗已经辨认出来的矮行星和数以亿计的太阳系小天体，围绕着太阳在转了。

万有引力定律，或多或少能给我们这样的启示：质量越大，能量越强，能捕获的比它小的天体也就越多。如果从新社群的角度解析，可以叫做货币社交，即能力越强，气场就越强，社交的能力就越强，吸引的人就越多。这一点在微博上的粉丝数就能很好地体现出来，如 A 歌星的粉丝数为 2000 万人，B 歌星的粉丝只有 50 万人，那么关注 A 歌星的人将越来越多，这也符合幂律分布法则（也称长尾效应）——类似马太效应的"穷者越穷，富者越富"。

所以，要想做好新社群，就要先学会做太阳，自己先强大起来，发光发亮，才有能力去让你的副中心围绕着你转，才有更多成员围绕着你或者你的副中心在转。网上有个段子说得好：你若盛开，蝴蝶自来；你若精彩，天自安排。先强大自己吧。

人类的一切社群组织、宗教、政党、公司、个人莫不如此。以公司这个最普遍的社群组织为例，如阿里巴巴作为世界第二大互联网公司，用充裕的资金（能量）控制（捕获）了墨迹天气、虾米音乐、高德地图、快滴、优酷土豆、魅族、圆通、苏宁、华谊兄弟等数十家企业和上百家关联企业。马云个人的能量场也超强，一呼百应，微博的粉丝就有 2128 万。

2.2.3 中心化的本质

无论是传统的社群如政党、公司等，还是新社群，中心化的本质其实就是利用信息不对称构筑堡垒。人类一切政治和商业行为其实就是基于信息不对称的控制或交易。所谓的政治中心、商业中心或者金融中心，就是用权力或者商业金融的信息优势去控制对方。随着科技的进步，信息越来越透明，去中心化是必然经历的发展趋势。只有不断弱化中心、发展副中心，形成多中心，才能避免权力和资源过分集中，导致集权和暴政，从而给组织和群体带来损害。

在商业中，典型的例子就是阿里的电商平台。以淘宝、天猫为中心的电商平台，通过对流量的控制，攫取了大量的利润，却给大部分的个人和企业商家带来了巨大的伤害。

有赞集团的创始人白鸦，在2013年创业之前是支付宝的产品设计师。针对淘宝平台的费用高昂，白鸦曾经举过一个案例：淘宝上一家皇冠级女装店，商品成本和营销成本各占30%，人员办公等成本是12%，看上去毛利有20%多。但是，商家一般需要投广告，成本是35%，如果再需要刷单的话，则成本会增加10%，那么，整个营销成本超过了40%，由此，而综合下来毛利是5%～10%，扣除物流等费用，净利基本为亏损。

最终白鸦得出的结论是："如果商家只在纠结如何优化供应链、如何使生产成本更低的时候，会发现活得越来越惨，原因归根到底就是中心化造成的。"

事实上，淘宝、天猫通过淘宝大学等宣讲机构，树立个别成功的典型案例，通过各种不同手段误导商户在供应链和销售端进行持续优化，不断蛊惑个人或者企业购买流量。这种南辕北辙的做法，导致很多平台上的商户和个人亏损严重。

其实，目前在国内电商平台上开店的大多数商户无法盈利或者亏损的原因在于流量被以平台为中心的第三方所劫持，消费者和商户必须通过平台方这个中介才能连接在一起，平台的贪婪导致商户和消费者的利益都受到严重的伤害。

不只是电商平台，百度和腾讯也扮演类似的角色，前者扮演的是搜索中心，后者扮演的社交中心。与阿里的电商中心一样，流量的高度集中必然会导致垄断，一方面会让生态参与者如消费者受益，如带来方便；但同时也会给其他参与者如商户造成严重伤害——越来越贵的流量，让商户无利可图甚至亏损。当然，这种构建在唯一以利益为基础的生态，没有任何共同价值观可言，以牺牲某一方成员为代价，并不能持续太久。

社群进入互联网时代，只有维持多中心运行，才能保证整个社群组织围绕一个共同的价值观，相互制衡又各自发展，这和粉丝经济有很大的区别。以网红为代表的粉丝经济，本质上是中心化的经济，而社群则追求多中心化。社群通过构建群成员之间的连接关系，能最大限度地发挥组织的效能。

社群进入移动自媒体时代，无线网络构成线与面，成为网状的信息收发渠道，以人为核心的微屏微端则是散布其上的单个节点。也就是说,每个人都是一个连接点,每个人都是媒体,每个人都是中心,每个人都是一个渠道,这使得多中心化成为可能。

在传统媒体时代,信息发布中心相当有限,除了报纸、电台、电视台,几乎没有其他渠道。进入 PC 时代,随着互联网的崛起,信息发布的门槛大幅降低,门户、论坛、博客陆续兴起,每个人都能成为信息发布中心。

智能手机和微博的出现,使这种趋势得到提速,个人信息从采集到完成发布,几乎不必承担技术和发布成本;最具意义的是,微博的及时性和交互性这两个重要的社交属性,使泛社交成为可能。从这两个属性来看,每台智能手机端都是一个信息发布和交互中心,而泛社交必然是多中心化的网络社交,也就是说,每个人都能成为社交的节点,同时也能成为社交的中心。而在此之前,信息发布只是单向性的流通,不具备交互性,而且在时间上有迟延。

随着手机 QQ 和微信等其他社交工具及智能手机的野蛮增长,以微信群、QQ 群、朋友圈、QQ 圈作为连接工具的泛社交得到前所未有的发展,也使得传统的社群迁移到这些连接工具上,当然这些泛社交群都不是真正意义上的新社群,只不过是换个发布信息的渠道和联络工具而已。

当然,随着社群的不断壮大和分化,如果没有一个非常强势的总中心,势必形成局部中心化,从而就会形成诸侯割据,另立山头的局面,甚至反过来对总中心构成威胁。在中国的历史上,周朝实行诸侯分封制,周天子居于至高无上的绝对支配地位。诸侯国必须服从周天子的命令,诸侯国有为周天子镇守疆土、随从作战、交纳贡赋和朝觐述职等义务。东周的前半期,诸侯争相称霸,持续了二百多年,称为“春秋时代”。春秋时代周天子的势力减弱,诸侯群雄纷争,齐桓公、晋文公、宋襄公、秦穆公、楚庄王相继称霸,史称“春秋五霸”。

东周的后半期,周天子地位渐失,各诸侯相互征伐,持续了二百多年,称为“战国时代”。平王东迁以后,管辖范围大减,周形同一个小国,加上平王弑父之嫌,周王室在诸侯中的威望已经大不如前。据《左传》记载,春秋时共有 140 多个诸侯国。面对诸侯之间互相攻伐和兼并以及边境外族的乘机入侵,周天子不能担负天下共主的责任,经常要向一些强大的诸侯求助。在这种情况下,强大的诸侯便自居霸主。最后的结局大家都知道,强大的秦国最后胜出,不仅灭掉了战国七雄中的六国,而且顺手把宗主国东周也灭了,公元前 221 年,由秦建立了第一个中央集权的帝国。

对于任何社群组织来说,在生成多中心化的过程中,不具备共同生态基因的社群势必走向分裂;反之,只坚持中心化的社群最终将走向灭亡,作为高度集权的社群组织,历史上的所有帝国的结局就是消亡,而作为多中心化的宗教组织,却生机勃勃。

也就是说,在社群发展壮大的过程中,如果没有一个强有力的共主——总中心,那么构建多中心就像周朝分封诸侯国一样，是一种上下级的统治与被统治的关系，诸侯国和周天子之间几乎没有共同的利益，它们之间更多存在的是利益之争；所以，周朝分封诸侯国最终的结果只能是养虎为患，不仅没能驱使老虎，反而为群虎所伤。

当然，周朝分封诸侯国的目的是加强对各地的统治，共同抵御外敌（戎、狄），对外扩张并作为周朝的屏障，初期的确起到一定的作用。因为刚开始周天子的势力强大，诸侯国相对弱小，但随着时间的推移，周天子的势力日益减弱，而诸侯国却日益强大，于是就出现了春秋战国群龙无首、诸侯混战的局面。作为传统社群组织，宗教和政党统一的价值观和共同的使命能使成员团结一致，共同对外，即使内部有微小的矛盾，也能在内部消化。同理，社群如果有强有力的总中心成为天下的共主这个前提，分中心就能有效地服务总中心并为社群的发展攻城略地。

中心化的本质就是权力的集中，而多中心化则是权力的分化。所以，如果从社群生态的角度来看，构建分中心其实应该是构建一个类似于以水为中心的生态系统，在这个生态系统中，有河流、森林、草地、食草或者食肉动物、昆虫、土壤、细菌、空气等，它们之间既互相依存，又各自独立，但是这一切都离不开水，水就是这个生态的灵魂。对于这个系统的分中心而言，如森林这个分中心，里面有乔木、灌木、小树木、藤蔓、小草、苔藓等，如果没有动物、昆虫和细菌的参与，这片森林将不能很好地自我生存，但是如果没有水这个生态系统的灵魂，森林将不复存在。

所以，如何处理中心化和多中心化，是每一个社群构建者和运营者必须面对的问题。合则多利，分则多伤。如果从新社群的生态构建来说，多中心化其实就是社群生态系统中的多生态链共生关系，如亚马逊丛林中的植物生态链、动物生态链、水系生态链、土壤细菌生态链等，这些生态链既相对独立，又互相依存，共生共荣，构成多姿多彩的热带雨林生态系统。

本 章 小 结

新社群的异地再生能力是社群的一个重要属性，这个能力使得新社群不会随时间和空间的改变，以及传播媒介的改变而消亡。构建新社群其实就是在构建以人为核心的生态系统，在这个系统中，中心化的社群必然走向消亡，只有实现多中心化，新社群才能得到长足的发展。

第3章
新社群的核心价值观

仪式感是让我们对所在意的事情怀有敬畏心理。认同感就是统一的价值观，是组织存在的关键。人类的种种行为其实都是为了寻求生命的自我认同，也就是寻找参与感与归属感。归属感是人类寻求安全、被接纳的一种强烈情感。

3.1 仪式感和认同感

3.1.1 仪式感

1. 仪式感就是礼

《说文》：礼，履也。所以事神致福也。会意。从示，从豊（lǐ）。"豊"是行礼之器，在字中也兼表字音。本义：举行仪礼，祭神求福。

礼就是对人、自然、鬼神、苍生来自内心的一种敬畏，是一种庄严尊敬、祭神求福的礼仪。

《左传·昭公二十五年》有："夫礼，天之经也，地之义也，民之行也。"意思是："礼，是上天的规范，大地的准则，百姓行动的依据。"《大戴礼记·本命》也有相关的记载："冠、婚、朝、聘、丧、祭、宾主、乡饮酒、军旅，此之谓九礼。"说的就是古代的九种礼仪。

什么是礼教？就是法纪。在司马光看来，礼教礼仪就是法纪，要行法纪就必须具备严格的礼仪和严肃的仪式感。《资治通鉴·周纪·周纪一》开篇即说礼："臣光曰：臣闻天子之职莫大于礼，礼莫大于分，分莫大于名。何谓礼？纪纲是也"。

何谓礼？礼者，示人以曲也。己弯腰则人高，对他人即为有礼。因此，敬人即为礼。古之礼，示人如弯曲的谷物也。只有结满谷物的谷穗才会弯下头，礼之精要在于曲。

礼是区别于人和动物的标准之一，《礼记·冠义》云："凡人之所以为人者，礼义也。"

《礼器》更进一步，强调礼对个人而言，是治身之本："礼也者，犹体也。体不备，君子谓之不成人。"

《左传·成公十三年》："礼，身之干也；敬，身之基也。"后以"身基"指立身的根本。

由"礼"而来的仪式感由来已久，儒家为甚。儒家认为"礼"就是对仁和义的具体规定。"仁义礼智信"为儒家"五常"，孔子提出"仁、义、礼"。《三字经》之中的"曰仁义，礼智信。此五常，不容紊"。

儒家强调修养自己的办法，就是使每件事都归于"礼"，孔子在早年的政治追求中，一直以恢复西周礼为己任，并把克己复礼称为仁。孔子在《论语·为政》中认为用道德引导百姓，用礼制去同化他们，百姓不仅会有羞耻之心，而且有归服之心。即"导之以德，齐之以礼"。

《论语·八佾篇》①，第一句便谈到"孔子谓季氏：'八佾舞于庭，是可忍也，孰不可忍也？'"孔子认为"（季氏）没有仁德，他怎么能实行礼呢？（季氏）没有仁德，他怎么能运用乐呢？"

《论语》一书最后一章《论语·尧曰篇》云："子曰，不知命，无以为君子也；不知礼，无以立也，不知言，无以知人也。"在这里，孔子再次向君子提出三点要求，即"知命""知礼""知言"。这是君子立身处世需要特别注意的三个问题，这一章孔子谈的是君子人格的内容，表明《论语》的侧重点，就在于塑造具有理想人格的君子，培养治国安邦平天下的志士仁人。可见，"礼"也是治国安邦的根本。

《论语》以《八佾篇》开篇谈"礼"，以《尧曰篇》结篇，再次强调"礼"其实就是人格的重要组成部分。

可见，在古代，人们把礼当作区别于人和动物的标准之一，是一种敬天畏人的行为准则。礼是一种立身之本，也是君子修身甚至是治国安邦的根本，礼仪规范是一个人或者一个国家的价值体系。虽然经历千年，非但没有消亡，反而一脉相承，未来，甚至大有发扬光大的趋势。

---

① 佾（yì），舞行列也。——《说文新附》。佾舞（排列成行，纵横人数相同的古代舞蹈。按西周奴隶制等级规定，天子用八佾，六十四人；诸侯用六佾，三十六人）；佾生（佾舞生，乐舞生。清代孔庙中担任祭祀乐舞的人员。文的执羽旄，武的执干戚）。佾是一种礼仪性质的舞蹈，等级分明，季氏非天子而演八佾，所以孔子才说，是可忍也，孰不可忍也。

而在现代，无论是在生活工作中，还是在爱情婚姻、宗教政治、文化交流中，仪式感无处不在。村上春树说：仪式是一件很重要的事情。

升国旗时，行注目礼或唱国歌，升旗手的一举一动是一种尊严的仪式。

美国总统就职典礼时，手按《圣经》宣读誓言是一种拥有和行使权力的仪式。

朋友见面时，互相握手、拥抱或行贴面吻，是一种友好的仪式。

走路时，父亲特意蹲下来帮儿子系好鞋带，是一种父爱的仪式。

生日时，唱生日歌许愿吹蜡烛，第一刀切蛋糕是一种对生活赞美和希望的仪式。

上课时，集体起立向老师表示谢意是一种尊敬的仪式。

年满 18 周岁的欧美少年必须离开父母独立生活是一种成人的仪式。

结婚时，婚礼是一种仪式。在《诗经·关雎》一篇中，"琴瑟友之""钟鼓乐之"既表现了君子对窈窕淑女的痴迷，也反映了以演奏琴瑟钟鼓为标志的正规婚俗。《孟子·滕文公下》："不待父母之命，媒妁之言……则父母国人皆贱之。"

仪式感就是个体或者集体向世人、自然、生灵、鬼神表达其感恩、勇敢、担当、独立、长大、拥有、尊严、收获、敬畏的具有仪式般的一种感受。

作家肖卓说，其实仪式就是把本来单调、普通的事情变得不一样。仪式让我们对所在意的事情怀有敬畏心理。如果我们每一位加入新社群的成员，都有这样的敬畏之心，那么这样的新社群必将是一个值得尊敬的人才集聚部落。

从感性的角度看，在特定的时间特意去做某件事，就带有仪式感，就会让人刻骨铭心。仪式感是获得安全感的前提之一。

女人是缺乏安全感的感性动物。这也就很容易理解为什么很多女生时过经年，还依然清晰记得当年男友追她的时候，在她生病的时候如何照顾和陪伴她，在她生日的时候对她说了哪些话等等。所有女生都期望一场浪漫的婚礼，在规划婚礼时，诸如请柬等很多细节都会有特别要求，因为女生们觉得，在婚礼仪式上彼此说着爱的誓言，一生中记忆最深的莫过于此吧。

有一位牛津大学毕业的著名学者说过他上学的事情：在他上高中的时候，父亲每次接他、送他的前一天，都会认真去洗一次车，而且要洗得非常干净。父亲的洗车让他觉得上学有了仪式感，也特别用心。

2. 新社群的仪式感

社群不只是给成员提供互相交流的场所，更是成员精神交流的家园。仪式感作为群的主文化，就好比企业文化，决定了这家企业能发展到多大，能走到多远。因此，仪式感具有极高的象征意义。要做好仪式感，就必须做好仪式化活动、规范仪式化行为、构建仪式化场景这三点。

1）仪式化活动

社群是凝聚一群人做一件事，除了要有清晰的使命，还需要固定的仪式化活动。仪式感可以通过标志、吉祥物、旗帜、手势、流行语、节日及入群的仪式来打造。如奥运会的开幕式、苹果手机的新品发布会，都是把活动仪式化。在新社群，仪式感是新成员加入的最重要的环节，仪式感也是训练凝聚力最有效的办法。仪式感是社群的传播点，当仪式感成为社群的习惯，社群将会被广泛传播。

国际奥组委其实就是一个社群组织。奥运会每四年举办一次，有开幕式、闭幕式，有多少个国家参加，有多少个赛事安排，规则如何，有多少块奖牌，下次举办地等都是预先安排好的，让各国的运动员事先都明了；这样就能让运动员形成习惯，也就能针对目标进行训练，并对赛事的结果产生预期，因为在奥运会开幕之前，所有人都知道自己该期待些什么，从而提高对赛事的参与感。

固定的时间会养成一种习惯，习惯的养成能大大提升参与感。动物界也是如此，比如有捕鱼人每天早上9点准时在湖面上投放饵料，刚开始发现饵料的鱼的数量并不多，但随着时间的增长，参与的鱼儿越来越多，前来吃饵料的鱼群越来越大，几个月后，捕鱼人一网撒下去，捕获了上千斤活鱼。捕鱼人利用的就是动物的一种原始本能——条件反射。

社群也是一样，如果你不定期组织活动，只是偶尔发发红包或者邀请一个牛人进群分享，社群成员根本不知道自己该做什么，是每天都来参与还是一周一次？这样就无法让社群成员养成固定的使用习惯，更无法对下次的活动产生预期。如果把社群的活动"仪式化"，每次以固定的方式做类似的事情，就会逐步提高参与度，并且让成员养成一个习惯，如要求新入群者发红包或者爆素颜照，群体成员一起献花欢迎新人等。

每次活动需要用固定的形式，如明确的开始和结束时间、明确的组织形式等。通过固定的活动仪式化，让用户有期待感，有了期待感，才能激发起成员的参与感。

例如，中国人过春节，就必须一家团聚，祭拜祖先神灵，长辈给晚辈发红包等仪式化活动，而且在农历正月十五过后，春节就算结束，该干吗干吗去。

基督教的礼拜活动也是固定的时间固定的仪式，久而久之，也就有了礼拜日这个词。

这样就很容易解析苹果发布会为什么会有那么多粉丝彻夜排队、罗辑思维固定在每天早上6点发送60秒语音的原因了。

再比如李叫兽①组织"李叫兽研究会"，平时没有任何活动，只是固定在每周日晚9

---

① 李叫兽：把社群建在脑海而不是微信上。

点上课 1 小时，每次上课的方式也是一样：点评上次学员的作业，并且分享相关理论；排名前 3 名的学员分享自己的作业经验；然后布置下一次的作业。

为了强化这种仪式，在一小时课程开始前和结束时都会点名，同时让学员以相对固定的方式参与（如提出质疑）等。群主不可能占据群里人所有时间，所以，就直接固定一个时间、固定一个活动，而其他时间，所有人都可以假设这个群不存在。

所以，仪式化的活动能大大提高群成员的参与感，因为提高参与的重要一点就是，在开始之前，所有人都知道自己该期待些什么。比如在每周的一个固定时间，进行新成员的入群仪式，倒计时公布本周的最新福利，以及下周能给大家带来的活动。

固定的时间、固定的仪式、固定的仪式化活动能让成员产生强烈的仪式感，当仪式感成为社群习惯，所有的成员就会产生记忆，而且能产生期待感。例如，系列电影和电视剧，因为风格固定，观众在看之前已经知道了自己该期待什么，但是又不知道具体的情况，所以，就会产生强烈的期待感。

反之，如果时间、仪式和活动都不固定，而只是随机安排，那么就不能产生期待感。例如，去一个景区旅游，里面有个民俗表演，你不知道这是什么内容，只能看见演员在咿咿呀呀、蹦蹦跳跳，估计你看不了三分钟就跑了。

2）仪式化行为

社群就是"聚集一群人做一件事"，公司其实就是一个最典型的社群。公司的周一例会就是在固定的时间，聚集一群人在干一件事——汇报上周工作进展，安排本周及下周工作计划。聪明的例会主持人一般会让参与进来的与会者逐一汇报工作，而不是自己一个人在那边讲半天，那是在演讲。所以，必须让每个与会者都参与进来，而不是让他们坐在那边听，如互相对上周工作进行打分，评出本周最佳员工，进行交叉诘问，一起头脑风暴，等等。

社群运营也是一样。现在很多社群的做法却仅仅是：每周安排一个人进群分享，这其实不是"聚集一群人做一件事"，而是"群主为这一群人做一件事"；这样的话，群主做得更像是一个"自媒体"，而不是一个"社群"，群主只是拼命地写文章或者拍视频给他们看，群成员不会产生一点点参与感的动机。

要让社群成员参与进来，首先必须让其明白所在社群中的清晰使命，并要求每个成员完成目标和任务，以及完成目标和任务的仪式化行为，让他们为自己的行为提供反馈，这样就能逐渐提高对社群的参与感和依赖，产生"找到组织"的感觉。提供反馈就是告诉大家"我距离目标还有多远"。

例如，很多运动 APP 软件，会让你设定一个运动目标——要减肥还是健身，还是增肌。比如减肥，一个月要减多少斤，如要减少 5 斤，那就建议每天步行的步数不少于 8000 步，当你完成了 6000 步，有点疲惫想放弃的时候，软件就会提示你，你已经完成 6000 步了，离完成目标还有 2000 步，加油吧。正常情况下，运动者都会备受鼓舞，继续把运动做完。

一旦运动者完成 8000 步的目标，软件会告诉你此次消耗的能量是几百大卡，相当于两只鸡腿或者是两碗米饭的能量；每周一或者每个月的 1 日，软件还会提供给运动者上周和上月的运动量，合计步行了多少千米，骑车多少千米，跑步多少千米等数据，总共消耗的能力是多少卡，相当于多少只鸡腿和多少碗米饭，这些能量折算成肌肉，会让运动者多长出多少斤赘肉。

清晰明了的反馈，能使运动者明白自己想要什么，自己距离完成目标有多远，才能自己鼓励自己把每天的任务完成，并最终实现减肥、健身、健康的目标。而且，运动者还可以随时查看自己本周或者本月完成的目标所消耗的能量，离完成本周、本月或下一个目标还差多远。

从"提供反馈"这一点看，公司、政党、宗教这些非常典型的社群组织做得最好。

以公司为例，每个公司都有自己清晰、明确的使命，使命就是这家公司存在的必要条件，能给这个世界带来什么或者解决什么问题，如谷歌的使命是"组织全世界的信息并让这些信息能够为所有人所用并且有用"，阿里巴巴的使命是"让天下没有难做的生意"。

每个员工必须完成相应的工作目标和任务。如公司的三年目标是在主板上市，作为销售部就是完成公司上市必备的销售目标；销售部主管的任务就是寻找公司的一切资源，把这些资源、目标和任务分解和分配到每个销售人员的身上，督促和帮助销售人员达成每一个阶段的任务。

在完成任务的过程中，必须要求每个销售人员提供持续反馈，即要求做日报告、周报告、月报告、季度报告、年度报告等，及时跟踪销售人员的业务进展及成交落实，如果两个季度的业绩考核不达标，就要考虑转岗或者实行末位淘汰，否则就会产生"销售不跟踪，到头一场空"的结果。销售人员也会因为不需要这些报告反馈和业绩压力而产生懒散和拖延的行为，导致参与感不足，以至于和公司的关系越来越淡；相反，如果销售主管分配给每个销售人员的任务都能在按计划完成，他们就会产生很强的自豪感，对工作也会越来越有信心，对公司的依赖感也会越来越强，这也是销售业绩做得越好，销售人员的离职率越低的原因。

持续的反馈就像卫星导航——GPS 系统让定位者不断知道自己现在在哪，距离目标有多远，下一个目标是什么，这样就会让定位者成瘾性地投入并遵循导航规划的路线在运行。

在新社群的设计和运营上，仪式化的行为就是要让社群成员明确自己的目标和为之行动而提供积极的反馈，才能真正增强社群的黏性，让成员有参与的目标和动机，并且不断获得反馈后的回应，从而大大增强了自豪感。当然，可以像运营公司一样，为社群成员设立评分、奖金和等级，当成员的发言、拉新等贡献程度达到评分标准时，就可以获得奖金，或者获得相应的级别。这样，其他的成员也知道自己的评分、等级是多少，离自己的目标有多远，能起到强化社群的参与感的作用。

当然，只有当反馈可以被明确感知到和某种仪式化行动直接相关的时候，才能有效，抢红包之所以被很多人使用，是因为这和"积极参与群"这个行为有直接相关（来慢一步就没了），而很多基于搭建人脉的群活跃度不高，是因为"建立人脉"这个反馈经常和"参与群"的行为不直接相关——即使整天潜水打酱油，一样可以加群里面的人啊。

在构建新社群的时候，就需要设计出明确的使命和目标，然后设计一个共同达到此目标的仪式化行为，接着为所有人履行该行为提供反馈。

3）仪式化场景

固定的时间、固定的仪式、固定的仪式化活动能培养群成员的期待感，从而提升社群成员的参与感。但是仅仅有期待感还是不够的，还必须构筑具体"事件"来触发场景。

如歌星的演唱会，粉丝挥舞着荧光棒尖叫，高音喇叭响彻云霄，舞台灯光华丽闪亮，整个气氛就像病毒一样被传染，在场的人很容易被感染，这也是很多粉丝愿意花费不菲的门票去现场而不愿意待在家看电视直播的原因——现场的感觉完全不一样。

法国作家古斯塔夫·勒庞在《乌合之众》中写道："身处群体之中，即使群体信念错了，也很难（几乎不能）看出群体在犯错。"

在那种环境中，人群很容易产生盲从，也就是羊群效应，哪怕前面是百尺悬崖，只要头羊带头跳下去，后面的羊群也会跟着往下跳。

当然，固定的时间也能触发场景。例如，苹果、小米新品发布会的时间都是相对固定的，临近这个时间，只要简单宣传预热，大家就会期待这个场景到来，并且想参与进来。

构筑一个固定的时间＋仪式化的活动场景，就容易产生一种本能的条件反射，如前面的例子，捕鱼人在每天早上9点这个固定的时间进行"投放饵料"这个仪式化的活动场景，就让鱼儿久而久之形成习惯，一到早上九点，就会往那个区域集中，哪怕突然有一天，捕鱼人忘记投放饵料。

仪式化的场景可以让社群更有温度，有温度的社群才有生命力。仪式化的场景可以让社群更有传播点，更有记忆点，塑造仪式场景是社群设计最重要的一环。

3.1.2 认同感

认同感的英文是 Sense of identity；identity 就是身份，Sense 就是感觉、官能、意识、观念、理性、识别力，Sense of identity 就是认同身份的意识、观念、识别力。

认可不等于认同，认同代表意见统一，如对价值观的认同。而认可只代表承认你说得对或者做的对，但是不代表认可者也和你一样。有人对你说：小伙子，干得不错，那只是对你的工作的认可。下面从公众和自我认可、企业价值观认同及族群认同三方面说明认同感对社群的影响。

1. 公众与自我认可

什么是认同感？和认同感对应的就是"疏离感"。刘建军在《认同感》一书中指出，认同感的产生与缺失是指人对自我及周围环境有用或有价值的判断和评估。人无论怎样都需要被肯定，但是很多人却得不到它，因为自己不够优秀，更确切地说是因为标准不适合自己，个体长期处于得不到承认的境地，体验到的更多是疏离感，就会出现过多的我没有用、我没有价值的判断和评估，即认同感缺失。

书中认为，认同感的满足方式有两种：

一种是公众认可，即来自情境对自我的肯定和承认，儿童对这种认可方式的依赖是与生俱来的，所以，心理动力学派所说的童年的心理创伤对成年人行为的影响在许多神经症求助者身上是显而易见的，心理学称它为儿童式的认可模式。

另一种是自我认可，自我认可还分为内投和外投两种表现形式，内投即自己对自己的肯定和承认。很多不成熟的人把别人的话当成真理，或者把别人对自己的态度当成衡量自己对错的标准，就是自我认可模式没有建立起来的表现。他们走进了以人为中心的误区，使用我控意志和他控意志，而没有学会使用以问题和解决问题为中心的机理意志，大部分粉丝就是属于这类人群。如果一个人的心智真正成熟，就会做到宠辱不惊，不为外界所困惑或者所诱惑。

认同感的外投，需要无论怎样都对情境加以承认和肯定，因为存在即合理，每个人站在自己的角度都是对的，我们生气是因为我们认为对方不合理，之所以认为对方不合理是因为个体拿自己的标准或方式去看待和管理对方。认同感的满足取决于对存在做出怎样的反应，是享受还是逃避？不同的人会有不同的选择，认知结构的不同决定着它的取向，也因此影响着人的心境。

从上面的分析可以得知，公众和自我认可只是认同感的初级阶段，并不能形成价值体系，因此，不能称之为价值观认同。

公众认可有一个著名的说法，就是凯文·凯利的一千个铁杆粉丝理论。他认为，在粉丝经济里，创作者，如艺术家、音乐家、摄影师、工匠、演员、动画师、设计师、视频制作者，或者作者——换言之，任何做原创的、传递正能量和价值的人，只需拥有1000名铁杆粉丝便能糊口。

凯文·凯利认为，铁杆粉丝是指，无论你创造出什么作品，他都愿意付费购买。他们愿意驱车30千米来听你的讲座，他们愿意在社交网络上关注你发的每一条消息，他们迫不及待地等着你的下一部作品。

铁杆粉丝也叫"死忠粉"。斯特德曼提出了一个关于微名人的理论。在他看来，如果某人对1500人来说都很有名，那么这个人就是一个微名人。也就是说，有1500人会为你疯狂。正如奥布莱恩引用的一句话，如果英国每个镇都有一个人喜欢你的网络漫画，那么就足以让你一年到头啤酒不断（或T恤销量不愁）。有人称这种微名人支持为微赞助或分部式赞助。现在微信、微博和视频直播的打赏功能就属于这种微赞助。

《罗辑思维》刚开始搞的"供养"式会员收费，就是这种分部式赞助。"供养"本来是佛教用语，指以珍宝、饮食、衣服、卧具、汤药、燃灯、众华、众香、幡盖等供给如来和善知识。《罗辑思维》按照开始的"替别人读书"的定位，提出了"魅力人格体"的概念，通过罗胖的个人魅力来吸引会员供养，让很多人购买了会员。大家都觉得，现在社会浮躁，能沉下心来做一档读书节目实属不易。所以，大家每人尽一份力，一起供养这个有理想的读书人，让罗胖不用为生计发愁，让节目能坚持下去。

罗胖也在两次会员招募中赚得盆满钵满，据脱不花（罗辑思维CEO）在某次活动中透露，《罗辑思维》共有66 000名付费会员，其中铁杆会员16 000人，收费标准是1500元/人，亲情会员50 000人，收费标准是300元/人，总计3900万元。

铁杆粉丝还有一个重要特征，那就是创作者无论迁移到任何一个平台，这些死忠粉都会跟着迁移，这也是第二章里所说的社群组织的"异地重生"能力。

铁杆粉丝理论充分证明了人格IP就是一种强烈的认同感。你说什么话我都认同，你创造什么东西我都买，你走到哪里，我就跟到哪里。当然，这也很容易被一些居心叵测的人所利用，很多邪教或者传销就是利用这一点对粉丝进行欺骗。

2. 阿里巴巴的天价月饼

2016年中秋节，5名阿里巴巴安全部的员工通过技术手段多刷了133盒中秋月饼（并未交易成功）。针对此次参与"内网秒杀月饼"的5名员工，阿里巴巴做出全部劝退的决定。让人惊讶的是，阿里巴巴集团用4个小时对此事进行了复盘和讨论，做出这项决定的居然是阿里巴巴董事局主席马云、CEO逍遥子、戴珊、行癫、振飞、郭靖、王坚、王帅等多位核心管理层人员。阿里巴巴集团首席人力官蒋芳在公开信中表示，这不是一个容易做出的决定，但必须要坚信正确的方向和公司文化，即阿里巴巴一贯倡导的诚信价值观。

公开信发出后，有人支持，有人反对，也有人保持中立态度。而支持者认为，5 名员工有炫技嫌疑，并使用工具作弊，触及了诚信红线。其实，这 5 位程序员做了马云最痛心疾首的事情——"造假"！

而反对者认为，马云说支付宝永远不收费，现在不也收费了？自己都不讲诚信，还有脸说员工，这不是在打自己的脸？这和所谓的价值观没有关系，只是开刀祭旗。中立者则认为，这是企业内部的事情，外人无权置喙，阿里巴巴只是牺牲几个员工，顺便给自己做个正面公关。

据好事者估算，此次被劝退的 5 名员工，如果工作满 10 年，每个员工有可能因此损失达 2000 万元，堪称史上最贵的月饼。

《论语》开篇孔夫子就对以"礼"为内容的价值观提出了"是可忍也，孰不可忍也"的强烈质疑；结篇又再次强调"礼"其实就是人格的重要组成部分，是塑造具有理想人格的君子，培养治国安邦平天下的志士仁人根基，也是治国安邦的根本。这显然不是为理想的人格塑造建立起一座不可轻易逾越的高墙，而是为其指明了个体或者组织的发展方向。价值观除了认同，还得培养，更需坚守，别无选择。在阿里看来，价值观就是不能碰触的高压线。

3. 非我族类 其心必异

在族群里，族群认同（Ethnic identity）就是族群的身份确认，是指成员对自己所属族群的认知和情感依附。关于族群的认同理论，最有影响的就是根基论和工具论。

根基论也叫原生论，认为族群认同主要来源于根基性的情感联系，这种族群情感纽带是"原生的"甚至是"自然的"。对于个人而言，根基性的情感来自亲属传承而得的"既定资赋"。基于语言、宗教、种族、族属和领土的"原生纽带"是族群成员互相联系的因素，强调这些共同特征是整个人类历史上最基本的社会组织原则，而且这样的原生纽带存在于一切人类团体之中，并超越时空而存在。对族群成员来说，原生性的纽带和情感是根深蒂固的和非理性的、下意识的。

工具论也叫场景论，把族群视为一种政治、社会或经济现象，以政治与经济资源的竞争与分配来解释族群的形成、维持与变迁。工具论认为族群认同是族群以个体或群体的标准对特定场景的策略性反应，是在政治、经济和其他社会权益的竞争中使用的一种工具。

它强调族群认同的场景性、族群性的不稳定性和族群成员的理性选择，强调在个人认同上，人们有能力根据场景的变迁对族群归属做出理性选择，认为认同是不确定、不稳定的，是暂时的、有弹性的，群体成员认为改换认同符合自己利益时，个体就会从这个群体加入另一个群体，政治、经济利益的追求常常引导人们的这种行为。

"非我族类，其心必异。"语出 2500 多年前的《左传·成公四年》。族群的冲突和对立在很大程度上构成了人类社会的常态。我们的老祖宗在那时候就清楚地看到了族群认同的重要性。

由此看来，企业或者公司作为一个社群，和族群、政党、宗教一样，成员对所在组织具有强烈的认同感，才算得上是真正的价值观。

3.1.3　认同感就是价值观

在新社群中，认同感就是对群价值观的统一认知。对群体身份的认同感是人类的一种强烈情感，有认同感，才会有忠诚度。我们在第一章介绍马洛斯的需求理论时谈到，社交需求就是人类对群体身份的一种强烈情感。

在新社群中，认同感就是对人格 IP 的接受。成员一旦接受了社群人格 IP 理论，个人认同感必然基于对社群组织者的人格认同。也就是说，IP 化首先必须是个人的人格化，在人格化过程中提炼出一个核心的认同感（即价值观），同时把这个价值观输出到组织中，形成组织的人格化，即组织的价值观。

从这一点看，人格化最成功的是宗教、政治人物和企业，如佛教中的释迦牟尼、基督教中的耶稣、伊斯兰教中的安拉等；政治人物中如朝鲜的金日成、印度的甘地、越南的胡志明、美国的华盛顿等；企业中阿里巴巴的马云、小米的雷军、格力的董明珠，等等。

在前面讲过，从国家到企业、团体、政党、宗教、协会等都是大大小小的社群。就企业而言，企业的创始人其实就是其所在社群的 KOL（关键意见领袖），KOL 和社群的关系，其实就是产品和客户之间的关系，企业（社群）是满足客户集中消费的价值提供方，即提供产品或者服务。

一个成功的企业（社群），必然会有一个或者多个 KOL，即专属于该社群的意见领袖，其扮演的角色就是企业（社群）的人格载体；如马云就是阿里巴巴的人格载体，一提到阿里巴巴，就想起马云这个有血有肉的人，而一提到马云，也就想到他所代表的阿里巴巴的企业形象。

虽然阿里巴巴著名的 KOL 还有蔡崇信、张勇、彭蕾、曾鸣、王帅等，但是因为马云的光芒实在太甚，使得这些人的光芒被掩盖而已。一个成功的 KOL，必然有一个成熟的企业（社群）作为依托，企业（社群）除了扮演消费者价值提供方的角色，更是价值观的稳定器。很难想象，没有马云的阿里巴巴将会是什么样。

显然，很多企业或者社群也都意识到这一点，物色接班人成了很多大企业的重中之重。而对于社群运营者来说，人格 IP 如此重要，如果突然失去了社群专属的意见领袖，该社群是不是就要解散？《罗辑思维》在这方面做了勇敢的尝试；其 CEO 脱不花在一次演讲中提到，《罗辑思维》收入模式已经从魅力人格体转到内容电商，继而转向目前的付费内容聚合——以"内容创业"为商业模式，即产品即内容，内容即产品。

3.2　参与感与归属感

3.2.1　参与感

"好孩子是夸出来的"，因为夸其实就是一种认同，因为认同，孩子会表现得更好，有更强的参与感。驯兽也是如此，动物因为表现好得到了食物的奖赏，就继续配合驯兽师做正确的动作。

因为认同，所以能心甘情愿地投入和参与，在企业或者社群中，成员会更具义务感、责任感，更投入、更自觉、更认真和细心，比起光靠热情、激励这些东西更加有效，更具有生命力。而且，最重要的是给予人们一个看到未来为自己打拼的机会，使他们看到自己所做的事情的意义和目的。尼采说过，"如果你明确人生的目标，几乎就能忍受任何工作方式"。

你若不想做，会找一个或无数个借口；你若想做，会想一个或无数个办法。这就是所谓的方法总比困难多。

《斗破苍穹》里有句话说：他喜欢帮亲不帮理，因为真正的关键时刻，理不会帮他，但他的同伴以及亲人，却会为了他以命相搏。

在中国的企业中，华为无疑是在这方面做得最好的，华为公司不是老板任正非一个人的，而是公司所有人的。为一个人工作，只是工作态度；为自己工作，却是创业态度。华为从任正非一个人发展到现在全球近 20 万人，从一个矮棚子发展到现在世界 500 强第129 位（2016 年数据）。

2016 年 8 月，全国工商联发布"2016 中国民营企业 500 强"榜单，华为以 3950.09 亿元的年营业收入力压群雄。华为能有如此骄人的业绩，靠的正是让每一个人都在华为平台参与创业的理念，让公司每一个人都有华为的股份。

不管是个人还是企业，积极进取的动力，似乎总是来自于所要寻求社会的认同感。不管这认同是来自外界，还是来自自己的内心。这就是社会发展的主要驱动力之一。

就个人而言，人生一路向前、奔跑、狂追，一路成长；蓦然回首，你会发觉，曾经那么执着追求的一切，皆不过是为了寻求外界的肯定，而所有种种作为，也都是寻求一种生命的自我认同。

对企业而言，企业不同阶段的发展，其实和人的一生没有什么两样，企业只不过是一大群个体寻求安全感临时建立的——让每个参与其中的个体都有归属感的巢。当然，在安全感和归属感解决之后，这个群体组织可以向组织输入或者向组织之外输出更高的价值观。

在新社群中，成员的参与感是社群的生命力，也是社群运营者非常头疼的问题。

有了认同感，才有安全感，有了安全感，才会有忠诚度，才会有参与的意愿。其实在群成员的招募过程中，群成员的门当户对是非常重要的，就是物以类聚，人以群分。只有消费水平、价值观相近的人，才有共同的语言，才具备互动的条件，也就是参与感的前提。

有句话说得好：大脑这东西，只有在同一个层面，才能互相承认。其实就是人的意识是否一致，是否能互相认同某一价值观。这一点和婚姻非常类似，有研究数据表明，学识、收入差异不大的男女双方结婚后的离婚率相对较低。古人提倡的门当户对其实是有一定道理的，王子和灰姑娘的爱情只是童话里的故事，而婚姻是由柴米油盐酱醋茶组成的，没有那么多的浪漫。

3.2.2　归属感

归属感也叫隶属感，是指个体感觉被他人或者团体理解和接纳时产生安全感与落实感。马斯洛的需求理论认为，归属和爱是人最重要的心理需求，只有满足了这个需求，才能往更高一级的自我实现。

近年来，心理学家对归属感问题进行了大量研究，现在认为，缺乏归属感的人会对自己从事的工作缺乏激情，责任感不强；社交圈子狭窄，朋友不多；业余生活单调，缺乏兴趣爱好。

全世界的小孩，遇到危险第一个反应就是大声喊叫妈妈。这就是一种本能的反应，也就是当安全感缺失的时候，就具备非常强烈的归属感，毕竟在娘胎里是非常舒服和安全的。

人类与生俱来就对陌生的外界带有恐惧感，归属感是人类寻求安全感的一种强烈情感。

其实几乎所有的动物都选择群居生活，这就是为了寻找安全感，大如大象，小如小鸟、飞虫，群体的力量比个体更能保证生存和安全。

人的一生不停地在寻找心理的归属地——家。小时候，妈妈在哪里，家就在哪里；长大以后，家成了旅馆，很多人一年只回去居住几天；结婚以后，老婆孩子在哪里，家就在哪里。这是大多数中国城市白领家的概念。年纪稍大一点，终于明白，心在哪里，家就在哪里。

归属感是没出生的婴儿在妈妈肚子里的感觉，归属感是离家的孩子回到家的感觉，归属感是异乡的游子落叶归根的感觉。《天下无双》里有句话说，所谓深情挚爱，就是你中有我，我中有你，原来，一个人吃饭没有两个人吃饭开心。其实大家都知道，现在物质那么丰富，吃什么不重要，和谁吃才重要。其实这就是在寻找归属感。

大家都知道网上流传螃蟹与稻草这个段子，一根稻草丢在大街上是垃圾，绑在大白菜上可以卖白菜的价格，绑在大闸蟹上就是大闸蟹的价格。表面上，这是跟谁混的问题；但背后，却是归属关系，如一个社群的成就，其实和成员的利益是绑定的。国家是一个巨大的社群，公司、政党、宗教组织等都是大小不一的社群，家庭作为最基础的社会组织也是一个微小的社群。

战国时魏国有一个著名的大将叫魏无忌，也就是信陵君，他之所以被誉为战国四公子之首，除了"窃符救赵"这件事情让他名声大振，以及他平时礼贤下士、急人之困之外，还与他在个人和国家利益的归属问题关键时刻，做出了正确的历史选择有很大的关系。

虽然他之前擅自窃符救赵得罪了魏王，怕被魏王判罪逃到赵国。但是当秦国大将蒙骜率军进攻魏国，魏军屡战屡败，一退再退，魏安　王为此忧心忡忡，于是派人到赵国请魏无忌（信陵君）回国，魏无忌不顾个人利益，毅然回国指挥战斗并打败秦军，使得魏国暂时得以保全。

难怪历代文人政客都不吝笔墨对其大加赞赏，如赵孝成王赞其："自古贤人未有及公子者也"；李白挥毫赞曰："大梁贵公子，气盖苍梧云。……救赵复存魏，英威天下闻。"司马公更是毫不吝啬："能以富贵下贫贱，贤能诎于不肖，唯信陵君为能行之。"

3.2.3　心理学角度看归属感

心理学研究表明，每个人都害怕孤独和寂寞，希望自己归属于某一个或多个群体，如有家庭，有工作单位，希望加入某个协会、某个团体，这样可以从中得到温暖，获得帮助和爱，从而消除或减少孤独和寂寞感，获得安全感。

人的心理活动是非常复杂的，各种层次的人在各种场景的需求也是不一样的，但是无论如何，任何层次的人都需要安全感。马化腾在一次互联网大会认为，如果没有拿到微信这张移动互联网的站台票，今天的腾讯恐怕已经日薄西山了，目前他们已经在担忧接下来即将取代微信的产品。

表 3-1 所列是人的部分心理需求及产生的原因或属性，以及对应的感觉分析。从表中可以得知，大部分感觉都是为了安全感、归属感，以及由此衍生出来的各种被他人或者组织接纳的认同感。

表 3-1

序号	需求	产生的原因或属性	感觉
1	归属	被人理解和接纳时产生安全感	安全感
2	认同	认同感是从别人那里得到的对你的一种正反馈	尊重感
3	虚荣	害怕不被认同而粉饰自己	满足感
4	炫耀	炫耀是不自信的人为了得到别人的认同而夸张的展示	自尊感
5	理解	最初级的认同,理解万岁就能说明人需要起码的认同	信任感
6	知音	愿意倾听你的声音,能基本认同你的人,所谓知音难觅	兴奋感
7	知己	非常认同你的,愿意和你掏心掏肺交流的人	幸福感
8	支持	志同道合者是认同且支持并能和你共同努力的人	幸运感
9	成就	当你的付出得到认同时的那种被认同的快感	成就感
10	孤独	因为缺乏社交导致不被认同而找不到心灵的归宿	空虚感
11	寂寞	寂寞是不被认同的环境隔绝而产生的缺乏安全感的忧虑	忧虑感

现在城市生活的压力越来越大,随着房价飙升和工作流动性变大,有一个固定的住所和稳定的工作成为一般人拥有归属感的两个基本条件。

在群体内,成员可以与别人保持联系,获得友情与支持;成员间在发生相互作用时,其行为表现是协调的,同一个群体的成员在一致对外时,不会发生矛盾和摩擦,彼此都体会到大家都同属于一个群体,特别是当群体受到攻击或群体取得荣誉的时候,群体成员会表现得更加团结。

责任感到了一定的程度就会产生对某些东西的归属感。归属感分为对人、对事、对家庭、对自然的归属感。青少年时期对人的归属感较强,中年时期对事业和家庭的归属感较强,老年时期对自然的归属感较强。

在新社群中,仪式感和认同感是参与感的前提和基础,有了这个基础,才有了自我驱动的参与感。有了参与感,才会有归属感,才会有荣誉感,才会有自豪感;有了自豪感,人格 IP 才有温度,有了温度的内容才有具有灵魂的产品。

苹果作为史上最持续、热销最长、最具人格 IP 的产品,其实就是乔布斯人格的持续爆发。乔布斯把自己的人格 IP 注入了苹果,使苹果成了活生生、有温度、有灵魂的产品。很多人以拥有苹果为荣,是因为苹果能给他们带来满足感(虚荣心也算),有了满足感,就能产生愉悦感,就有了归属感、参与感和认同感。这也就能解释为什么每次苹果发布会苹果公司会把它当作美国总统就职一样的仪式来操办,也不难解释为什么会有国人为了购买苹果手机去卖肾,从而给苹果安上一个外号叫肾机了。

本 章 小 结

仪式感是让我们对所在意的事情怀有敬畏心理的一种感受。从国家到企业、社团、政党、宗教、社群、协会、家庭等，大大小小的组织都需要仪式感，仪式感产生安全感，有了安全感，才会有认同感，才会有统一的价值观；仪式感和认同感是参与感的前提和基础，有了这个基础，才有了自我驱动的参与感和归属感。

任何个人和组织的最终奋斗目标就是价值观的实现，新社群作为未来企业最优的组织结构选项之一，价值观对其有不同凡响的意义。

第 4 章
亚文化与群失控

📖 **本章导读**

亚文化作为一种次文化的力量往往超越了主流文化。无论是主流文化，还是亚文化，都是在强调通过群成员之间的弱关系和规则形成强连接。互联网的本质就是连接，企业的跨界本质就是高效整合低效，包括组织结构和运营效率。

4.1　亚　文　化

4.1.1　亚文化简介

有一个很有趣的小故事：话说有一个小庙，里面有 7 个僧人，他们每天通过抓阄轮流分粥，一人一天，可是粥总是不够，分粥的人总是多分给自己一点。后来他们想了个办法，轮流分粥，但分粥的人要等其他人都挑完后拿剩下的最后一碗。为了不让自己吃到最少的，每人都尽量分得平均，就算不平，也只能认了。同样是七个人，不同的分配制度，就会有不同的风气。从这个故事可以看出，人性其实没有好坏，只是制度设计得是否合理。

亚文化又称集体文化或副文化，指与主流文化、大众文化相对应的那些非主流的、局部的小众文化现象，在主流文化或综合文化的背景下，属于某一区域或某个集体所特有的观念和生活方式。一种亚文化不仅包含着与主流文化相通的价值与观念，也有属于自己的独特的价值与观念。

1950 年大卫·雷斯曼（David Riesman）提出大众文化和次文化的差别，大众是"消极地接受了商业所给予的风格和价值"的人，而次文化则"积极地寻求一种小众的风格（在当时为热爵士乐）"。于是"听众操控了产品（因此也操控了生产者），就如同产品操控了听众一般。"

亚文化有各种分类方法，有人把它分为人种的亚文化、年龄的亚文化、生态学的亚文化等。年龄亚文化可分为青年文化、老年文化；生态学的亚文化可分为城市文化、郊区文化和乡村文化等。由于亚文化是直接作用或影响人们生存的社会心理环境，其影响力往往比主文化更大，它能赋予人一种可以辨别的身份和属于某一群体或集体的特殊精神风貌和气质。

社群进入移动互联网时代，特别是自媒体的崛起，每个人都是一面旗帜。原来囿于信息发布媒介的不便，或是官方的严格管控而树立起来的高墙，在自媒体时代已经土崩瓦解。信息的交流毫无障碍，自由的思想也达到了从所未有的开放，人类社会将再次进入百家争鸣，各抒己见，市井墨客皆为己言的自由思想时代，势必大大解放生产力和生产关系。

但是国有国法，家有家规，社群也必须有规矩，除了规矩之外，更重要的是新社群必须形成一些不成文的规定、对接暗号、固定的仪式，等等，这就是所谓的社群亚文化。新社群作为一种圈层组织，是一种小范围的社交组织，势必是一种小众风格的个性文化。社群亚文化属于新社群特有的文化，是每个社群独特的价值与观念，也正是因为有了独特的亚文化，才有各具特色的社群组织。亚文化是新社群的DNA，决定了新社群的发展、壮大、有序传承。亚文化能构建一个有温度的氛围，比起冰冷的制度，亚文化更能唤起成员对群价值观的认同。

4.1.2　回归人性

孟子说过：人之初，性本善。可是荀子却说：人之初，性本恶。

荀子认为，人性是自私和贪婪的，人不为己，天诛地灭。而我们所受的主流教育只教你要存天理、灭人欲。有人认为，"灭人欲"要灭的是荀子说的人之初，性本恶的恶，是人性中恶的部分。

首先，自私是恶吗？能灭得了吗？自私和贪婪是人的天性，是与生俱来的，能割掉它？从哲学的角度说，存在即合理。自私只是在争取自己应得的那份利益罢了。大禹治水都懂得用疏不用堵，为什么不能像华为一样设计一套迎合人性自私的制度呢？

华为作为传统社群组织的优秀代表，在人性这个亚文化的建设上是一朵不可多见的奇葩。

我们的主流文化教你要大公无私，要乐于奉献，要无欲则刚。可在华为，任正非却直击人性的弱点，他认为无欲则刚的说法违背人性，无欲者很难做到所谓刚强、有力量。欲望其实是中性的，很大程度上，欲望是企业、组织、社会进步的一种动力。一家企业管理得成与败、好与坏，背后所展示的逻辑，都是人性的逻辑、欲望的逻辑。

谁没有私心？如果没有私心，你为什么还努力工作？一切没有考虑个人利益的制度都没有任何号召力，任正非认为这就是最简单和朴素的道理。

华为的文化中，是以人的自私性为基本假设的，也就是说没有谁会无私地奋斗，都是以得到好处而奋斗，当然这里是指"利出一孔"地捞好处，这种物质激励和非物质激励都把人的自私性赤裸裸地包含进来。

任正非根据著名的马斯洛需求层次理论提出了五个欲望理论。在不同的阶段满足不同层次的需求。公司作为传统的社群组织，对外经营客户，对内管理员工，核心都是人。任正非认为要存天理，顺人欲。只要抓住人性的本质，把钱分好，就可以解决企业的许多问题。

华为按照人性欲望做了三件核心的事情：做好人、用好人（分好权）、分好钱。任正非甚至认为，华为今天的成功，是"分赃文化"的成功，华为雄狮劲旅的背后，其实是良田美宅，高官厚禄。任正非的做法对于社群运营者和管理者来说，有极大的借鉴意义。

管理公司其实就是在管理社群，公司的管理制度其实就是社群的管理制度，如果能从人性的角度，去设计一套符合人性的管理制度之外的亚文化，营造一个符合人性的亚文化氛围，有时候，这样的亚文化，取得的效果往往会大于高大上的主流文化的管理思维。如果你能把这种亚文化设计得像华为一样，当作制度来设计和执行，就是社群管理的极高智慧。当然，这种符合人性的设计也不是无限制的，违背基本常识的事情是零容忍的，比如，任正非自己没带工卡都没有办法进公司、送任正非去机场的高管只能拿司机的工资等。

企业管理大师德鲁克说："新经济的挑战是提高知识工作者的生产力"。当前大多数社群组织面临最大的挑战就是如何激活组织中的个体，企图用企业文化的名义对抗人性，不顺应人性，不承认人性的自私，而是想从企业文化去改变士气低迷的组织状态，结果往往事与愿违。正确的做法是承认人性的自私，并使其成为企业的亚文化，甚至成为企业的新文化。

马克思则认为："人的本质不是单个人所固有的抽象物，在其现实性上，它是一切社会关系的总和。"也就是说，人的本质不仅包括人与人之间的关系，个人和他人的关系，人与社会的关系，即外因，也包括单个的人所具有的个性。

所以，一切社会关系的总和固然是人性的一个重要方面，但不是全部，还应该加上个人所具有的个性，如自私、自由、自尊、自信、自豪等等。所谓人性的自私，就是指把自己放到第一位，首先考虑的是自己的利益和感受，自私在本质上是损人利己的，作为动物性的人，趋利避害无可厚非。

例如，非洲大草原上的羚羊遇到危险会自顾奔逃，狮群会通过撒尿来圈定势力范围，取得狮王战斗胜利的雄狮为了占有一大群母狮，把前任所生的幼狮全部咬死，其目的无非就是拥有更多的生存权、支配权和交配权。人类也是如此，中国古代很多皇子为了争夺皇位不惜杀兄逼父，从而使自己的利益最大化，李世民就是个典型的例子。

作为具有人性的人，在遇到危险时，也有趋利避害的本能，但当情况特殊时，人可以把利让给别人，把害留给自己，如泰坦尼克号面临沉没时，很多男士都主动把生存的机会让给妇幼。古今中外，很多舍生取义的故事，很能说明这是人性的光辉。人类要生存，要生活好，要可持续发展，就不能不为自己谋求正当的利益。谋取个人的正当利益，是每个人的权利和责任，应该受到尊重，不应被贬斥为自私，即使是，也是一种理性的自私。所以，不应把谋求正当利益的"人性"和趋利避害的"动物性"自私混为一谈。

马克思在《哲学的贫困》中提到，"一切经济关系都仅仅是为了平等的利益才被发明的"。

无论是在传统社群，还是在新社群中，大家是因为兴趣才走到一起，如果没有利益关系，这种关系维持不了多久。比如小米的粉丝，他们对小米手机有共同的兴趣，但是他们之间没有利益关系，因此，他们之间的关系是非常松散的，是一种弱关系。国际关系也一样，大多数时候也是一种弱关系，所谓的利益攸关方，就是利益共同体，有利益的时候才会是"共同体"。最出名的还是那句：没有永远的朋友，也没有永远的敌人，只有永恒的利益。

当然，在社群进入移动互联网时代，管理的手段和方法更加人性化、多样化和方便化，但无论如何，人性不变，只有顺应人性的社群制度设计和亚文化建设，社群才能真正生存并发展壮大。如果社群制度的设立，只是考虑到压抑人性，而没有考虑如何引导人性向正确的轨道发展，这样的社群很难持续下去。

传统社群（宗教、政党、公司）主流思潮的灭人欲制度设计，其目的在于防止人的欲望过度膨胀，从而营造一个相对公平的机制，保护他人的合法利益。但是，正是人性的私欲使得传统社群能够持续经营，使得传统社群更有生机。所以，可以在灭人欲与顺人欲之间寻找到一个平衡点，通过奖惩选项设定，让人们自己去选择能够满足自身利益最大化的同时又不损害他人利益。

从这一点看，人性的欲望是向前滚动的车轮，推动着社群组织向前发展，新社群也不能置身事外。

在新社群中，人与人之间的社交链接也是一样的，因为有共同爱好走到一起的人，如果仅仅是因为兴趣爱好，那将不会长久维持下去。人与人交往必须有互利关系，也就是说，我和你交往我能得到什么，你和我交往你能得到什么，社交关系本来就是一种等价交易关系，如果价值不对等，交易就无法达成，关系就无法维持，所谓的生意不成仁义在，试问，和你没有生意往来的客户，有几个会持续联系多久？所谓的仁义在，只是双方自个找个面子罢了。

如果说，制度和规矩是社会秩序的必然结果，那么这样的秩序只能以人类的有限发展为代价，而符合人性的亚文化能使这个有限变得最大化。

如果你勇敢承认人性的自私，充分尊重人性的自私与贪婪，并设计出一套符合人性的新社群管理制度和亚文化，甚至企业文化；像华为一样，"以奋斗者为本"，而不是口号式的"以人为本"的制度，你的新社群才有可能像华为一样笑傲江湖。

4.1.3 开放与跨界

想必大家都听过这样一个故事：一名记者看见农村的一个正在放羊的小孩。问他"你的理想是什么？"

"放羊！"，小孩回答说。

"羊儿喂大了干什么？"

"卖钱！"

"有了卖羊儿的钱干什么？"

"娶老婆！"

"娶老婆干什么？"

"生小孩！"

"生小孩来干什么？"

"放羊！"

在所有的移动互联网思维中，社群思维是一个非常重要的思维，其中的跨界、链接、参与感其实就是互联网思维组织重构的升级。说到底，互联网的一切优势，最终都是效率的优势。在互联网被发明出来之前，如果要寄一封从杭州到北京的邮件，必须经过一路中转，最少要一周时间才能到达，而用电子邮件，只要几秒就可以把信息传递给对方。

传统企业转型面临的所有问题，最终都是组织的问题。也就是说，如果不从思维上重塑组织架构，所有的问题都不得其解。因为组织是由"人"这个最小的节点组成的，改变组织结构，其实就是要改变人的思维方式。而社群思维是改变组织架构的最好思维。社群思维能重塑商业关系、提升生产效率，而不只是简单地把它运用到设计产品和服务用户当中。如小米所强调的参与感，其实就是粉丝思维，而不是社群思维，因为两者之间最大的区别就在于是否利益攸关，如果只是参与，不能获得利益，这样的关系不可靠，是一种弱连接。

要变革思维，最重要的就是要学会开放和跨界，打破固有的思维模式。如胶片时代的巨头柯达认为拍照只能是相机的事，和手机没有关系，手机只能用来打电话，但诺基亚手机加入了照相的功能，柯达没过三年就宣布倒闭。当诺基亚还在沾沾自喜，认为手机只能用来打电话和拍照的时候，苹果却把手机当做游戏机和音乐播放器，诺基亚只好也倒闭。

这样的案例还很多，摩托罗拉、东芝、索尼都在等待档期。在国内，京东几乎要了国美的命，微信直接打劫了中国移动、电信和联通的饭碗；余额宝也正在从银行的口中夺食，360免费杀毒让类似瑞星这样的收费软件彻底趴窝了，原来经常被病毒困扰的用户也彻底安宁了。

曾经行业的巨无霸，如今死的死，残的残，原因就在于跨界打劫。如中国移动靠语音通话来收费，是其主营业务收入，可是微信从数据打劫，语音服务完全免费，因为微信根本不靠这个赚钱。柯达是靠卖相机、胶卷作为主营收入，可是诺基亚手机的摄像功能只是其中一个功能，也是完全免费，所以，从一开始，这就注定是一场没有悬念的战争。图4-1展示了通过激励竞争后生存下来的独角兽企业。

图4-1　（图片来源：艾瑞）

所以，在互联网特别是移动互联网时代，最可怕的事情不是对手比你强，而是你根本不知道对手是谁。而且这些对手从来不是专业的，全部来自于另一个领域。雷军在做小米之前，从未涉及手机行业，却用了不到5年的时间，把小米做成450亿美金的独角兽；程维在做滴滴之前，也从未涉足出行行业，没有任何行业经验，也仅仅用了三年时间，市值达到 276 亿美金，^① 跨界创新者以前所未有的迅猛，从一个领域进入另一个领域。很多时候，虽然微小但是生命力强大的对手已经用跨界打劫你的市场，但你却浑然不知，等你醒悟过来的时候，已经来不及了。

微信就是典型的例子，当中国三大运营商还在语音和短信市场你争我夺的时候，微信已经坐拥数亿注册用户，截至 2016 年 12 月底，微信和 WeChat 月活跃用户达到 8.89 亿。^②

有人说，未来十年是移动互联网时代，是一个海盗嘉华年代，各种横空而出的马云、马化腾将会遍布各个领域，他们两个是开了个头而已，接下来的故事是数据重构商业，流量改写未来，旧思想渐渐消失，逐渐变成数据代码。大数据时代，云计算的发展，一切都在经历一个推倒重来的过程。

移动互联网将彻底改变人们的衣食住行，以及工作、休闲、购物旅游等各个领域。被传统行业巨无霸久久霸占的城堡门缝正在裂开，行业边界也正在打开，传统的图书、金融业、电信、娱乐、媒体、广告、运输、零售、酒店、服务、医疗卫生、旅游等行业，都可能被逐一击破。很多产业的边界变得模糊，互联网企业的触角已经无孔不入，线上和线下开始融合，实体和虚拟谁也离不开谁，更便利、更关联、更全面的商业系统，正在逐一形成，各行各业的整合纷纷开始，新的商业模式正在一个接一个地诞生。

传统行业单一的盈利模式将被跨界创新者多维度的商业模式所攻破，移动互联网作为新的攻击维度之一，无疑是最具威慑力的核武器。如果社群组织结合大数据和云计算，再借助"互联网+"的思维模式，势必促进人类思维方式发生深刻变革，将使商业逻辑得到重构，传统企业的转型才具备了可能。

李彦宏曾经指出："互联网和传统企业正在加速融合，互联网产业最大的机会在于发挥自身的网络优势、技术优势、管理优势等，去提升、改造线下的传统产业，改变原有的产业发展节奏，建立起新的游戏规则"。

中国的互联网经历了 PC 互联网，到目前方兴未艾的移动互联网，再到小荷才露尖尖角的物联网。PC 互联网解决了信息对称，移动互联网解决了效率对接，未来的物联网需要解决万物互联：数据自由共享、价值按需分配。"互联网+"的本质就是搭建一个底层建筑，使上面的每一个人都可以迅速找到目标，无论是找客户、找恋人还是找伙伴，或找一条狗。

互联网企业的跨界颠覆，本质是高效率整合低效率，包括组织效率、结构效率和运营效率。所以，进入移动互联网时代，在接下来的十年，是中国商业领域大规模跨界打劫的时代，所有大企业原本固若金汤的粮仓都可能遭遇打劫！一旦人们的生活方式发生根本性的变化，来不及变革的企业，必定遭遇前所未有的劫数。不论是传统企业，还是

---

① 2016 年 7 月，艾瑞咨询连续第二年发布了中国独角兽企业估值榜，蚂蚁金服以 600 亿美元估值蝉联榜首，小米科技、滴滴出行分别以 450 亿美元和 276 亿美元估值排名二三位。

② 数据来源于企鹅智酷。

互联网企业，都要开拓思想，学会转换思维模式，主动拥抱变化，大胆地进行颠覆式创新，这是时代的必然要求。

你不敢跨界，就有人跨过来打劫你，跨界除了打劫之外，其实还有另外一个含义，那就是整合。互联网企业作为 PC 时代最具活力的社群组织，已经深刻地重塑企业价值链，随着社群进入移动互联网时代，这种趋势势必得到进一步加强。除了传统企业自身要转变思维，主动拥抱互联网，用互联网思维拥抱变化之外，互联网企业也担负着引导传统企业向现代企业转化的责任，用累积多年的大数据，结合云计算，打通线上和线下，实现虚拟与实体相融合，为传统企业探索一条确实可行的变革道路。

就新社群本身而言，其商业模式在于：分众产生市场，跨界实现价值。构建场景是社群的优势，如果能把大数据作为底层服务，为商家和消费者构建高度个性化的消费场景，每一场短期的、长期的活动，或者主题系列活动，最后会把人沉淀和细分成一个个有共性标签的圈子，然后在圈子和圈子之间进行打通的时候，就会产生商业跨界，就会产生商业价值。只不过，在传统的社群组织中，打通的是人与物之间的信息不对称，而在新社群中，却是为圈子与圈子之间提供了人与人这个关键节点更多的连接可能。

4.2　失控的世界

4.2.1　失控不是不可控

大部分人了解"失控"这个词应该都是来自于凯文·凯利(KK)的《失控》，在这本书中，他提出一个"蜂群思维"，他认为单个的蜜蜂什么都不是，数以百万的蜜蜂成为一个系统，这就是互联网思维，蜂王可以在里面发出呐喊，指导着每一个蜜蜂。

自然界中，群居的动物都具有这样的属性，单个蚂蚁是没有智慧的，但是上百万只蚂蚁混在一起，会产生巨大的群体智慧，这是一种群体智慧的涌现。KK 在书中提到"一个斑点大的蜜蜂只有 6 天记忆，而作为整体的蜂巢所拥有的记忆时间是 3 个月，是一只蜜蜂平均寿命的两倍"。

这其实就是群体记忆和个体记忆的区别，人类作为一个有文字的文明的记忆要比个体的记忆长得多，我们现在还能知道几千年前发生了些什么大事情，这就是属于我们人类的"群体记忆"。而蜜蜂没有文字，但是它们群体中的个体可以传播信息，也就是"言传身教"，虽然不能像文字一样久远保存，但也是属于它们的群体记忆，和个体记忆是有区别的。

有记忆才能产生智慧，单个个体的蚂蚁、鸟、鱼、蜜蜂由于脑容量非常小，记忆也就非常非常有限，几乎没有智慧，不像鲸鱼、海豚、大象、大猩猩、牛、马、狗等脑容量比较大的动物，它们就有一定的记忆和智慧。可是成千上万蚂蚁、鸟、鱼、蜜蜂组成的蚁群、鸟群、鱼群、蜂群，就具备了群体智慧，正所谓"团结就是力量"。

图 4-2 所示是意大利业余摄影师克里斯伯尼拍摄到的一张照片。据了解，一只单打独斗的白腹鹞原想抓一只在潟湖旁休息的八哥鸟饱餐一顿，不料，八哥鸟群迅速以庞大的队形包围落单的白腹鹞，使得它不得不落荒而逃。

图 4-2　（图片来源：中新网）

对此，克里斯伯尼指出，八哥鸟群在面对像猎鹰、白腹鹞这样的猛禽捕捉时都有自成一套的"防御特别策略"；从照片中可以明显看出八哥鸟群形成非常紧凑的队形，它们不仅会利用数量优势将敌人包围起来，还会不断变换队形。

蜂群、蚁群尚有个体差异巨大的蜂王和蚁后在协调，可是星椋鸟个体看来并无任何差异，它们之间是如何协调的呢？在西欧很多地方，初冬的落日时分，可以看到很多星椋鸟群表演精彩的空中芭蕾。研究人员表示只要一只星椋鸟转向或者改变速度，其他同伴也会随之改变。它们的信号处理速度极快，瞬间便可完成，它们如何拥有这种能力仍旧是一个谜。

它们在飞行中相互协调，而不是各飞各的，每个成员的移动都受其他成员影响，形成一个统一的整体。即使采用非常复杂的算法和模型也无法完全解释星椋鸟群表现出的同步性。集体飞行途中，它们的反应时间不到 100 毫秒，能够在时速超过 30 千米的情况下有效避免"撞车"和躲避捕食者。即便是有"椋鸟王"在协调，那它是如何在这短短的一瞬间和上百万的群鸟进行有效沟通，从而保证每个成员都能协调一致呢？

图 4-3 所示是加拿大籍著名水下摄影师大卫·弗利塞姆在厄瓜多尔加拉帕戈斯群岛拍摄到一只海狮在一个由鱼群组成的隧道中穿行掠食的精彩画面。一群小鱼在太平洋海域积聚成一条隧道，一只海狮在其中穿行而过。画面如此壮美，让人误以为照片是精修过的，而事实上，这是大卫在合适的地点、合适的时间抓拍到的饥饿的海狮捕食的场景。当时鱼群正与海狮进行一场生死搏斗，为避免被吞食，小鱼们本能地聚集到一起，形成了漩涡状的隧道，巨大的鱼群看起来仿佛一个整体。鱼群被迫游往浅滩区域，展开的鱼群有足球场那么宽。

图 4-3　（图片来源《每日邮报》）

4.2.2　神奇的七与连接

科学家经过研究发现，鸟群、蜂群、蚁群、蝗虫、鱼群等群居动物，只要保持三个一致性的移动规则，即可确保速度、方向和位置与其他成员同步：第一，跟随前面的成员方向；第二，和周围六只成员的速度保持一致；第三，与后面的成员保持距离。

看似非常复杂的集体运动，其实只包含了如此简单的运动规则。根据此规则，科学家用电脑动画模拟鸟群的集体活动，得出的结论与自然界鸟类群体活动完全一致。

在现实生活中，每次国际航空展精彩的飞行表演，其实就是保持每一架表演机的方向、速度和它们之间的距离相匹配，就能完美地完成任务。再如，在夜晚行军中，如果不可以使用照明和通信设备，士兵们只要遵循这三个原则，就不会掉队，紧跟前面的成员是确保不会迷失方向，保持一致的速度及固定的距离，确保不会踩到前面成员的脚后跟，也不至于被后面的成员踩到脚后跟。

在120人的行军队列中，第80名成员和走在最前面的第一名成员，其实是没有多大关系的，和他有关系的只有他前后各3名成员。这样的例子其实很多，在国庆出行时，发生大面积的堵车，其实就是这三个规则的某个规则出了问题，导致整个车流发生滞留。相反，当这三个规则都能顺畅执行时，整个车流就非常有序畅通。

Uber是把这个规则运用到系统运营比较好的一个典型案例。Uber的订单是根据顾客与车辆之间的距离最近原则进行自动匹配的。在顾客附近的车辆无须抢单，除非第一次派单的司机没有接单，系统才会重新把订单派送给周围其他的司机。如果遇到某个时间段打车的人比较多，系统就会自动调高价格，以达到供需平衡。Uber系统规则的目的就是想提高司机的积极性，让更多的司机赚取更高的收入，从而带动更多的司机参与进来，以让整个平台的车辆达到一个量级，从而降低成本，达到赢利的目的。

规则的运用无处不在，很多企业的员工达到几万人，而人力资源部门只有2～3个人，这样的比例根本无法达到对具体某个员工的管理，而是让这些员工基于特定的规则相互制约，彼此发生作用，最终达到管理的目的。这其实就是社群中自组织原则的一个很好的应用。

也就是说，无论是动物界还是人类的生活和生产活动，群体活动行为以极强的同步性和整齐的秩序出现时，看似复杂，其实很简单，相邻个体之间基于简单规则的相互作用，就能涌现出整体上的复杂性。这其实就是新社群中自组织的奥秘所在，也是社群的价值所在，即自组织的非线性、去中心化和失控。

非线性化是指社群组织不是简单的节点之间的单向传播，而是多节点之间的多向联系，节点之间彼此影响，发生耦合作用，比如上述椋鸟群里的任何一只椋鸟，都同时和身边的六只椋鸟保持着上述三个规则，共同组成了以每只椋鸟为节点的蜂窝状大网。

去中心化在第二章重点学习过。从椋鸟群、鱼群、蜂群、蚁群等群体的群体活动可以得出，只要按照一定的规则来运行，实际上并不需要有某个中心来领导这个群体来运转，所以，这个中心其实是可以淡化的。在蜂群和蚁群中，虽然有蜂王[①]、蚁后这样的"中心"，

---

① 蜂王也叫"母蜂""蜂后"，是生殖器官发育完全的雌蜂，由受精卵发育而成。

但它们只是负责生育的工具，在实际群体活动中，并不起任何作用。

看似有一只无形的手在控制这些蜂群、鸟群，而事实上却没有一只蜜蜂或者一只椋鸟在控制着蜂群或鸟群，也就是说，这个群体组织是无中心的。比如椋鸟群，它们像事先预定好的一样，突然间一飞冲天，在空中变换着美丽的队形，突然间又调转方向，齐刷刷地向南飞去，根本不存在是哪只鸟在控制着这个鸟群，而是上述三个规则使得它们的行动保持协同一致。

失控不是不可控，也不是失去控制，而是无须去控制，也不可以去控制，也控制不了。

在第一章里学习到，一个人最多只能和150人进行交流，超过部分就无能为力了。像传统社群组织企业一样，如果一个企业拥有3万名员工，那么公司的最高领导如何把旨意传达到每个员工呢，通常的做法就是把公司划分成多个子公司或者多个部门，把旨意传达给各个子公司或者部门的领导，再由这些领导传递给底下的领导，再一级一级传递下去，直到每个基层员工。

也许有人会说，群发邮件或者微信不也可以？但这只是单向信息传递，如果这3万名员工对这个旨意有疑问，发回来3万封邮件或者3万条微信，如果想要做到有效沟通，就亲自回复这3万封邮件或者3万条微信，这显然是不可能完成的任务。

每只椋鸟只会注意离它最近的六只椋鸟的情况，通过这种行为就可以保证自己在鸟群的迁徙中不至于掉队，而且可以完成复杂的飞行轨迹。其实，不仅仅是在椋鸟等群体生活的动物具有这种小范围多向交流的行为规则，人类也具有这样的能力，在《PLOS 计算生物学》2013 年 1 月的研究报告中，普林斯顿的博士生 George Young 和他的博士生导师 Naomi Leonard，以及来自罗马萨皮恩泽尔大学的同事经过研究后达成共识："七"就是"群落中在凝聚力和个体行为之间取得的优化平衡"的最佳数字。

还有，大家熟悉的"六度分割"理论，认为在人类这个大的社群当中，每两个人之间所间隔的人不会超过五个，这个数字加起来正好也是七。

4.2.3 弱关系强链接

鸟群铺天盖地在空中起舞，因为有规则的存在，这种看似杂乱无序的组合其实是非常井然有序的，任何一个微小的个体的价值才有可能被实现。如果一个个体独立存在，那么其价值是非常有限的，而在类似鸟群这样的自组织结构中，整体的关系将会被重构，从而形成一种全新的组织结构形态。

在运营新社群时，可以从鸟群、蜂群等群体生活的动物身上学到群体的智慧，也就是说，每一只椋鸟就好比是社群中的每个节点，每个节点就是一个群成员，只要这些群成员都拥有共同的价值观和行为规则，这些成员就可以串联起整个新社群。就像椋鸟一样，社群成员不需要与全体成员建立联系，只需要和离他们最亲近的六个成员建立联系即可，通过他们就可以保持社群的整体性、一致性和协同性。

所以，无论是鸟群还是人类社群活动，单个节点的自觉性尤其重要，其实节点与节点之间的关系是非常弱的，比如某只椋鸟与另外一种椋鸟之前几乎就没遇到过，根本就不认识，但是它们都能遵守我们前面说的三个活动规则，所以，它们能保持群体的协调性。它们之间能一起严格遵守活动规则，其实就是一种强连接，也就是说，规则不可以违反，哪怕只有一只椋鸟飞行的速度与椋鸟群延迟了30毫秒，都有可能导致后面的椋鸟撞上来，从而导致整个鸟群失控。

从新社群来说，每个成员就是一个节点，节点与节点之间其实是一种弱关系、强连接的规则。比如，群成员可以互相不认识，甚至也没见面过，但是，如果彼此都拥有共同的价值观和行为规则，当社群这个群体需要集体活动的时候，每个群成员只要积极地和身边最亲近的六个成员保持互动即可。

无论是六度分割还是鸟类飞行，都说明了一个道理，一个社群最有价值的并不是这个社群本身，而是这个整体当中，拥有共同价值观和行为模式的成员连接起来所产生的价值，也就是节点强连接在一起产生的价值，犹如群居动物的群体活动的智慧。

在互联网时代，这种连接的智慧就显得格外重要。互联网就是人类连接的智慧，单独一台PC机没有多大的价值。

大家都知道，互联网的本质就是连接，而互联网思维的本质就是关注事物间的关系，互联网及"互联网+"思维，绝对不是1+1=2这么简单，在工业时代，我们关注的只是事物或者产品的本身，如一个工人一天能生产出10个轮胎，那么5个工人一天就能生产出10+10+10+10+10=50个轮胎。

在PC互联网时代，人类互相协调的典范，非维基百科莫属，截至2015年11月1日，全球所有280种语言的独立运作,版本共突破3700万个条目,总登记用户也超越5900万人,而总编辑次数更是超过21亿次。维基百科是一个基于维基技术的全球性多语言百科全书协作计划，所有人在这里所写的文章都必须遵循CC BY-SA 3.0协议。

进入移动互联网时代，很多事情可以"无中生有"，如滴滴打车，它自身没有一辆汽车，但是通过手机这个移动互联网的载体，3年时间硬生生地生出这个市值276亿美金的怪胎，比世界上很多汽车公司的市值都要高，比世界上任何一家出租车公司市值都高；虽然滴滴公司自己不拥有一辆运营车辆，但是能随时调动几百万辆车辆，这在工业时代是不可想象的。传统的出租车公司先要购置车辆，然后聘请司机才有可能运营，但是在互联网时代，这些完全没有必要，要做的是把闲置的资源有效地和人连接起来。这样的例子还有很多，美团没有一家餐馆，但却是全国最大的外卖餐馆，Airbnb没有一间房屋，却是全球最大的旅馆。

如果用工业时代的思维，简单地把几百万辆汽车和几百万司机加在一起，那不就真正失控了吗？所以，互联网和"互联网+"思维其实就是关注事物之间的关系，而不是事物本身。当个体的数量累积到一定的程度，必然从量变转化为质变，必然从简单的物理反应变成激烈的化学反应，从而产生一种新的物质形态。

例如，滴滴打车如果在杭州这个城市，只有100辆汽车和100位司机，这100位司机就算是累得趴下了，也不能满足杭州市民出行的需求，滴滴公司也就无法发展起来。但是，如果滴滴打车在杭州拥有10万辆汽车和10万司机，并能有序调控这些车辆和司机，那么整个杭州的出行状况就能得到非常不错的改善，事实也是如此。

和鸟群、蜂群一样，这些司机也许从来没见过面，也许永远也不会相识，但是，他们在上下班高峰时，都能遵循滴滴公司系统规定的这些规则有序地运行，如果你是一个有心人，你在用滴滴打车的时候，会发现你的手机屏幕内的车辆不会超过7辆，是不是很巧？向大自然学习，向动物学习，人类其实一点都不用感到惭愧，人类的脑袋即使再发达，在某些方面也抵不过数百万只椋鸟的群体智慧。

难怪《圣经》里面有句话说：你们这些懒人，应该向蚂蚁学习，蚂蚁可以让你变得更聪明。

社群进入移动互联网时代，传统社群组织（如企业）也必然面临巨大的挑战，事实上，近年来很多传统企业的发展面临转型瓶颈。如果不变革思维方式，就无法真正改变企业的困境。毕竟移动互联网再怎么发达，也只是连接人与人之间的工具而已。就如电话刚被发明出来的时候一样，不管那个时代的人们是抗拒还是接受，它也仅仅是服务人类的工具而已。

在构建新社群的时候，是否可以向蜜蜂、蚂蚁、椋鸟、沙丁鱼甚至蝗虫学习怎么建立规则？当每个微不足道的个体通过一定的规则进行量级的叠加时，是否也能涌现出一种巨大的智慧，超过任何个体简单加法产生的总和。马化腾在多个场合表示，腾讯有今天这样的成就，应该归功于集体的战略智慧。

互联网时代，连接就是一种智慧；也只有在一定规则前提下建立的强连接，才能产生集体智慧。

本 章 小 结

群规矩（主文化）是任何一个成员都不可以随意触碰的高压线，亚文化则使社群更具活力。承认人性的自私，不仅讲情怀，更要讲利益。分众产生市场，跨界产生价值，只有把严格的社群规矩和亚文化结合起来，才能保证新社群的健康良性发展。

第5章
范围经济与品牌返祖

📖 **本章导读**

时过境迁，规模经济已经不是当前最适合的经济模式，特别是在零售业，范围经济具有更强的生命力。范围经济就是靠口碑进行传播的推荐经济，实则就是新社群（圈层）经济。

品牌和零售回归商业和消费本质，真正回到"人"这个主体，企业必须制造出超过期望值的产品，并赋予产品以调性；商户必须提供超值的内容和服务，才能满足消费者的个性化需求和体验，靠口碑传播，才是低成本的运营模式。

5.1　规模经济与范围经济

5.1.1　规模经济

规模经济（Economies of scale）是指通过扩大生产规模而引起经济效益增加的现象。规模经济反映的是生产要素的集中程度同经济效益之间的关系。规模经济的优越性在于：随着产量的增加，长期平均总成本下降的特性。但这并不仅仅意味着生产规模越大越好，因为规模经济追求的是能获取最佳经济效益的生产规模。一旦企业生产规模扩大到超过一定的规模，边际效益就会逐渐下降，甚至跌破趋向零，乃至变成负值，引发规模不经济现象，如图 5-1 所示。

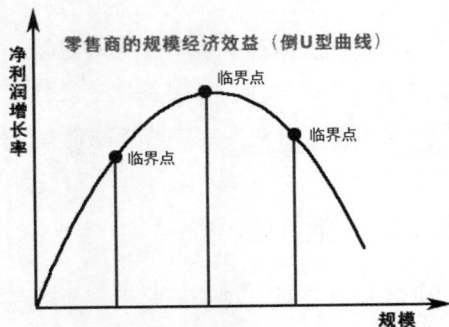

图 5-1

规模经济的本质就是"量变到质变的过程"。在传统的 PC 互联网时代，这是一条必经之路，中国三大互联网巨头 BAT 通过免费的方式迅速集合人气和规模，然后通过规模效应启动一系列收费服务。如淘宝通过免费击退 eBay，占有了大量的买家和卖家资源后，通过支付宝、天猫、阿里妈妈等向商家收取年费、软件使用费、交易提成、广告费用、贷款收益，等等。QQ 则通过免费打败 MSN，占据中国社交第一交椅后，通过广告、会员费、游戏等增值服务收费。百度也是通过免费让用户使用，占据了国内最大的市场份额后，通过广告向商家收取费用。

稍早期的门户网站新浪、网易、搜狐也都是通过新闻、论坛、免费游戏等方式圈占大量的用户，然后通过广告的形式进行变现。近年来的微信、小米、滴滴、美团、58 同城等都是通过免费或者低价的策略跑马圈地，在拥有大量的用户之后，对用户和商家进行收割。

也就是说，PC 互联网时代，如果没有达到一定的规模，其增值链条是无法打通的。这也是所有互联网公司全力圈占客户的最根本原因。当然，这是特定时代的产物，源于这个阶段信息的不对称。谁能提供连接人和信息的平台，谁就能获得最大的利益，规模经济主要特点就是通过广撒网捞鱼，不知道精准用户在哪里，只是通过概率来获得收益。所以，互联网规模经济其实是一种概率经济，当人口、经济和政策红利透支完毕，这种模式不可持续。

例如，传统 PC 时代的联网广告，就是一种概率广告，如果 100 个人有 3 个人会点击，那 1000 个人就有 30 个人点击，商家为了获得更多的流量，就必须向拥有用户资源的平台购买，随着竞争的加剧，流量费用水涨船高，商家不堪重负。

又如，阿里巴巴中国零售平台（1688、淘宝、天猫）的移动月度活跃用户数增长至 4.93 亿名，后续增长明显乏力，因为中国的人口再也不能满足阿里的增长需求。反观京东，获取新用户的能力强劲，年度活跃用户数保持高速增长，达 1.987 亿，同比增长 57%，增长的空间巨大。这也是资本市场看好京东而看衰阿里的原因之一。阿里自 2016 年以来，极力去电商化，转而发展云计算、数字媒体、文娱等，寻找新的增长点，正是基于这样的背景。

事物发展的规律必然是盛极而衰，物极必反。《周易·丰》有云"日中则昃，月盈则食"。《吕氏春秋·博志》也有"全则必缺，极则必反"这样的论述。规模经济达到临界点，必然像吹气球一样，如果不把气放掉，继续吹下去，只能破灭。因此，无论是生产型企业还是服务型企业，或是贸易型企业，规模经济都不可持续。

5.1.2 范围经济

社群经济是一种范围经济，也就是在一定范围内的经济活动。一方面因为移动互联网的出现，信息不对称的壁垒被最大限度地打破，用户的选择余地无限放大，加上信息大爆炸，通过搜索或者传统广告获得商品或者服务信息的做法，已经无法满足用户的个性化需求。用户获得商品的渠道更多是从亲戚、朋友、同事、熟人那里获得推荐，是一种熟人经济，小范围经济，是一种在人与人之间信任基础上的推荐经济，是一种信任经济。

另一方面，企业从后工业时代（传统 PC 互联网时代）向移动互联网时代转换，企业的成本结构和盈利逻辑是不同的。后工业时代，企业主要的成本是研发、生产、营销、销售等环节的成本，在一定的情况下，企业通过规模来获得利益，同样的产品，销售量越大，对固定资产和生产成本的摊薄越有利，企业的盈利状况就越好。而进入移动互联网时代，随着各种新技术和新商业模式的出现，研发、生产、营销、销售等环节对固定资产的需求投入大大降低。例如，Uber 目前是世界上最大的出行公司，但是却没有一辆出租车的固定资产投入。

因此，如何让用户对企业认可，才是移动互联网时代企业最大的成本，也就是用户的信任成本。在物质极大丰富，产能过剩，库存积压严重的今天，哪个产品是好的，哪个企业值得信任，这才是用户最关心的。只有让用户对企业产生信任，用户才会选择该企业提供的商品和服务。也就是说，在传统 PC 互联网时代（后工业时代），通过发展企业的规模来获得更大的利益的做法，已经过时了，取而代之的是通过对用户价值深度挖掘的范围经济。

例如，在传统 PC 互联网时代，A 企业通过大打广告获得了 1 万的客户购买，客单价是 100 元，2015 年的营收为 100 万元；可是 2016 年，重复购买的客户只有 1 千人，营收只有 10 万元。如果想要维持 2015 年的营收水平，A 企业必须重复甚至加大投入广告预算，获得超过 1 万的客户，营收才有可能持平或者超越 2015 年。可是每年的广告费都在涨价，2016 年的广告投入如果只和 2015 年的持平，显然无法达到目的。

因为在传统 PC 互联网时代，通过购买广告获得用户是一种概率事件，投入越大，获得的用户越多，企业的营收就越大。但通过发展规模来获得利润的做法一定会有个临界值，达到某个临界值的时候，通过规模的增长来获得利润的增长，必然是不可持续的。

但是，进入移动互联网时代，企业可以通过聚焦于某一类用户，如该群体有一致的价值观、生活方式、审美水平、收入水平、共同爱好等。企业可以通过对用户价值的深度挖掘，通过培养用户的忠诚度和信任度，让用户的价值得到最大的体现，其成本将是非常低廉而且具有可持续性。因为客户的信任感一旦建立，企业获取的是用户全生命周期、全方位的消费回报。

例如，B 企业只有 1 万名用户，2015 年的客单价为 100 元，但是通过 B 企业对用户信任的建立，使得 2016 年这些原有的客户复购率达到了 50%，也就是 5000 人。而且，由于有了第一年的信任关系，用户平均复购率达到每年 3 次。也就是说，2016 年在没有开发新客户的基础上，这些原有的用户仍然可以贡献 150 万元的营收，B 企业反而超过了 A 企业。

而 B 企业维系这些客户的忠诚度的投入，远远低于 A 企业通过广告获得新用户的投入。

另外，由于信任感一旦建立，用户对企业和产品具有极高的忠诚度。在中国，每个人身后至少都有 3 个家庭 7 个家人，通过亲人推荐的方式获得的客户几乎是零成本。如果这个用户推荐给他身边的亲戚、朋友、同事、熟人，那么产生的效益就更加可观。这就是深度挖掘客户价值的价值所在。

当然，企业和用户之间能建立起信任关系的前提是极致的产品、服务和体验。这也是很多流量产品虽然是免费，或者是低价位的产品，也需要做到极致的原因；因为只有这样，才有可能构建信任关系，为后面的变现信任关系打好基础。小米就是通过极致的低价的手机硬件，建立了与用户之间的信任关系，通过这种信任关系，小米通过布局智能硬件、内容产业、云服务等生态链，通过小米金融、小米家居等进行变现。

社群经济就是一种范围经济，是一种信任经济，是一种熟人经济、口碑经济。范围经济（社群经济）要求企业回归商业的本质、产品的本质、用户的本质。只有这样，才能真正满足用户的需求，企业与用户之间的信任感才得以建立。当然，在未来，社群也许会成主流的企业组建架构，用户既是投资者，也是生产者和消费者，这正是移动互联网时代对商业文明的有效重构。

5.1.3　小众时代

"小众经济"也叫"范围经济"或者"圈层经济"。中国的中产阶级已经崛起，有足够的购买力来购买品质好的商品，企业不要期望把东西卖给所有人，只需把东西卖给需要的人、买得起的人，一定范围、一小部分人就行了。当然前提是你的产品、服务、体验要足够好，才能抓住客户。

营销大师科特勒在《营销革命 3.0》中说，工业时代的产品营销以产品为中心，讲究标准化与规模化，重点是满足消费者从无到有的需求；信息时代的产品营销以顾客为中心，讲究的是顾客至上，目的是满足不同顾客的不同需求与同一顾客的多种需求；社交时代的产品营销已经上升到价值驱动营销，追求的是人文中心、独立思想、精神内涵，是典型的多对多营销，也就是所谓的社群经济。社群经济就是小众经济。

在大众消费经济的时代，企业比拼的是规模、产能、品牌、质量等，只要把这几条控制好，企业一般都会发展得比较好。

我们现在看到的传统制造，如海尔这类品牌企业，当时常见的广告语都带有"品牌"这两个字，大家争做中国著名品牌企业，标榜自己是什么驰名商标，现在还能看到这样的广告吗？

十几年前，大家都没什么钱，还不敢怎么消费，五一长假、十一长假的设置，就是为了拉动消费。经过十几年的发展，中国的宏观经济和家庭收入都发生了翻天覆地的变化，现在有钱人多了，有钱就敢消费了。

但是中产阶层还是比较看重性价比的，也就是说，他们对品牌的忠诚度还是相当摇摆，还没到达富豪阶层对品牌如此笃信的程度。如果有产品性价比非常高，而且能够带给他们足够的体验的话，为什么不选择该产品呢？

另外，我国目前80后、90后正成为消费的中坚力量，他们的消费行为和他们的父辈完全不同，80后、90后青少年时期正值中国经济蓬勃发展，他们中的大部分父辈为他们积累了一定的财富，为他们的成长提供更为优越的物质条件；而且他们一开始就接触互联网，是互联网的原住民，心性更加自由开放，对各种新鲜美好的事物具有天然的追求，对各种可能性都充满好奇，而且敢于冒险和尝试。80后、90后具有如下五个特征：

① **对品牌认知有自己的标准**。他们心中没有或者极少有对大牌的认知，对品牌有自己独特的判断，对广告推荐的商品从来不盲从。

② **对精神层面要求超过功用**。他们对商品本身的功能认为理所当然，更多是追求心理和精神层面的东西。对商品之外能赋予他们社交、参与感、荣誉感的东西更感兴趣。

③ **对社交诉求更加强烈**。他们更喜欢表达自己的意见，而且愿意互相鼓励和分享，他们更愿意相信亲戚、朋友、同事的推荐，相信意见领袖，相信口碑，不愿意被冰冷的、硬生生的广告所打扰。这也是这两年视频直播＋电商迅速崛起的重要原因。

④ **消费意愿更加强烈**。他们的物质生活条件较为丰富，他们更具有安全感，比如很多城市的独生子女，他们双方父母各有房子，甚至爷爷奶奶也都有房子，他们不必像他们的父辈那样，为了房子、车子累得半死，他们追求的是活在当下，有更强的消费意愿，想买就买。

⑤ **追求个性化和高性价比**。他们更看重品质卓越、价格合理的商品及高效的服务，在消费时更加注重与产品之间的情感"连接"，喜欢货比三家，也愿意分享购物体验。更喜欢有"温度"的产品，以及能给他们带来体验式消费和可订制的个性化服务。

以手机为例，国产手机在80后、90后中的使用占比很高，而且最近两年，越来越多的年轻人不再使用苹果手机，转而使用华为、小米和OPPO。他们之中不乏年薪上百万元的企业中层，他们认为国产手机系统更符合他们的个性，更贴心。

如图5-2所示，知名市场调研机构IHS Technology公布了一份2016年中国十大智能机厂商的榜单，包括各厂商在国内和海外的总销量。其中，前三名为华为、OPPO和VIVO，在全球手机市场中分列第三、四、六名，此外该榜单还包括小米、中兴、联想、TCL、金立、魅族和乐视。

第三方数据统计机构IDC近日公布2016年全球智能手机销售数据。2016年全球智能机销售总量为 14.7 亿部，智能手机巨头三星和苹果虽然仍稳居出货量前二，但出货量相比 2015 年分别下降了 3.0%（三星）和 7.0%（苹果）。

值得注意的是，在 2016 年 10 月 26 日，苹果正式公布了 2016 财年第四财季业绩报告。从财报的数据了解，iPhone 在中国销量跌至第五，同比跌幅 18.2%。库克几度表示看好的大中华区，业绩情况相当不理想，营收从 2015 年同期的 125 .18 亿美元直接下降到了 87.85 亿美元，跌幅达到了惊人的 30%。

2016中国十大智能机厂商		
排名	品牌	2016年智能机出货量（含海外）百万台
1	华为	139
2	OPPO	95
3	vivo	82
4	小米	58
5	中兴	57
6	联想	50
7	TCL	34
8	金立	28
9	魅族	22
10	乐视	19
Source: IHS Technology Jan. 25th		

图 5-2

福布斯杂志公布过一个中产阶级标准：生活在城里；25 岁到 45 岁之间；有大学学位；专业人士和企业家；年收入在 1 万美元到 6 万美元之间。虽然各国对中产阶级的定义标准不太一样，计算的方法也不太一样，但是社会大众比较认同中国中产阶层的数量——2015 年中国家庭金融调查组织（CHFS）调查测算出来的 2.04 亿人。至于马云认为的 3 亿人，可能是从阿里的大数据去做分析，他还认为，中国在未来 10 ~ 20 年将拥有 5 亿中产阶级。

快速崛起的中产阶级群体正在重塑着中国的零售业，他们对产品的期望值更高。从产品的功能体验、情感交流到品牌认知、文化归属，这一切预示着消费升级开始倒逼整个产业的升级。

牛津学者詹姆斯·哈金在《小众行为学》中告诉我们，今天的每个行业、每个企业都面临着同样的问题：我们熟悉的主流市场正在崩溃，人们更愿意围绕在他们真正热爱的东西周围，或者通过感兴趣的亚文化与来自不同领域的人们集聚成小组，愿意成群地连接在一起。这就是小众经济的魅力所在。

5 亿中产阶级，这是多大的群体，又是多大的机遇！

进入小众经济即社群经济时代，把货卖给需要且有能力买的这小部分人就够了。其实很多国外大牌就只对特定的人群进行销售，他们的客户群体定位就有一定的门槛，像著名的香奈儿、迪奥、雅诗兰黛等就很贵，它们只针对消费得起它们产品的这一群人。

另外，国外很多零售企业在这方面就做得非常好，比如，只面向中产阶层的好市多连锁超市，所有的选款和销售方式，主要是针对付费会员用户。沃尔玛旗下的山姆店，只对付费会员开放，针对的就是中高端人群。亚马逊推出的 Prime 会员，采用收费会员制，服务也只面向中产阶层。

吴晓波也在实施小众行为，比如他的"吴酒"只卖给代表着精英群体的中产阶层。

5.2 品牌返祖与传播返祖

5.2.1 品牌返祖

在社群经济中，存在有趣的品牌返祖和传播返祖现象。随着经济的发展，越来越多人对物质的要求越来越低，转而追求健康和精神层面的东西，对品牌的概念也越来越淡。例如，越来越多的人不开车，而是骑自行车上下班（如美国最近 10 年骑车上下班的人数增长了 60%），并且坚持每周锻炼、固定时间阅读、参加音乐会、旅游，等等。

仓廪实而知礼节，人的需求其实很简单，也很容易满足。最近几年，我国很多人开始流行吃素，大鱼大肉早已和他们绝缘；而且衣着也非常简单，几乎都是算不上大牌的棉麻类产品，大家开始在读国学作品、读佛经、品茶、举办家庭聚会等。

其实，这就是马斯洛的需求理论，当生理需求和安全需求得到满足，往更高的社交和精神方面追求发展。中国目前正处于这样的阶段，那么这样的一个阶段有什么主要特点呢？

1. 去品牌化

2016 年，小米发布的笔记本没有 LOGO。 雷军在发布会上的原话是这样的"这样很多记者拿着小米笔记本去参加各种发布会就不会难堪了"。这样的自黑真的是值得玩味的。毕竟 Logo 是一个公司十分重要的价值，象征着企业的品牌、形象和荣誉。

其原因在于国产品牌比不上苹果，这个很残酷的事实雷军也逐渐开始接受了，不做抵抗了。其实雷军自黑的背后是一个关于国产整体实力不足的真实写照。当然这也有个好处，用户可以把自己喜欢的图像或者祝福语发给小米，他们会帮你刻上去，也算是一种 DIY 个性化定制吧。不过，雷军多次在演讲中提到，小米要做科技界的"无印良品"，在随后推出的小米 5s 和 5s Plus 手机的正面，也没有出现小米的 LOGO。

2016 年 6 月 14 日，马云在投资者会议上回应假货指控，他说："问题是如今的山寨品要比正品拥有更好的质量、更好的价格。""并不是山寨产品，而是新业务模式毁掉了正品。这些山寨品由同样的工厂使用同样的原材料生产，只不过确实使用了正品的品牌。"

心理学告诉我们，一个人越缺什么，就需要用什么来掩饰。有网友说，苹果手机在中国如此疯狂的销量，其实是国人集体不自信的体现。很多收入不高的打工仔、打工妹为了买一部苹果手机，要积下大半年的工资，目的就是让人家感觉他有钱，买得起苹果。极端个别，甚至为了买苹果手机而去卖肾，苹果机也有了"肾机"之称。

很显然，需要用品牌包装自己这样的事情，只能发生在信息不对称时代。未来呢？

在新社群时代呢？在中产阶层日益增多，且越来越多人向富豪阶层爬升的过程中，这些是否还能成立呢？为什么大家对品牌的概念越来越淡化，甚至走向去品牌化。今天，如果你穿的西装还有 Logo 的话，一定会被人笑话。

无印良品就是一个很好的例子，"无印"在日文中意为无品牌标志的好产品。其产品注重纯朴、简洁、环保、以人为本等理念，在包装与产品设计上皆无品牌标志，这些产品包装简洁，降低了成本，所使用的口号是"物有所值"。无印良品能有今天的成就，其实最能验证一句话：没有品牌就是最好的品牌。

这也是目前经济中的"品牌返祖和传播返祖"，这一现象在社群经济方面表现得异常突出。在农业时代的村落，张铁匠手艺很好，为周边三个村庄的农户打造锄头等农具，那时候根本没有什么品牌意识，大家只知道张铁匠为人老实巴交，活好货好，打造的锄头一把可以用上 10 年，大家认的是张铁匠这个人，和品牌无关。

很多古代流传到现在的品牌如"王麻子剪刀""张小泉剪刀""王老吉"等，当代还有"李宁""老干妈"等著名品牌，他们用自己的人格和信誉为他们的产品做担保。但是，相对于数以万计的中国企业来说，中国以创始人的名字命名的品牌不多，流传下来并成为大品牌则更少。

比起中国，国外以创始人的名字命名的品牌则多得多。其原因在于很多国外文化更看重个人或者家族的荣耀。

例如，大家耳熟能详的很多大牌，就是以创始人的名字命名的。香奈儿就是创始人 Coco Chanel（原名：Gabrielle Bonheur Chanel）于 1913 年在法国巴黎创立的品牌。迪奥也是创始人克里斯丁·迪奥于 1946 年在巴黎创立的品牌。雅诗兰黛原名约瑟芬·艾丝蒂·门泽尔，为了洗去自己犹太人和移民者的记忆，她把自己的名字改为了雅诗。1930 年她嫁给了约瑟夫·兰黛。1946 年，雅诗·兰黛在纽约注册了 ESTEE LAUDER 品牌。

还有很多以创始人或者家族名字命名的大品牌（国外个人名字太长了，只好用家族）。如戴尔、西门子、吉百利、高露洁、宝洁、CK、阿迪达斯、阿玛尼、迪士尼、范思哲、卡地亚、美津浓、普拉达、万宝路、茵宝等世界知名品牌。

国外为什么那么多以个人名字或者家族的姓氏作为品牌？其实就是"责任"两个字。因为敢用个人或者姓氏做品牌，就要付出一生甚至是家族的名誉来做担保，意味着企业经营者必须像爱护自己的生命、爱护自己的声誉一样来爱护自己的品牌。品牌的好坏和其利益是息息相关的，每个家族传人都会为了尊严和荣誉而战。品牌越久，家族的荣耀感和责任感就越强。如果品牌做不好，毁坏的不仅仅是公司的品牌，更多的是几十、数百年的家族荣耀，相信没有人敢以牺牲家族信誉为代价来获取一些不义之财。

如果我们想想中国的秦桧、严嵩、魏忠贤、和珅这几个奸臣被骂了几千年几百年，接下来不知道还要被骂多久，就大概可以从侧面了解一下国人为什么不敢以自己的名字作为品牌了。

假奶粉、毒奶粉、假药、假酒、地沟油、有毒食品、假轮胎、过期变质的面粉依然做成面包出售，每年的3·15晚会，都可以看到大量的造假售假企业，但是没有一个企业敢以自己的名字命名。百度因为大学生魏则西被虚假医疗广告误导致死的事件，创始人李彦宏被网民骂得狗血喷头，百度2016年净利润也因此下滑到116.32亿元，仅为2015年的三分之一，甚至带来了巨大的市值变化。原来中国的三大巨头BAT，如今成了TAB，百度的市值也只有腾讯和阿里的零头。

造成目前中国假货横行、为了利益置生命于不顾的原因很多，国人把赚钱作为借口，集体性的道德滑坡却是不争的事实，最重要的原因就是不少国人不具有责任感和荣誉感，他们压根就没有想过个人的尊严或者家族的荣光。

有个很有趣的案例。王阳明曾捕获了一个强盗头目。强盗头目在受审时对王阳明说："我死罪难逃，之乎者也、道德廉耻我不想听了，要杀要剐你就痛快些！"王阳明说："我不跟你谈道德廉耻。今天真热啊！咱俩把外衣脱了，再来审案！"强盗正被捆得难受呢，当然喜欢这个建议。两人把外衣脱了，王阳明又说："怎么还这么热呀！咱俩把内衣也脱了吧！"强盗又依了他。于是，大学问家与强盗头目在公堂上都光着膀子。

王阳明又发话了："还是热得不行！我俩把裤子也脱了吧！"强盗头目愣了半天，又依了他。到此，两个人只剩下了一条内裤。不想王阳明又提议："罢了！罢了！咱俩还是把裤头也脱了吧，图他个轻松自在！"

那强盗头目一个劲地摇头："这可使不得！万万使不得！"于是，王阳明开始了因势利导："为什么使不得？死你都不怕，怕什么脱内裤呢？说明你内心还有一些羞耻感。这羞耻感何尝不是道德良知的一些表现呢？看来我还是可以跟你讲道德廉耻的！"至此，强盗头目被彻底折服，乖乖地认罪伏法。

其实，所谓的责任和荣誉，就是要让自己感觉到有尊严，有羞耻感，对得起自己的良心，不昧着自己的良心做事；不要让自己的子孙后代因为有了你这个祖先而感到耻辱，让他们在世人面前抬不起头。

从这个角度讲，这也是现代消费者更看重有血有肉有感情的"人"，而不愿意去相信冰冷的品牌及其背后的组织机构，原因很简单，品牌本身虽然带有信任感，但是换个职业经理人来运作品牌，如果这个人的人品不行的话，那么品牌这个概念还不如一个活生生的人来得更实在。

2. 品牌返祖

上面说的这些现象，就是"品牌返祖"。品牌返祖现象是指当下和农业时代社会的品牌现象出现了惊人的一致。在农业时代，人们更相信的是张铁匠的手艺很好、李大妈的豆腐好吃、陶麻子的麻糖最好。进入移动互联网时代，组织的品牌越来越失去影响力，取而代之的个人品牌开始崛起，而且日益发挥越来越重要的作用。人们更愿意相信一个真实的人、有血有肉的人，而不愿意相信一个冰冷的组织机器。

从另一个角度来看，移动互联时代的社群，更像是一种人际关系的"返祖"。以微信朋友圈为例，朋友圈中任意一个成员，都是通过某种纽带而连接在一起的。社群就像传统的村落时代，同一个村的人都有点沾亲带故，谁向谁借个钱、赊个账、帮个忙、出把力都不是问题，因为彼此之间都有千丝万缕的联系，也因此建立了基础的信任。朋友圈的社群关系也是如此。

以前，企业的发展必须依赖个人品牌带动。比如，王麻子剪刀、张小泉菜刀、李锦记等，都是靠老板个人的品格保证企业的信誉。

在社群经济中，"品牌返祖"现象尤其突出，大家回到过去那种相信人而不相信组织和品牌的时代，也就是社群中所说的人格 IP。只要认准你这个人，你说什么话我都认为是真理，你创造或者推荐的什么东西我都会付费购买。这就是凯文·凯利有名的一千个铁杆粉丝理论，即只需拥有 1000 名铁杆粉丝便能糊口。在古代的村落，张铁匠的手艺很好，靠的是口口传播，在附近的 3 个小村庄里，所有的锄头等铁质农具都是他的活，张铁匠凭借自己的手艺和信用养活了一家老小。

在互联网出现之后，企业之前通过报纸和电视大肆鼓吹"省优部优"的广告再也不灵了。进入平台和流量时代，大家越来越不相信大牌，于是就出现以淘宝为交易平台的淘品牌。但是，随着这几年流量时代的结束，淘品牌也开始走下坡路，网红等个人品牌开始大行其道，主要原因是：信息的公开透明导致品牌没有神秘感，人们也不需要靠品牌来提供信誉保障。还有一点重要的原因，个人的理性情怀、情感历程、言谈举止更容易打动人，甚至是让人愿意相信他、追随他。罗辑思维、吴晓波、李善友、网红张大奕、雪梨、文怡等都是属于这类。

3. 打造个人品牌

品牌返祖时代，我们该怎么做？

毫无疑问，社群时代，必须打造自己的个人品牌，没有个人品牌的建立，就没有企业品牌的成长。前面已经说过了，企业品牌要靠老板的个人品牌带动，才能快速成长。如果老板没有个人品牌，企业就不会发展得很好。有打造个人品牌意识的老板，企业更容易成功。

这也就很容易解析这两年来马云、雷军、俞敏洪、董明珠、任正非、王健林等企业家有意无意抛头露脸争当网红，相互打赌，语不惊人死不休的现象了。

当然，塑造个人品牌没那么容易的，褚橙刚开始根本就卖不动，后来褚老太太把广告语改成"褚时健种的冰糖橙"，加上王石的多次相助，之后褚橙才火得一塌糊涂，而且价格比原价翻了几番。

当人格开始产生价值，产品自身的成本与其售价便开始脱钩。在社群经济中，人格产生的价值更加明显，吴晓波一瓶杨梅酒卖到 199 元，大家都知道成本最多不超过 20 元，但是一天之内却能卖出几万瓶。罗辑思维操控的 Papi 酱广告拍卖居然达 2000 万元，也是这个道理。

一个人很会为人处世，或者某方面的能力很突出，就很容易被人认可，人被认可了，他做的事儿自然就被接受了。一个有个人魅力的人，会有自己鲜明的态度和主张，这个态度和主张就是魅力人格体，魅力人格体不可复制，具有唯一性和稀缺性，也就是所谓的 IP，粉丝或者社群成员因为认同这个态度和主张才会聚集在一起。

在移动互联网时代，态度也是一种生产力；一个有调性的产品，就是在塑造自己的魅力人格体。过去人们一直说，做事先做人，说的也是这个道理。这就是打造魅力人格体最基本的原理和方法。对于当前这个时代，想要成事，就要先做好个人品牌，也就是人格魅力，做社群，也是一样的道理。罗辑思维、吴晓波频道等社群能快速成长，和罗胖、吴晓波的个人魅力是分不开的。

4. 供给侧改革

中国一直以来都被认为是世界工厂，为了抢占世界市场，生产的很多东西都是价低质劣，前不久有个新闻，说非洲某个穷国的人都对中国的商品品质相当鄙视，不知道会不会刺痛国人的神经。还有，据说现在中国库存的衬衫可供 14 亿人穿 10 年，袜子可供 14 亿人穿 18 年。现在的情况是严重的产能过剩，所以，很多电商、微商就成为了清理这些低价劣质产品库存的"下水道"。

最近三年来，海淘火热受捧，带动了跨境进口电商行业的发展。据中国电子商务研究中心 (100EC.CN) 监测数据显示，跨境电商市场规模已从 2014 年的 4.2 万亿元增至 2015 年的 5.4 万亿元；即便 2016 年上半年受到跨境电商新政的冲击，但跨境电商的规模仍攀升至 2.6 万亿元，同比增长 30%。在这些进口品类中，占比最大的无疑是奶粉、纸尿裤、母婴食品等，其原因在于中国的奶粉、食品安全太令人担忧了，凡是有点条件的，谁愿意让自己的孩子吃国产奶粉？大头婴儿、三聚氰胺的阴影永远笼罩在国人的心头。

整个进口跨境电商爆炸式增长让政府连连出台政策进行遏制，特别是奶粉、母婴产品交易量特别大，钱都跑到国外了，国内的奶企、奶农怎么办？这关系到就业、社会和谐和产业升级，好在政府也意识到了，出台了一个名为"供给侧改革"的政策。简单来说，就是优化产业结构、提高产业质量；优化消费结构，实现消费品不断升级，提高人民生活品质。

所以，在当前的消费背景下，产品的品质一定要好，否则，不管是哪个渠道，都不会有任何机会。只要产品品质好，小品牌也有大机会。

5.2.2 渠道返祖

互联网风起云涌，电子商务在中国如日中天，风头一时无双，消费在忍受了几十年线下实体零售店的高价和服务态度差之后，终于有一个线上电商这个低价而且服务还不错的宣泄口；于是商家和消费者蜂拥而上，既成就了阿里系的淘宝、天猫，以及京东等综合性购物平台，也把中国的电子商务推向了全球最高度。

电商之所以能迅猛发展，完全要归功于互联网把人和商品之间的信息不对称迅速打破。加上中国物流的迅速发展，使得异地购物成为可能。而在这之前，一位工作在广州的女生，是很难足不出户就可以买到来自北京的服装的。

2016 年全年，中国网上零售额 51556 亿元，比上年增长 26.2%，排名世界第一，远超欧美等发达国家。

但随着 PC 互联网人口红利的结束，移动互联网的迅速崛起，智能手机在中国的广泛普及，线上电商不断对线下实体零售进行渗透，原有的渠道信息不对称被迅速抹平。从厂家、总代理到省代理，再到县代理等层层加码的渠道被迅速压缩，很多生产厂家直接在电商平台上开店，消费者可以直接从生产厂家购买商品。

随着消费者从 PC 端向移动端迁移，消费者的购买行为和习惯发生了重大变化，使用手机购物的时间、地点具有高度的碎片化，而且购物习惯也明显转向移动端，80% 的交易发生在移动端，使用 PC 购物的消费者越来越少。

消费人群也进入了垂直领域的细分，如家电电商、母婴电商、生鲜电商等。还有基于微信社交关系的微商，以及基于内容分发的内容电商、网红电商。还有基于自媒体的电商，如罗辑思维、吴晓波频道等。还有最近三年热火朝天的跨境电商。各种渠道的电商和线下实体零售店多渠道覆盖，购买渠道触手可及，消费者不仅可以足不出户就购遍全国，还能购遍全球。

随着消费者购买渠道的变化，品牌传播方式也发生了深刻的变化，由原来粗放型的广告模式，逐渐转向流量型的广告模式，再转向泛精准的推荐模式，过渡到目前相对精准的推荐模式，以及未来基于大数据的个性化和精准推荐模式，而且完全有可能进入以人为节点的自传播模式，即口碑模式。这六个阶段传播模式的发展，得益于新技术的不断进步。下面介绍一下这六个阶段的主要特征。

① 粗放型。这种品牌传播模式是最老的，方法简单粗暴，由品牌方发起，通过广告公司策划，对接有限的媒体资源，如报纸和电视。这种方式造成了大量的浪费，品牌方根本不知道消费群体在哪里，只是通过抓瞎式的投放，逮住一个算一个，是一种小概率的投放方式，很多公司因为广告投入过大而倒闭。20多年前，一句家喻户晓的"喝孔府宴酒，做天下文章"，是央视第一届"标王"孔府宴酒的广告语。由于盲目投入，孔府宴酒最后不得不宣布破产。后续标王秦池特曲更是直接宣布倒闭，类似的还有爱多DVD、哈磁五行针。

② 流量型。在三大门户网站新浪、搜狐、网易，以及2012年之前的百度、腾讯、阿里巴巴等线上媒体投放，就属于这种流量型广告，只不过是把电视和报纸的广告搬到了互联网上而已，和第一种粗放型没有任何区别，面向所有人投放。一个网站的流量越大，广告的价格就越高。

③ 泛精准。2012年之后，随着技术的进步及数据的积累，在百度、腾讯、阿里巴巴投放广告，有了相对精准的推荐。例如，在百度上搜索一下大闸蟹，虽然只是想了解一下大闸蟹的相关知识，但是之后会发现，所上的其他网站，都会向你推荐大闸蟹，除非你再次搜索其他关键词。

目前，百度、腾讯，以及阿里巴巴旗下的阿里妈妈、淘宝、天猫中的广告，还有众多其他网站的广告，都属于泛精准推荐模式，比起粗放型已经有了不少的进步。但即使你已经买完了大闸蟹，还是不断地向你推荐。

④ 较精准。目前，由于移动互联网、大数据及云计算的高速发展，已经算是相对精准了。如基于LBS的推荐，消费者在安装手机APP时，经常被询问是否允许获取地理位置信息。其目的就是想推荐给你就近的餐馆、酒店等消费信息。

另外，像今日头条等自媒体，则会根据用户的阅读习惯推送相关的产品，如果你是个"吃货"，天天看吃的文章和食品，那么你将看到今日头条给你推送关于食品的广告，或者关于食品的招商广告。

⑤ 精准。这就是完全基于大数据和云计算的个性化推荐。这个阶段的精准推荐是一种个性化的推荐，通过用户画像，会预测消费者接下来需要购买什么，在不久的将来，你还没付款，快递员就在敲你家的门了，门一打开，递给你的是你刚刚想要下单的商品。

⑥ 自传播。自传播也可以称为自媒体，每个人就是一个媒体，具有传播能力。和目前的"自媒体"意义上稍微有点差别，目前的自媒体更多指的是通过在一些自媒体平台上创作一些内容，如文章、图片、音频、视频等，通过这些内容吸引粉丝，然后通过粉丝的沉淀、转化、变现，如目前的罗辑思维、吴晓波频道。

这里说的自媒体则是指每个人都是一个传播节点，通过朋友圈、头条号、微信群、微博、公众号等，把你的影响力传播出去，让你的朋友、亲戚、同事都能认可你转发的商品信息，购买使用并继续转发到他们各自的朋友圈、微博、公众号等传播媒介。

也就是说，未来的传播方式变得更加多元化、散点化，因为未来消费者的文化水平越来越高，消费习惯也会变得比原来更有思想和主见，不盲从，不跟风，不相信广告的狂轰滥炸，只相信自己的判断、亲朋好友及意见领袖的推荐。即在商品流通中，"人"作为最具核心价值的体现，一切以人为出发点，生产、流通、营销（广告）、销售、服务，都是以人为中心，而每个人同时又是一个个传播的节点，不断向外辐射，做到口口相传。这才是一种低成本的营销模式。

道德经有"无为而无所不为"。没有广告就是最好的广告，好的产品本身就长脚会走路，好的产品本身就长嘴会说话，好产品就是广告，不用花钱买流量买广告，自己就具有不断对外传播的能力。

这是不是又回到了古代的那个村落，那时候没有电灯、电话，更没有电视、互联网，通信基本靠喊——就是口碑传播的时代，手机和其他职能终端已经成为人体器官的一部分，这些智能设备变成另外一张更加高效的"口"罢了。

5.2.3　传播返祖

80后、90后已不再专注于电视、报纸、杂志等无法交互的媒介，他们转向PC及移动终端，特别是移动互联网。企业管理大师德鲁克对互联网的影响力有过十分肯定的判断："互联网消除了距离"。这种影响具体表现为两点，一时消除了空间的地理距离，二是改变了信息不对称的主动方和被动方的地位，以上两点影响使得用户主权地位得以确定。

2016年12月28日，微信团队在2017微信公开课PRO版上发布了《2016微信数据报告》。报告显示，9月微信平均日登录用户达到了7.68亿，较2015年增长35%。50%的用户每天使用微信时长超过90分钟。

微信作为即时通信工具，消息日发送总次数较2015年同期增长67%。按用户画像来看，95后用户的日人均消息发送次数为81次，典型用户为74次，而老用户为44次。然而，老用户使用语音的占比较高。朋友圈发表的原创内容占比情况分别是：95后用户为73%，典型用户为65%，而老年用户为32%。

2017年3月22日，腾讯发布2016全年业绩报告显示，QQ月活跃用户数达到8.68亿，微信和WeChat合并月活跃用户数达到8.89亿。

据企鹅智酷调查研究，拥有200位以上好友的微信用户占比最高，61.4%的用户每次打开微信必刷"朋友圈"。此外，消息日发送总次数较2015年增长67%。日成功音视频通话总次数1亿次，较2015年增长180%。

2017年2月4日，微信发布《2017微信春节数据报告》，报告显示，除夕至初五，微信红包收发总量达到 460 亿个，同比 2016 年增长 43.3%。而从春节红包的年龄段流向来看，同龄人之间红包往来往往更活跃，80 后、90 后是红包主力军。春节期间，80 后与 80 后之间互发最多红包，其次是 90 后与 90 后之间互发，80 后与 90 后、70 之间互发、90 后与 80 后则紧随其后。

数据还显示，除夕至初五，微信用户共发送了 160 亿次表情，其中 37% 的表情由 90 后用户发出，成为微信表情的主力玩家，"鸡年大吉"的表情也成为春节期间最火的表情。

2017 年 2 月中旬，中国社科院国情调查与大数据研究中心联合腾讯互联网与社会研究中心在北京发布《社交网络与赋能研究报告》，对于 80 后和 90 后网络原住民即青年人群体，94% 的人表示出门不带手机感到很不习惯，86.8% 的人无法适应从智能手机换到普通手机，73% 的人通常每隔 15 分钟至少看一次微信、QQ 等社交软件，如表 5-1 所示。

表 5-1

说　法	百分比
出门忘带手机感到很不习惯	94.0%
手机无法接入互联网（只能通话或短信）感到焦虑	84.4%
通常每隔 15 分钟至少看一次微信、QQ 等社交软件	73.0%
工作、开会也常常看微信、QQ 等社交软件	71.3%
睡觉前躺床上时还在看微信、QQ 等社交软件	85.5%
无法适应从智能手机换到普通手机	86.8%
参加聚会时也经常独自看微信、QQ 等社交软件	78.8%
尝试过没事的时候不看微信、QQ 等社交软件但很难	80.5%

调查数据还显示，手机 APP 使用最多的类型排名前三位的分别是：社交类占比 100%、游戏类占比 69.1%、娱乐类占比 62.7%，如表 5-2 所示。

表 5-2

APP 类型	百分比
社交类	100%
游戏类	69.1%
资讯类	65.0%
工具类	49.7%
医疗类	12.6%
健康类	21.9%
娱乐类	62.7%
金融类	27.0%
教育类	22.1%
其他	0.3%

另外,从社交网络延伸出的购物消费优化了中年人资源获取方式。从朋友圈购物来看,73.6% 都是熟人卖家,比例很高,约 23% 的中年人有过农户直销的购物经历,约 26% 的被调查者通过社交网络进行海外代购,如图 5-3 所示。

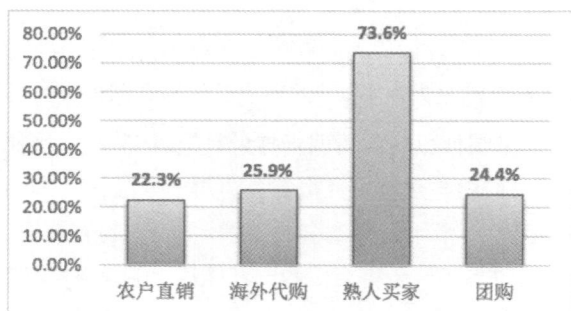

图 5-3　（图片来源：中国社科院）

另外，据企鹅智酷发布的 QQ 空间大数据揭秘，年轻人社交喜好已经从 PC 转向手机，特别是 95 后，高达 83% 只通过手机登录，如图 5-4 所示。

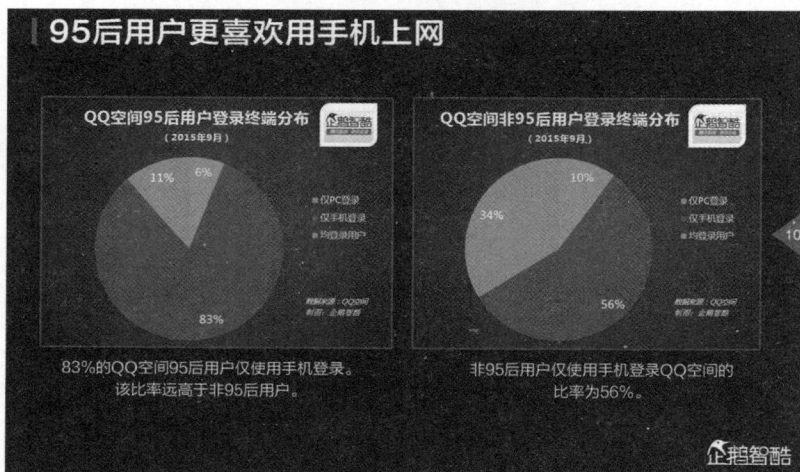

图 5-4　（图片来源：企鹅智酷）

2017 年 1 月 22 日,CNNIC 发布第 39 次《中国互联网络发展状况统计报告》,报告显示,截至 2016 年 12 月,中国网民规模达 7.31 亿,手机网民达 6.95 亿,增长率连续三年超过 10%。网络购物用户规模达到 4.67 亿,占网民比例为 63.8%。

报告显示，截至 2016 年 12 月，我国网民使用手机上网比例为 95.1%，较 2015 年底提升了 5.0 个百分点，台式电脑和笔记本比例分别为 60.1%、36.8%，较 2015 年底均有所下降。手机不断挤占其他个人上网设备的使用。

从上述多份报告可以得知，不管是 95 后的年轻人，还是 80 后的中年人，这两块主流消费群体的社交、生活、购物等习惯已经从 PC 端转向手机端，而且花费在手机端的时长大大超过了 PC 端。

另据国内第三方数据机构提供商 TalkingData 发布的《2016 年移动互联网行业发展报告》，截至 2016 年 12 月，我国移动智能终端规模突破 13.7 亿台，其中女性用户的比例达到 46.1%，较 2015 年末有所提升，移动智能终端用户的性别结构更趋于均衡；而 90 后成为了移动互联网的中流砥柱。

可以这样说，抓住了 80 后特别是 90 后和女性的消费习惯，就抓住了未来的消费。

同时，移动互联网的发展为社群的壮大提供了前所未有的便利。社群进入移动互联网时代，以微屏微端为载体的传播方式，彻底改变了信息不对称，这个世界根本没有任何秘密。同时，也为新社群经济的发展提供了无限的遐想可能。

也就是说，社群进入移动互联网时代，如何让广告或者品牌的概念被这一消费主力群体接收，变成了一个大大的问号。因为年轻人对商品的认知，不再是通过传统的单向广告，而是通过社区或者社群环境中的口碑传播，也就是相信人格 IP，就是我们在社群中所说的内容有温度、原创、能自带流量，能转化为商业化的产品或者服务等。

那么，怎么能做到人格化 IP 呢？最好的办法就是做到产品即广告、广告即产品；也就是说，好的产品自己会说话，把产品做到极致，把服务和体验做到极致，靠人、靠口碑把产品或者服务传播出去。苹果公司在这方面做得就非常不错，是业界的典范。

在社群运营的内容组织上，做到产品即内容，内容即产品。就像回到"交通基本靠走，治安基本靠狗，通信基本靠吼"的农耕时代，只要产品足够好，根本无须打广告。

例如，张铁匠在村子里打造锄头的手艺最牛，整个村落方圆五里的农民都是张铁匠的客户。大伙都相信他的品质，相信他的人格，自然会帮他传播出去。因为大家都相信张铁匠打造的锄头的品质，从心里绝对相信张铁匠这个人的人格。

反过来，相信他的为人，就相信他打造的锄头的品质，这就是一种良性的循环，也就是社群中说的"自组织、自媒体、自商体"。好的商品自带流量，自有传播能力。

马化腾说，互联网就是连接 + 内容。互联网的本质就是连接。因此，所有的互联网企业都是在做一件事——连接。百度连接人和信息，腾讯连接人和人，阿里连接人和商品，美团连接人和服务。用周鸿祎的话说，人圈起来以后，插个扁担都开花。总之，互联网的功能是促进连接，社群的目的是催化链接。

商业的本质本来就该是以人为核心。商业回归到人这个最原始的需求，就是一种需求返祖——人类的需求其实很简单，是商业化把人变成了不断生产商品机器、赚钱的机器。新零售恰恰是以人为核心的全新零售模式，一切以消费者需求为前提，从生产端到零售商，商品只是连接消费者和商家的媒介而已。

　　社群的本质就是以人为节点的强链接关系。社群经济的目的就是强链接跨界变现。在新社群经济时代，移动互联网给我们提供了更大的便利，每个人都是一个移动的节点，都是一个自媒体，都是一个传播工具，只要内容有温度，产品有逼格，连接和传播的成本几近于零。

　　"没有广告就是最好的广告"，好的产品就是最好的广告，有人格魅力的 IP 势必在这波经济大潮中崛起，这就是社群经济中的传播返祖。

　　社群最终是要变现的，这一点毫无疑问，一个不盈利的企业是可耻的，一个不盈利的社群也一定不可持续。出来混，迟早都是要卖的，晚卖不如早卖，在规划社群的时候，必须把变现模式考虑进去。没必要羞答答，更没必要躲躲闪闪，遮遮掩掩，应该光明正大地表明自己的态度和主张。

本 章 小 结

　　以前通过概率撒网式的捕获用户的方式已经过时了，取而代之的应该是通过深耕用户，做好产品和服务，让用户有更好的体验，服务好一定范围的人群即可。从这一点来说，社群经济就是一种体验经济和服务经济，也就是我们现在所说的新实体经济重要组成部分。

　　同时，由于移动互联网的属性及中国中产阶层的崛起，品牌越来越受到年轻人的冷落，年轻消费者更侧重的是个性化的产品，通过强加式的广告已经很难"忽悠"消费者进行购买。

第6章
认知思维和人本思维

本章导读

2016 年诺贝尔文学奖得主鲍勃·迪伦（Bob Dylan）说："一个人若不是在走向重生，就是在走向死亡。"商业也是如此，"因为时代，这时代啊，它可不停在改变"。

在可预见的未来，新实体经济将作为未来经济发展的核心驱动力，新社群也将成为未来最好的商业组织架构。新实体经济是基于大数据、新技术、新金融、新商业、新社群的多维经济。

战略层面 （商业模式 组织形态）	移动思维	内容思维	场景思维
认知层面 （价值体系）	人本思维	认知思维	创造思维
战术层面	大数据	共享思维	万物皆媒

很显然，"新实体经济"思维就是"互联网+"思维的延伸和拓展，背靠移动互联网、大数据、新技术和新社群等。"新实体经济"思维是把"人"当做第一因素的"全新组织"思考方式。我们将在第八章、第九章、第十章、第十一章、第十二章分别来解读。

本章从认知思维、人本思维两个方面的思维方式来解读。一切从人开始，始终围绕以人为核心的思考方式、组织模式和创造模式，理应是新实体经济基础和核心的思维方式。

6.1 认知思维

6.1.1 认识自己

什么是认知？认知狭义上就是认识，是指人认识外界事物的过程，或者说是对作用于人的感觉器官的外界事物进行信息加工的过程。广义上讲，认识和认知不同，"认识"好比大多数人都认识 2500 个常用汉字，但是写不出好的文章，而"认知"是能写出好文章。

其实"认知"是一种解决问题的思维过程，是个体以已有知识结构接纳吸收新知识，使旧知识得到改造和发展的过程，是从"识"的表面特征升华到"知"的一种创造过程。克里斯坦森在《创新者的窘境》提出的"破坏性创新"其实也能说明这个区别，认识只是解释过去、回顾过去，并没有提供在哪里寻找新的创新线索，而认知却能够做到。

例如，有人发了一条微博："叶诗文和孙杨都服用了一氧化二氢这种兴奋剂"，如果你不懂化学，自然会理解为"这是国家的耻辱，举国体制的耻辱"，如果你懂化学，一眼就看出来这是直钩钓鱼，高端黑。

再说个例子，无知是件多么可怕的事。后人在研究清王朝时，发现盲目自大、闭关锁国是其灭亡最主要的原因。历史作家郭成康的《康乾盛世历史报告》的相关资料，可以帮助我们理解清朝统治者为什么自大得蔑视一切。

一直到乾隆辞世的 18 世纪末，中国在世界制造业总产量所占的份额仍超过整个欧洲 5 个百分点，大约相当英国的 8 倍，俄国的 6 倍，日本的 9 倍。那时美国刚刚建国，不存在比较的基础。中国 GDP 在世界总份额中占到将近 1/3，这相当了得。今日的美国，以老大自居，它在世界 GDP 中所占份额不过 30%。德国人贡德·弗兰克说，直到 19 世纪之前，"作为中央之国的中国，不仅是东亚纳贡贸易体系的中心，而且在整个世界经济中即使不是中心，也占据支配地位"。这个成绩是骄人的，足可以振奋自己的内心。

任何一个有些成就，且又缺乏忧患意识的人，没有几个是清醒的。即使表面平静，胸中也难免激情涌动，自负自得，把别人看得愚蠢。国家亦如是，不仅清朝如此。明朝不仅嫌利玛窦绘制的《舆地全图》中国不居于世界中央，而且觉得把中国画得太小；清朝乾隆年间修的《清朝文献通考》认为"中土居大地之中，瀛海四环"。一个统治者是汉族人，一个统治者是少数民族，血统有异，精神却惊人的相同，骨子里都摆不脱点滴繁荣带来的自大。

不独中国人如此，1756 到 1763 年间的七年战争英国取得胜利后，把没有国境的海洋世界作为自己要征服的物件。戈德史密斯曾用这样的诗句歌颂他的同胞："桀骜不驯的目光，举止高傲，我眼前走过了人类的统治者。"也就是说，英国人同样自傲。但他们不封闭，一直关注外部世界，也一直寻找机会拓展新的空间，所以才有日后"日不落帝国"的光荣称号。而自大无知的清王朝，却带给中国带来了一百多年的耻辱和伤痛。

认知，首先就是"知"自己，知道自己有几斤几两。认知的突破关键在于能客观正确地深入认识自己。

《老子》说："知人者智，知己者明。胜人者有力，胜己者强。"翻译过来就是：能了解他人的人聪明，能了解自己的人明智。能战胜别人的人是有力量的，能战胜自己的人更加强大而不可战胜。

无独有偶，古埃及的狮身人面像中写过一句话：认识你自己。

在古希腊的德尔斐阿波罗神庙，"认识自己"和"过犹不及"被镌刻在神庙门楣上。在阿波罗众多神谕中，无疑是最突出两条，似乎这两条已经足够包含了阿波罗对人类的全部教导，这显然是古希腊人对人类和世界睿智的看法。

亚非欧三大文明古国，居然同时提到了"认识自己"，这绝对不是一个偶然的现象。《孙子兵法》中的"知彼知己，百战不殆；不知彼而知己，一胜一负；不知彼，不知己，每战必殆"。强调的就是既要知彼，也要知己。说的是一种认知的方法，既要对自己的认知，也要对外部的认知。

猎豹 CEO 傅盛在《认知是人类前进的唯一武器》一文中谈到，科学就是承认"知"比"行"更重要。以前我们一直强调"知易行难"，但事实上是"知难行易"。"知行合一"是很难的。但是，如果你解决好了"知"，就能极大程度地解决了"行"的问题。

过去，我们强调实干和勤奋，但今天会发现——本质上，认知才是最大的壁垒，不单是自己的壁垒，也是别人的壁垒，还是我们最大的武器。

傅盛还认为，Uber 的崛起，完全是因为 Uber 开发者相信共享这件事，才能在没有一辆汽车的情况下，改变了全球出租车产业。其实互联网也是在没有任何壁垒的情况下，因为认知的不同，改变了全行业。这也就是在第五章中谈到的"互联网 +"思维，因为有了移动互联网这个工具，加上人类认知，使得"无中生有"的商业模式成为可能。

6.1.2　认知过程

人类每一次进步其实都是认知的进步，也就是思维维度发生的改变。

例如，中国古人关于宇宙结构的认识就是一个非常典型的例子。在早期，古人认为"天圆如张盖，地方如棋局"。到了 3000 年前的西周时代，又逐渐形成了"盖天说"。

盖天说认为，大地不是平整方形，而是拱形，天空如一个斗笠，大地犹如一个倒扣的盘子。

战国时代的尸佼在《尸子》一书中对宇宙概念明确写到"四方上下曰宇，古往今来曰宙"。意思是：宇表示东南西北上下六个方向，即表示空间。宙表示过去、现在和将来，即表示时间。东汉著名天文学家张衡在《浑天仪图注》一书中载有："浑天如鸡子，天体圆如弹丸，地如鸡中黄，孤居于内，天大而地小，天表里有水，天之包地，犹壳之裹黄。"这里描述的是浑天说。这个学说最大的成就是肯定了大地是球形的，同时大地是悬在空间的球体。

而到了公元2世纪，古希腊天文学家托勒密在总结前人对宇宙认识的基础上，提出"地球中心说"的宇宙模式。1543年，波兰天文学家哥白尼又建立了"太阳中心说"的宇宙模式。到17世纪，牛顿的万有引力定律，奠定了经典的宇宙学基础。以上这些宇宙观基本上只是局限于太阳系范围，还称不上宇宙结构。

由上述例子可以看出，人类从天方地圆到地心说，到太阳中心说，再到牛顿的万有引力，对宇宙的认知过程，就是人类文明进步的过程；每一次对宇宙认知的进步，其实就是看世界的维度发生了改变，从近到远到无限，从小到大到宏观，再到上帝粒子的微观视野。如今，人类的思维也随着每一次的探索而达到宇宙的极限。

恩格斯说过："人的思维的最本质的和最切近的基础，正是人所引起的自然界的变化，而不仅仅是自然界本身；人在怎样的程度上学会改变自然界，人的智力就在怎样的程度上发展起来。"也就是说，人类的思维方式是随着人类实践方式的变化而发展的；不同时代的人类，会形成具有其所在时代特征的思维方式。

移动互联网提供了一个全新的认知革命的可能，除了解决信息不对称，还极大地提高了效率。

美国企业家、畅销书作家博恩·崔西提出一个著名的"一万小时理论"，他认为，任何人只要专注于一个领域，5年可以成为专家，10年可以成为权威，15年就可以世界顶尖。也就是说，只要你能在一个特定领域投入7300个小时，就能成为专家；投入14600个小时，就能成为权威；而投入21900个小时，就可以成为世界顶尖。但如果你只投入3分钟，你就什么也不是。

作家格拉德威尔在《异类》一书中指出："人们眼中的天才之所以卓越非凡，并非天资超人一等，而是付出了持续不断的努力。1万小时的锤炼是任何人从平凡变成世界级大师的必要条件。"他将此称为"一万小时定律"。要成为某个领域的专家，需要10000小时，按比例计算就是：如果每天工作八个小时，一周工作五天，那么成为一个领域的专家至少需要五年。这就是一万小时定律。

根据书中列举的大量真人实例，如比尔·盖茨、莫扎特、达·芬奇，无论是在对作曲家、篮球运动员、小说家、钢琴家还是象棋选手的研究中，"一万小时"这个数字反复出现，这是"一万小时法则"被提出的事实论据。

也就是说，在以前，一个人从零开始到成为一个领域的专家需要 5～7 年甚至 10 年。而互联网特别是移动互联网出现之后，大量的信息被快速有效地加工成知识，人们在学习的效率上也将得到大大的提升，当然就会有更多的时间用于实践。也许 3～5 年就可能成为某个领域的专家，所花费的时间只需要 3000～5000 个小时就足够了，这也在事实上提升了认知的效率，扩大了人们认识世界的角度，极大地丰富了人们思维的维度。

认知速度的加快，特别是移动互联网的兴起，使得各行各业的发展速度变得越来越快。传统企业可口可乐花了 103 年攀上 1000 亿美元市值，而科技公司微软用了 22 年，互联网公司腾讯用了 15 年，阿里巴巴用了 14 年，Facebook 用了 10 年，谷歌只用了 7 年，如图 6-1 所示。

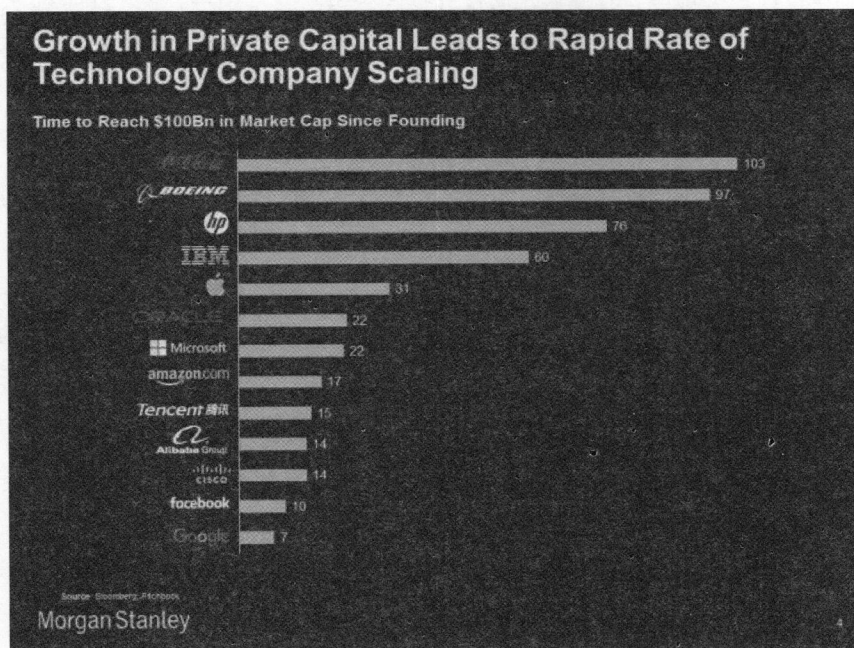

图 6-1　（图片来源：摩根士丹利）

在 2016 年 10 月出炉的全球独角兽企业，美国企业 Uber 以 650 亿美元夺得桂冠，仅仅用了 4 年时间；Airbnb 以 300 亿美元名列第二，也仅仅用了 4 年时间。在中国，蚂蚁金服估值高达 600 亿美元，居首位，仅用了 4 年时间；小米科技、滴滴出行分别以450 亿美元和 276 亿美元的估值位列二、三位，分别仅用了 6 年和 4 年时间。

这些企业，无疑都和移动互联网的崛起息息相关，而且，这些企业大多数是通过跨界打劫的"边界"企业。例如，Uber 不是出租车公司，没有一辆出租车，却是世界上最大的出行公司；Airbnb 不是住宿行业公司，没有一间酒店宾馆，却在一年之内完成了接近一亿个房间的预定；蚂蚁金服不是银行，却"打劫"了银行，在银行的边界长成一个独角兽。事实上，一个企业主管的认知边界，就是企业的边界所在。如果想要在某个领域有所突破，就必须打破现有的认知束缚。而对于一个企业的领导者而言，就必须全力扩展自己的"底层认知"，一个人对世界的认知，就是由自己的认知能力决定的。

中国的企业平均寿命只有 2.5 年，一个重要原因就是眼光不够长远，欠缺对未来的认知与思考。美国出现了一个团购网站，中国立刻一窝蜂出现了 5000 多个，结果目前剩下不到三个。O2O 的概念一出现，一下就出现了上万家。

马云在 2015 年 8 月份的"未来 30 年，真正革命性的机会在哪里？"演讲中提到："我对未来的一些思考，因为我相信，只有思考未来，关注年轻人，才能把握未来。阿里巴巴不是这两年做成的，是十五年以前我们的思考，坚持了十五年，才走到了今天。今天的你，实际上是十年以前的思考和十年的行动，铸就了今天的你。同样十年以后的你，也是今天的思考和今天的行动，铸就十年以后的你。企业如人，一个人的成长和一个企业的成长，其实是相像的，大家把这些问题想明白了，今天你想什么，今天你坚持什么，今天你放弃什么，将会决定十年以后的你和你的企业将会是什么样。"

6.1.3　颠覆自己

卡尔·波普尔在《人是什么》中说过："任何时候，我们都是关闭自己认知框架的囚徒而已。"我们的困境在于我们从来都无条件地相信自己的认知、判断和选择是正确的，问题是，基于自我意识的认知和判断往往是错的。如果能打破传统的思维枷锁，尽管我们有可能跳出原有的框架，进入一个更大的囚徒框架，但是也毕竟比以前宽敞很多。

思想有多远，你才能走多远。企业发展的真正边界在于创始人或者领导人的认知边界，如果他无法自我突破，就会形成遮蔽性，过去的成功才是你未来的最大障碍。一个公司的集体信念一旦形成，在内部永远无法突破自己。

一个人最强大的认知对手是自己，微信就是一个特例，马化腾有勇气颠覆自己。微信生于 QQ 而颠覆了 QQ，尽管 2013 年 QQ 已经有 6 亿多的活跃用户。2013 年 11 月，马化腾在一次演讲中认为"移动互联网不只是延伸，而是颠覆。移动互联网时代，一个企业看似牢不可破，其实都有大的危机，稍微把握不住这个趋势的话，就非常危险，之前积累的东西就可能灰飞烟灭了，一旦过了那个坎儿就势不可挡了"。

在 2014 年 11 月"首届世界互联网大会"上，马云认为当时刚上市两个月多的阿里巴巴"正经历最危险的时刻"，他说，自己得出这样一番结论的原因是"阿里的员工正变得自满，停止创新并没能成功拥抱这个移动时代的机会"。他认为"没有成功拥抱移动时代"就是阿里正在遭遇的危机之一。

与其主要竞争对手腾讯相比，阿里系在移动端的布局可谓先天不足，不仅没有打造出类似微信这样的移动端产品，甚至遭遇到了来自微信的流量封杀。虽然在 2014 年，阿里巴巴对公司组织架构进行调整，提出"ALL IN 移动电商"的口号，几乎举全公司之力"要钱给钱、要人给人"力推"来往"，可惜错失时机，最后都无可奈何花落去。当然，后面的"钉钉"是在垂直社交市场咬了腾讯一小口。但无论如何也无法再撼动微信这样的巨无霸。

2016 年 1 月 6 日，阿里巴巴 CEO 张勇对现有生意模式的预期却是形势严峻，他认为，"仅仅依靠解决信息对称问题的商业模式"会非常迅速地退出历史舞台，过去十年，阿里巴巴依靠互联网的消费者红利和商家红利取得了高速发展；2016 年，阿里巴巴需要赋能商家，并且寻找海外和农村两条市场新路，总之就是要"创变未来"。

再举个反面例子，诺基亚前 CEO 约玛·奥利拉在回忆录《排除万难》中说到，诺基亚衰败的主要原因在于在美国西海岸，计算机行业的底蕴和操作系统专业技术太过于丰富，其次是诺基亚此前是如此成功，以至于尾大不掉。

很多人以为从 2007 年乔布斯推出第一代 iPhone 开始，诺基亚就完蛋了，但其实即使到了 2009 年，诺基亚依然是智能手机市场的第一名，份额达到惊人的 39.3%；但在随后的五年时间里，诺基亚进入"加速坠落期"，如图 6-2 所示。据说当时的诺基亚 CEO看到苹果手机说，苹果手机就是一个小玩意，我们的对手还是摩托罗拉。

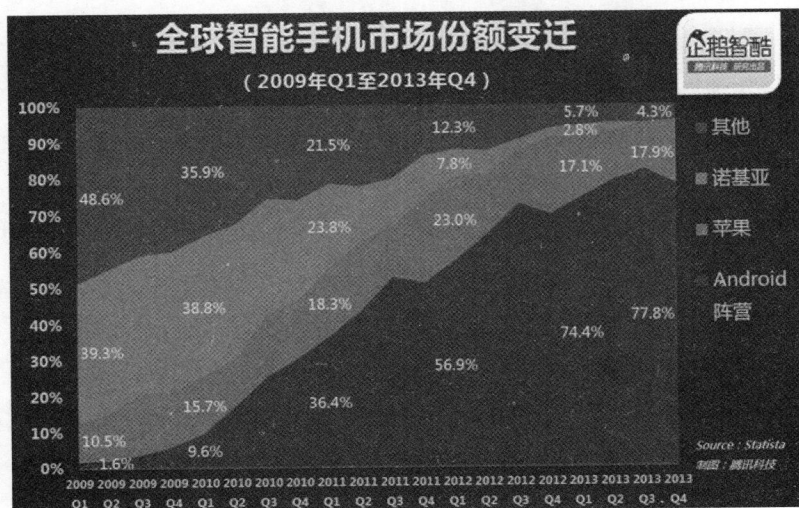

图 6-2 （图片来源：企鹅智酷）

奇怪的是，苹果的份额并没有随之明显增加——这家更看重利润的公司一直保持着15%左右的市场占有率，然后安静地看着上一代王者走向末路。从图6-2中可以看到，其实苹果的市场份额从没有超过20%，而是安卓阵营到2013年居然达到近80%，把原本属于诺基亚的市场给占据了，苹果充其量只是一个帮凶，真正导致自己灭亡的是诺基亚自己——塞班系统以前是如此的成功，即使有多次机会转型成安卓阵营，可惜因为之前太成功了，导致尾大不掉，惯性的思维一旦养成，就很难突破自己的"囚徒框架"。

愿意承认自己无知，会更有求知欲。《人类简史》中有这样一句话：科学革命不是知识的革命，而是无知的革命。同样的道理，商业的创新不是商业工具和知识的创新，而是思维的创新。就好比移动互联网只是一个工具，而创新思维才是真正的商业灵魂。

司马光砸缸，打破常规，才有机会获得生存的机会。烧死的是烧鸡，烧不死的才是凤凰，拥抱变化，创变未来，只有从认知思维上进行大破大立，才有可能获得凤凰涅槃的重生。从这个意义上讲，认知思维其实是新经济，也是社群经济的第一思维。打破，往往是由内到外的打破。鸡蛋，从内打破是生命，从外打破是食物。跨界其实就是一个行业的打破，跨界打劫往往就是被外表的力量所裹挟，从而导致类似诺基亚、柯达这样的巨头走进商业历史的教科书。

微信并不是打败了QQ，而是颠覆了QQ，用数据业务"打劫"了电信的语音市场。未来打败淘宝的，绝不是下一个淘宝，打败微信的，也绝不是下一个微信。同理，在流量如此高企①的今天，如果妄图用更大的流量来打败它，无疑就是痴人说梦。美国的航母世界最强大，难道非得要建造比美国更大的航母才能战胜它？可以用导弹和核潜艇让它成为海上的坟场啊。

2016年11月16日，马云在乌镇世界互联网大会上说：电商未来会消失。过去电商从无到有，未来会再从有到无；互联网也会经历一个从无到有，再到无的过程。其实马云想告诉大家的是，"没有"什么"互联网思维"，互联网只不过是工具，和电力一样。传统零售业利用互联网将自己的触角伸向全世界，就像传统制造业利用电力提升了生产效率一样。所以，马云说，未来没有人会拒绝使用互联网，就像现在没人拒绝使用电一样。

互联网不仅仅是一个工具，更是一种思维，而所有的思维本质还是人的认知思维。例如，人可以让电变成空调的冷气，人可以让电发热煮饭，不用去烧煤烧柴。人的认知思维要做什么，要实现什么，这才是关键，互联网也是一样的道理。如果非得要说有互联网思维，准确地说，应该是有了互联网这个工具，人们能利用这个方便的工具创造出什么？创造出像淘宝这样方便大家购物的电商，还是像微信这样便于大家沟通的社交应用？

---

① 高企：指价位持续停留在较高的位置不落且有再升高的可能，中性词。此词常用于金融、股票业、物价类。

在美国，没有"互联网思维"这样的概念，原因在于美国的企业已经高度互联网化，和电一样，有哪家企业不使用电呢？有必要提出一个"电力思维"吗？而中国的互联网充其量只是在电商这方面比较突出，很多传统企业和互联网结合还不是很紧密，甚至很多传统企业的老板对互联网非常抵触，认为是马云的电商抢了他们的生意。所以，本届政府才会提出了"互联网+"的概念，其实就是希望能让互联网作用于传统企业，就像电力发明之后，对于传统手工业带来的巨大冲击，希望互联网也能大力促进传统企业升级换代。

由于电商在中国的巨大成功，本书作者在和很多传统企业的老板进行交流时发现，他们很大一部分人甚至认为电商就是互联网，如果这样的认知思维不改变过来，谈何企业转型，更不要奢谈创新了。所以，从真正意义上说，不管是"互联网+"还是互联网思维、移动互联网思维，其本质就是人的认知思维。

认知思维对新社群的构建有什么影响？首先，新社群作为未来商业的基本组织架构，其核心在于人这个思维主体。例如，认识到流量电商不可挑战，也挑战不了，也无须去挑战它，完全可以另辟蹊径，用降维的打法，用自带流量的社群组织去打败它。另外，认知到新社群比起传统的商业组织更具温情的一面，可以在内容方面发力，用爱去感染成员，提高成交及复购率，等等，完全没有必要去和流量电商正面对抗。

霍金在《时间简史》中有一段精彩的描述：自从文明开始以来，人们即不甘心于将事件看做互不相关不可理解，他们渴望理解世界的根本秩序。今天我们仍然亟想知道我们为何在此？我们从何而来？人们求知的最深切的意愿足以为我们从事的不断探索提供充足理由，而我们的目标恰恰正是对于我们生存其中的宇宙做出完整的描述。

能够真正认知自己，才能自己颠覆自己。

6.2 人 本 思 维

《孙膑兵法·月战》一文写道："天地之间，莫贵于人。"孟子在《孟子·离娄上》也明确地提出了"得人心者得天下"的观点，这是孟子的民本思想的一个重要内容。孟子的观点在今天看来仍是那样的熠熠生辉，它是我们今天大力提倡的"以人为本"思想的早期曙光。

可是，时至今日，很多企业把"以人为本"这句话挂在嘴上，真正做到的没有几个。在写作本书的调查过程中，曾经有企业负责人对作者说起一件事。他说，整个公司的员工都持股了，可是居然有员工对他说，公司上市是你的梦想，而不是我的梦想。这是个大问题，不是吗？而问题的根源却在于领导者本身。

一个员工在公司，除了赚得相应的报酬之外，如果公司能满足其基本薪资需求，其最重要的就是获得成就感。公司必须有机制能帮助员工达成目标，取得了阶段性的工作成果，甚至有看得见的晋升路线图规划，否则，员工只能像一只玻璃窗前的蜜蜂，一片光明的前景，可是怎么也飞不出去。很多员工之所以和公司的想法不一致，甚至离职，除了马云所说的"钱没给够"，就是"受委屈了"，即使钱给够了，如果不能让员工有归属感和成就感，员工的想法怎么会和公司保持一致呢？

事实上，很多创业型公司正是由于为了让员工成为公司的主人而让公司全员持股，领导者甚至天真地认为，既然你都是公司的主人了，那我就把任务交给你，完全处于一种放养的状态，而在随后的 3 ~ 6 个月的任务周期结束，发现目标根本就无法达成，这时候才来找原因，一方面给公司带来了损失，另一方面让员工有很强的挫败感。这其实是很多传统以商品为导向型的组织的一个必然结果，因为它强调的是商品，强调的是销售业绩，而不是员工作为"人"的真正需求——除了物质需求之外，精神上的需求往往大于前者。而社群经济是以人而不是以商品为核心，是以人而不是商品为节点，也就是能更多地满足人的归属感、成就感、自豪感等，真正满足"人" 作为"社会关系总和"的社会人所有的需求。

也就是说，在未来的商业组织中，人作为最重要的因素会重塑组织架构，当人的问题解决了，组织架构的问题也解决了，因为组织架构带来的消极因素就不存在了。

我们在第一章和第四章提到了马斯洛需求理论，其实该理论最具精髓的在于，它满足了不同时间、不同层次、不同个体的阶段性需求。其实人性本无善恶，自私贪婪也好，公正善良也罢，完全是出于个人的需求是否能得到满足，物质或者精神方面，所谓的"高薪养廉"和"饭饱思淫欲，饥寒起盗心"就是这个道理。

另外，不同年龄段的需求也不一样，例如，90 后和 70 后的需求就完全不同，由于改革开放 30 年来的积累，90 后物质方面的压力比起 70 后已经得到大大缓解，他们喜欢张扬个性，不随大流，他们希望有选择权和自主权。他们在公司首先是要开心，如果不开心，他们就会很快离开公司，即使留着，也没有什么工作的激情，更不要奢谈什么创造力了。70 后可能更多的是在担负责任，即使受苦了受委屈，迫于生活压力，也愿意负重前行。

作者在经营公司，面试新人的时候，如果基本能确定面试者符合公司的录用条件，都会详细了解其当月需要多少现金支出，在不和公司岗位薪酬差距太大的情况下，尽量满足面试者的薪酬需求。毕竟安居才能乐业，他没有了后顾之忧，自然会努力去拼搏。如果他每个月都在为房子的按揭发愁，他怎么能安心工作？

最让求职者不能接受的是，求职者要 1 万元底薪，你却要给 8000 元，2000 元对公司相对来说是一笔小钱，但对于一个员工来说，这可能关乎他的生活质量。如果一个员工没有一定的生活质量，何来尊严，他何来底气去面对困难或者客户？这就是马斯洛需求理论的第一层，生理需求。最起码的生存和尊严必须提供给你的员工，否则你怎么能异想天开员工能全身心投入工作？

港台的影视剧中那些小弟为什么会死心塌地为老大卖命，就是有钱大家分，有酒大家一起喝，遇到某个小弟遇难，家人也能有笔巨款得以保障。

那么，企业要怎么才能做到以人为本呢？

6.2.1　学会放手

让心自由，一切创造力来源于自由。

"金字塔的建造者，绝不会是奴隶，而只能是一批欢快的自由人"。

1560年，瑞士钟表匠布克在游览金字塔时，做出这一石破天惊的推断。很长时间，这个推论都被当作一个笑料。

然而，400年之后，也即2003年，埃及最高文物委员会宣布：通过对吉萨附近600处墓葬的发掘考证，金字塔是由当地具有自由身份的农民和手工业者建造的，而非希罗多德在《历史》中所记载——由30万奴隶所建造。

埃及国家博物馆馆长多玛斯对布克产生了强烈的兴趣，他一定要破解这个谜团。

原来布克是法国的一位钟表制作大师，而且还是一名虔诚的天主教信徒，1536年，因反对罗马教廷的刻板教规，锒铛入狱。在那个失去自由的地方，布克发现无论狱方采取什么高压手段，自己无论如何都不能制作出日误差低于1/10秒的钟表；而在入狱之前，在自家的作坊里，布克能轻松制造出误差低于1/100秒的钟表。为什么会出现这种情况呢？

起先，布克以为是制造钟表的环境太差，后来他越狱逃跑，又过上了自由的生活。虽然生活环境非常糟糕，但布克制造钟表的水准，竟然奇迹般地恢复了。因此，布克认为，真正影响钟表准确度的不是环境，而是制作钟表时的心情。他在日记中写道："一个钟表匠在不满和愤懑中，要想圆满地完成制作钟表的1200道工序，是不可能的；在对抗和憎恨中，要精确地磨锉出一块钟表所需要的254个零件，更是比登天还难。"

布克也因此大胆推断："金字塔这么浩大的工程，被建造得那么精细，各个环节被衔接得那么天衣无缝，建造者必定是一批怀有虔诚之心的自由人。一群有懈怠行为和对抗思想的奴隶，绝不可能让金字塔的巨石之间连一片小小的刀片都插不进去。"

布克后来成为瑞士钟表业的奠基人与开创者。瑞士到现在仍然保持着布克的制表理念：不与那些强制工人工作或克扣工人工资的外国企业联合。他们认为那样的企业永远也造不出瑞士表。

也就是说：在过分指导和严格监管的地方，别指望有奇迹发生，因为人的能力，唯有在身心自由的情况下，才能发挥到最佳水平。

工业时代，依靠的是劳力，可以用皮鞭来提高产量。互联网时代，依靠的是脑力，只有用自由才能劈开心智。

举目望去，你乘坐的火车、汽车、飞机、地铁、高铁；你用的电话、电视、冰箱、洗衣机、电脑、互联网、手机、WiFi 哪一项是中国人发明的？甚至连大家所熟悉的互联网很多应用也都是抄袭美国的，比如淘宝抄袭 eBay、京东抄袭亚马逊、百度抄袭谷歌、QQ 抄袭 Oicq、美团抄袭 Groupon、滴滴抄袭 Uber。这是因为几千年来中国人在身心双重压迫下，根本不可能有自由思想和创造力。

而美国作为全世界最自由开放的国度，才有可能出现这样的成就，甚至有网友提出"美人希"这样的概念。毕竟，只有自由的心，才有创造力。美国小学生上课可以吃零食，可以坐在课桌上，老师鼓励学生能做什么。中国小学生规规矩矩坐在课桌前，双手要放在背后，老师教育学生不能做什么，什么学生守则，全部是十不准。

马云在 2015 年的一次演讲中提到，人类有三次巨大的技术革命，第一次是英国的工业革命，从蒸汽机起来。其实蒸汽机的核心，是人类开始希望突破体能，让自己更强大，英国把握了这次机会，成为了最早发展、最了不起的国家。第二次工业革命是能源革命，从电和能源起来。人类自己强大以后，希望能跑得更远，能更持久，美国把握了这次机会，成为了超级大国。这次技术革命，称为信息革命也好、数据革命也好、互联网革命也好，有一点是肯定的，这次革命的重点是人的脑袋，让人智慧起来，让世界变得更加智慧，所以，这是一次完全不同的技术革命，它对人类社会未来的影响是超越大家想象的。

作者曾参加一次浙江普陀山还愿之旅，一个团 40 多位香客，在普陀山岛上步行了近五个小时，全程大雨滂沱，几乎没有片刻停歇。队伍中有上至 60 多岁的老翁老太，下至 18 岁上下的年轻人，没有人有任何怨言，没有人中途退出，哪怕是去避避雨。这就是自由的力量、信仰的力量。

自由的心才是智慧无尽的源泉，任何带有压迫和驱使都会泯灭创造力。金字塔绝对不是奴隶建设的，而是一群虔诚的自由人或者信徒建造的。现代企业管理也是一样，绝对不是驾驭，而是放手和赋权。

6.2.2　找对人

找对的人才能做出正确的事。

三顾茅庐大家都知道，刘备有了诸葛亮，才有了后来的三国鼎立。在竞争激烈的智能手机市场，雷军创造这个星球上最快达到 10 亿美金和 100 亿美金销售奇迹的独角兽小米公司。创业初期，在找人方面投入了极大的精力，在小米成立的前半年，雷军用80% 的时间来招人，最终招聘到 7 个牛人合伙。雷军讲，有一次，为了挖到一个硬件工程师，他打了 50 多个电话，而找到人之后，为了说服其加入小米，又谈了 10 个多小时，最终说服这名工程师加入了小米。

再来说马云，马云的人格魅力确实是他成功的法宝。他能让蔡崇信自愿放弃 70 万美金的年薪跟随其右。而有着资本、法律知识又懂资本的蔡崇信更是不辱使命，在阿里巴巴关键的几个节点，帮马云搞定了高盛，撑过了互联网泡沫，接着搞定了孙正义，吞并了中国雅虎，2007 年又帮助马云在香港成功上市。说是蔡崇信成就了马云，这一点毫不为过，没有蔡崇信，马云的阿里巴巴也许要再过好多年才有这样的规模，也许就根本不存在了。

对的人才能做对的事。企业的负责人要做的就是找到对的人，并不是最聪明的人。当然，每个个体的能力都是有限的，团体的力量才是无穷的。马化腾在《哈佛商业评论》中文版推出了"中国百佳 CEO"，对其专访时说，腾讯今天的成就，应归功于集体的战略智慧、执行力及自发的危机感。一个人无法预知和操控时代，要懂得分工协作，依靠集体智慧，设定各自的分工和管理权限，群策群力，果断执行。

一方面企业需要的是执行力强的人才，另一方面企业老板也要知人善任，充分放权，充分信任，在规则和亚文化的共同作用下，让员工有自由发挥的空间，企业才有可能有长足的发展。

什么是总裁？总是裁掉不需要的人，找到需要的人。有时候字面上的"歪理"解说却很能正确说明问题。正确的人才能做正确的事。

俗话说，圈钱圈地不如圈人才，只要有了人才，事情就好办多了。管子有句名言：夫争天下者，必先争人。华为有今天的成就，而且基业长青，和华为对人才的重视分不开，每年校招，华为都出非常高的价钱把人才招募到麾下，据说，著名大学的应届毕业生年薪都接近 20 万元，特别优秀的人才则可达上百万元。

6.2.3 财散人聚

分利与人，则人我共兴。

据 IDC 发布的全球智能手机报告显示，2016 年第三季度，OPPO 和 VIVO 在全球的累计出货量超过苹果、华为和小米，一举成为全球手机行业的又一巨头。不仅出货量大，利润也高的惊人，OPPO 和 VIVO 仅 2015 年一年就狂卖了 2000 多亿元，净利润超过 200 亿元！2016 年，累积销量更是有可能达到 1.5 亿部，而 2017 年，有可能两者之和达到 2 亿部，终端零售额超过 3000 亿元！而这两个手机品牌，其实同属一个步步高的创始人，他就是当年名震一时的小霸王创始人段永平。除了营销手段之外，段永平的成功主要靠财散人聚赢得人心。

段永平采用和其他公司惯用期权完全不一样的做法，采取全员持股方式，把自己70% 多的股权稀释分配给员工，自己只保留 17%。如果员工没有钱，他会根据股份的多少主动借钱给员工，员工可以通过所持股份的分红或者股息偿还。他认为，不是上市企业，有期权也没有用，就算是企业上市，如果不是一个成长性非常高的企业，期权也没有用。步步高是一个全员持股的公司，赚得多大家就分得多，员工能不拼命吗？

国内很多较为成功的企业，无不以高薪和股权来激励和留住员工，腾讯、华为、小米、阿里巴巴等以脑力和技术性为导向的公司更是如此。图 6-3 所示是阿里的股权结构示意图，尽管马云的股权只有 7.4%，也不妨碍他屡次成为中国首富。假设马云和很多老板一样，保留这 51% 的控股权，阿里巴巴会有今天这样的局面吗？

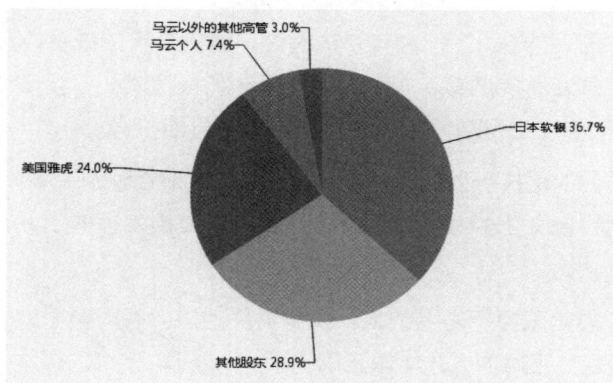

图 6-3

华为的任正非更是把股权分了个精光，华为的员工持有 98.6%，任正非本人只持有1.4%。很多人都说华为牛，因为全员高薪一直是华为的传统，校园招聘 14 万元到 17 万元起，最高年薪 35 万元。当然，华为不仅仅只是因为高薪才牛，但一定有高薪的作用在里面。正是这样的股权分配和高薪酬制度，才使得华为有机会成为 2016 年全球 100 个最具价值品牌排行榜中，华为从 2015 年的排名第 70 位上升到第 50 位。8 月份全国工商联发布"2016 中国民营企业 500 强"榜单，华为以 3950.09 亿元的年营业收入成为 500 强榜首。与此同时，华为在"2016 中国企业 500 强"中排名第 27 位。

最近中国企业的老板很给力。继马化腾在庆祝腾讯成立 18 周年时，一次性给员工发价值 15 亿元的股票，甚至连离职的员工也发。格力的董明珠更是以"所到之处，寸草不生"的凌厉风格给集团各公司、各部门、各分厂，所有入职满 3 个月的 7 万多名员工，每月每人多发 1000 元的工资。董明珠曾说：一个企业的责任，是应该主动给自己的员工与其工作付出相匹配的工资待遇，这是企业主观上就要做的一件事，不能因为企业成本上升就挤压劳动力成本，以此来实现市场竞争。不要等员工要求涨工资，而要主动给员工加工资，超越员工的期望。格力电器在此次加薪 1000 元的通知中称，"此次加薪涉及 7 万名左右员工，公司人均效率在不断提升，所以，要和大家共享劳动成果，提升员工幸福感。"

俗话说得好，你给员工吃草，你将迎来一群羊，你给员工吃肉，你将迎来一群狼。老板让员工吃亏，员工就让客户吃亏，客户就让老板吃亏。杰克·韦尔奇说过，工资最高的时候成本最低。因为很多老板只考虑到会计成本，没有考虑到机会成本，没有考虑到人的成本。

企业基层员工最大的问题就是流动性大，总是处在找工作状态，很难把心静下来。中高层最大的问题不为企业操心，没有把企业的事情当作自己的事情。最高工资能让基层的员工静下心来，稳定下来，能让中高层像对待自己的事业一样对待企业。毕竟，跳槽到其他公司，再也没有这么好的待遇。感情留人还不如事业留人，事业留人还不如待遇留人。

现在很多企业老板，天天喊着"以人为本"，却把钱包捂得紧紧的，不愿意和员工共享企业成果，一个饿着肚子的员工，整天为着房子按揭款发愁的员工会全心为企业劳心费力吗？老板聪明，员工更不傻。牛根生著名的语录："财聚人散，财散人聚"，让他成为了 2003 年"中国经济年度人物"。"他是一头牛，却跑出了火箭的速度！"，这是对牛根生的颁奖辞。

任正非就是按照人性欲望做了三件核心的事情：做好人、用好人（分好权）、分好钱。其实任何一个员工进入一个企业，他的需求大体分为：物质生活需求，包括生理需求和安全需求；精神生活需求，包括社会和尊重需求；成就需求，包括自我实现需求。

人的这三种需求其实是同时存在的，只不过在不同的环境下需求侧重点有不同的表现而已，基层以物质需求为主，中层以精神需求为主，高层以成就需求为主。

企业激励员工就是要采取措施去满足不同员工不同需求的过程，通过满足员工需求，激励员工努力工作，提高执行力，实现企业目标，创造出企业的价值。

很多中国企业的老板就是永远只在乎客户价值，永远客户第一，股东第一，而不在乎员工价值，殊不知，员工价值都没有了，谁去帮你在乎客户价值？"己所不欲，勿施于人"。站在员工的角度多替员工想想，员工就会主动为企业想想。能量是守恒的，霍金说，宇宙是由正能量组成的。如果你传递给员工的是一块金子，员工就会还回来一块钻石。

回到我们前面讲的社群中，其实很多内容都是关于互惠互利的问题，社群组织以人为节点，每个人都是一个独立的核心，基于这样的组织结构，如果在社群变现的设计上，能使整体群成员都获利，才是真正的以人为本。企业作为传统的社群组织，更是如此。

本 章 小 结

本章的认知思维、人本思维和下一章的创造思维是"新实体经济"思维九大思维中最基础的思维，是一切以人为核心的思维方式，也就是要从人的认知和人本去思考，才有可能做到真正的创新和价值创造，而创新和价值创造反过来又能促进认知和人本思考。其后的移动思维、内容思维、场景思维、大数据思维、共享经济思维、万物皆媒思维都是基于这三个思维方式发展起来的思维模式。

第7章
创新思维和创造价值思维

📖 本章导读

"自信能预知未来，甚至比无知更危险。"哈佛商业评论有一篇文章《经验害死人》里面这样写道。企业的创新其实是一种不得已而为之的行为，否则只有死亡。创新就是创造价值，创造价值就是创造正能量。

7.1 创 新 思 维

7.1.1 缺一把剪刀

创造思维包含创新思维、创造价值思维，这是"新实体经济"思维中最具价值的思维。

据说篮球运动刚诞生的时候，篮板上钉的是真正的篮子。每当球投进的时候，就有一个专门的人踩在梯子上把球拿出来。为此，比赛不得不断断续续地进行，缺少激烈紧张的气氛。为了让比赛更顺畅地进行，人们想了很多取球方法，都不太理想。有位发明家甚至制造了一种机器，在下面一拉就能把球弹出来。不过这种方法仍没能让篮球比赛紧张激烈起来。

终于有一天，一位父亲带着他的儿子来看球赛。小男孩看到大人们一次次不辞劳苦地取球，不由大惑不解，为什么不拿一把剪刀把篮筐的底剪掉呢？一语惊醒梦中人，大人们如梦初醒，于是才有了今天我们看到的篮网样式。

去掉篮筐的底，就这么简单，但那么多有识之士都没有想到。听来让人费解，然而这个简单的"难题"困扰了人们多年。可见，无形的思维定式就像那个结实的篮子禁锢了人们的头脑，使得人们的思维就像篮球被"囚禁"在了篮筐里。于是，我们盲目地去搬梯子、制造机器。

阿西莫夫是俄国血统的美国人，一生中撰写了 400 部书，算得上世界知名度最高的科普作家。在《智力究竟是什么》这篇文章中，他曾经讲过一个关于自己的故事。阿西莫夫从小就聪明，年轻时多次参加"智商测试"，得分总在 160 分左右，属于天赋极高者之列，他一直为此而洋洋得意。

有一次，他遇到一位汽车修理工，是他的老熟人。修理工对阿西莫夫说："嗨，博士，我来考考你的智力，出一道思考题，看你能不能回答正确。" 阿西莫夫点头同意。修理工便开始说思考题。

有一位既聋又哑的人，想买几根钉子，来到五金商店，对售货员做了这样一个手势：左手两个指头立在柜台上，右手所致拳头做出敲击状的样子。售货员见状，先给他拿来一把锤子，聋哑人摇摇头，指了指立着的那两根指头。于是售货员就明白了，聋哑人想买的是钉子。聋哑人买好钉子，刚走出商店，接着进来一位盲人。这位盲人想买一把剪刀，请问盲人将会怎样做？

阿西莫夫心想，这还不简单吗，便顺口答道，盲人肯定会这样——伸出食指和中指，做出剪刀的形状。

汽车修理工一听，开心地笑起来，答错了吧，盲人想买剪刀，只需要开口说我买剪刀就行了，他干吗要做手势啊？在考你之前，我就料定你肯定会答错，因为你所受的教育太多了，不可能很聪明。

网上还有一个非常有趣的案例，一位法国教育心理专家曾给上海的孩子出了一道题目：一艘船上有 86 头牛、34 只羊，问："这艘船的船长年纪有多大？"结果有 90% 的学生给出的答案是 86 — 34=52 岁，10% 的学生认为此题非常荒谬，无法解答。当然，这 10% 的同学是答对了。法国专家在对这 90% 同学调查后发现，他们之所以会做出答案来，是因为觉得"老师出的题总是对的，不可能不能做"，"老师平时教育我们题目做了才能得分，不做的话一分也没有。"法国专家感叹：中国学生很听老师的话，因为同一道题在法国做实验时，超过 90% 的同学提出了异议，甚至嘲笑老师的"糊涂"。

以上三个例子，说明了一个人的思维定式一旦形成，势必形成一种惯性思维方式，而创新的思维必定是一种打破常规的思维，不可沿着之前的老路走下去。美国的政治经济学家约瑟夫·熊彼特说过，创新就是创造性地破坏。

惯性思维有一个很有趣的理论叫鸟笼逻辑。挂一个漂亮的鸟笼在房间里最显眼的地方，过不了几天，主人一定会做出下面两个选择之一：把鸟笼扔掉，或者买一只鸟放在鸟笼里。过程很简单，设想你是这房间的主人，只要有人走进房间，看到鸟笼，就会忍不住问你："鸟呢？是不是死了？"当你回答："我从来都没有养过鸟。"人们会问："那么，你要一个鸟笼干什么？"最后你不得不在两个选择中二选一，因为这比无休止的解释要容易得多。鸟笼逻辑的原因很简单：人们绝大部分时候是采取惯性思维。

如果坚持鸟笼逻辑的惯性思维方式，开出租车公司必须先买很多车，然后聘请很多司机，也就不会有"没有一辆出租车"的 Uber 和滴滴；同样，也不会有"没有一间客房"的 Airbnb。

7.1.2　死亡名单

企业作为创新的主要源泉地，却拥有着极短的寿命和极高的淘汰率。据《财富》杂志报道，美国中小企业平均寿命不到 7 年，大企业平均寿命不足 40 年。而在中国，中小企业的平均寿命仅为 2.5 年，集团企业的平均寿命仅为 7 ~ 8 年。美国每年倒闭的企业约 10 万家，而中国有 100 万家。过去 15 年中，市场的波动更为剧烈，互联网引发的模式变革和效率提升摧毁了众多大象级企业的竞争力。新财富挑选了过去 15 年中那些曾经辉煌至极最终却坠落崖底的代表性公司（如图 7-1 所示），足见企业生存之不易。两年就达到 10 亿美元估值的拉手网，在模式褪色后匆忙谢幕，更让人唏嘘的是百年企业如柯达、诺基亚、雷曼兄弟等用足够的创新变革支撑穿越了整个 20 世纪，最后却依然因为跟不上时代变化而轰然倒地。

过去15年，曾站上神坛却坠入深渊的公司

企业	创立时间	巅峰表现	结局
柯达	1880	占据全球2/3胶卷市场	2012年1月申请破产保护
诺基亚	1865	巅峰市值2500亿美元、全球手机市场份额40%	2013年被微软以54.4亿欧元收购
摩托罗拉	1928	发明第一部商用手机、手机行业的标准	2011年8月被谷歌以125亿美元收购
雅虎	1995	最高市值1300亿美元、全球第一家提供互联网导航服务的门户网站	2016年7月核心资产以48亿美元出售给Verizon
雷曼兄弟	1850	全球顶级投行、总资产6390亿美元	2008年9月申请破产保护
合俊集团	1996	全球最大玩具代工厂	2008年10月破产
韩进海运	1977	全球海运运力第七大公司	2016年8月31日申请破产保护
Borders	1971	美国第二大实体书店	2011年2月申请破产保护
小护士（丽斯达日化）	1992	中国第三大护肤品牌、欧莱雅在中国收购的第一个本土品牌	2013年12月被欧莱雅收购
武钢集团	1958	全世界第四大的钢铁企业	2016年9月被宝钢吸收合并
论坛报业集团	1847	美国第二大报业集团	2008年12月申请破产保护
拉手网	2010	创立两年估值达11亿美元	2014年被三胞集团收购
Jawbone	1999	可穿戴设备鼻祖	2016年5月停产
摇摇招车	2011	北京地区占绝对优势、全国排名第三的打车软件	2013年底停止服务
无锡尚德	2001	全球最大的光伏产品制造企业、第一家在纽约证券交易所上市的中国民营企业	2013年3月破产

资料来源：公开资料，新财富整理

图 7-1　　（图片来源：新财富）

从上面的死亡名单就可以很清楚地看到，不管是百年老店还是商界新秀，不管是资产过万亿元的巨无霸企业还是杂货小店，无时无刻不面临生存或是死亡的拷问。哪怕你是曾经的大鳄，历史的车轮总是一如既往地碾压着守旧的、过气的、僵尸的企业无情地

前行。英国作家马尔科姆·格拉德威尔（Malcolm Gladwell）在《引爆点》中说道："别看旧世界看上去很坚固，其实只要找到那个点，轻轻一触，它就会倾斜。"

当然，创新思维的时机和前提也很重要，为什么在 10 年前不会出现 Uber 和 Airbnb 这样的公司呢？根本原因就在于 10 年前移动互联网还没有普及，即使有这样的想法，也无法实现。但是当下，移动互联网不仅成为一个工具，而且成为人体器官的延伸，甚至成为了人类的第二个大脑，这在 PC 互联网时代是不可想象的。因此，有了这样的第二个大脑，创新思维的土壤也就更加肥沃，人类思考的维度也必然会得到更加充分的发挥。当然，随着人工智能和智能芯片的发展，人类大脑和智能终端最终将融为一体，使得人类更加智慧。

一些陈旧的、不结合实际的东西，不管那些东西是洋框框，还是土框框，都要大力地把它们打破，大胆地创造新的方法、新的理论，来解决我们的问题。

美国管理学家斯威尼在《致未来的总裁们》中写道：为了产生创新思想，你必须具备①必要的知识；②不怕失误、不怕犯错误的态度；③专心致志和深邃的洞察力。在移动互联网思维日新月异的今天，除了必要的知识和态度，决心、信心、坚持和勇气更是创新思维的核心竞争力。

7.1.3　中国式创新

说到中国式的创新，阿里巴巴无疑是最具典型意义的。在中国电子商务刚刚开始发展的初期，也就是 2003 年淘宝成立时，中国的商品销售主要以实体商场和零售实体店为主。那时候，中国的商品销售流程非常单一，工厂把产品生产出来，要么就是搞一级一级代理或者经销，要么就是通过批发市场把商品批发给全国的零售店，后面还出现工厂直营店或者加盟店。

很多精明的店主会到商品的产地去批发回来零售，赚取 3 ~ 5 倍甚至 10 倍的差价。大型商城百货其实也是干着同样一件事，直接从工厂把商品批发过来，集中在一起进行零售而已，直到目前为止，商城和超市其实还是在干着同样的事情。那时候，中国商品的销售业态只有三种：批发市场、综合商场和零售店。

在前面的章节谈过，马云于 1999 年成立的"阿里巴巴"其实就是把线下的"批发市场"搬到网上，是网上的"批发市场"而已。那时候由于中国的劳动力便宜，产能过大，商品库存积压严重，加上信息闭塞，中小企业也无力打广告，很多工厂生产的产品在国内销售非常困难。马云看准这个机会，提出了现在大家都知道的"让天下没有难做的生意"，意图帮助中国的中小企业把产品卖到美国等其他国家。事实上，从 2007 年阿里巴巴在中国香港上市，作为阿里巴巴 B2B 部分（后改为 1688.Com）其实在整个集团的收入是非常有限的，2012 年退市就是个明证，绝大部分中小股民都损失惨重，在当年掀起了极大的争议。

阿里巴巴在 B2B "批发部分" 受阻。2003 年，马云开始了 "C2C" 的 "零售部分"，抄袭了当时美国的 "eBay" 模式，也就是淘宝，就是个人卖家把商品卖给了个人买家。由于那个时候互联网在中国迅猛发展，商品的流通突然被砍掉了层层中间环节的加价部分，导致网上的商品非常便宜，比如买同样的一套西装，实体店要 500 元，在淘宝上购买，可能只需要 150 元。那时候很多人不看好淘宝，在淘宝开店的个人不多，淘宝为了吸引个人在淘宝开店，采用免费的方式，再加上马云得到了雅虎的一大笔资金，大力在推广淘宝。另一个重要的原因是，十多年前，中国人还比较穷，上淘宝购物就是为了贪便宜；需求侧和供求侧犹如干柴烈火，都非常强劲，再加上中国人口基数庞大，淘宝就如日中天地发展了起来。最终直接把 eBay 赶出了中国，在中国形成了 C2C 一家独大的局面。

当然，为了解决支付信用问题，支付宝作为当时淘宝的配套产品应运而生，这是马云根据中国国情的伟大创新，也是他的高明之处。之后的发展大家都非常了解，2008 年，天猫（原来叫淘宝商城）在淘宝的基础上独立成 B2C 的另外一个零售方式，即厂家直接销售给消费者的模式，其目的在于阻击已经成立四年且日益壮大的京东商城。

京东商城原先叫 360buy，电子商务部分开始于 2004 年，其实就是把当时的线下电器销售巨头 "国美" 和 "苏宁" 的模式搬到网上。刚开始京东也一直以家电销售为主，到目前这一个观念还深入人心，尽管后来天猫推出了 "电器馆"，家电影响力始终不及京东，这也是我们在前面讲到的，客户的心智一旦被占据，是很难被改变的。加上京东多年来的 "买家电，上京东" 宣传口号，让客户的这一认知非常难以改变。反过来，淘宝和天猫主要以服装鞋帽为主，京东虽然这几年也在这些品类进行扩张，但是收效一般。随着人口红利期的结束，淘宝、天猫和京东对用户的跑马圈地已经基本结束，更多是在做用户的深耕。也就是说，两者在品类上已经没有很明显的区分，"淘宝京东化，京东淘宝化" 是近年来两大阵营相互竞争的态势。

如果我们回顾 2000 年以来 16 年中国互联网发展的历史，可以说是 "电子商务的发展史"。因为中国的电子商务可以说已经达到了登峰造极的地步，以至于很多人说到中国的互联网，甚至误以为就是以淘宝、天猫、京东为代表的电子商务，其实互联网能做的事情还有很多。

但是，我们可以看到，以 BAT 为代表的中国互联网的发展史其实就是一部 "抄袭史"，或者说是一部 "模仿史"，百度抄袭 "Google"，淘宝抄袭 "eBay"，QQ 抄袭 "Oicq"，支付宝抄袭 "Paypal"，等等。

当然，也可以理解为模仿和学习，以至于李开复博士都认为，"中国人突破式的创新，是先模仿加微创新，更适合中国更适合市场"。最终的结果是，淘宝干掉了 eBay，

QQ干掉了Oicq，京东很多地方模仿了亚马逊，让亚马逊在中国的日子也不好过，滴滴模仿了Uber，最终收购了"优步中国"，美团模仿了Groupon并胜过了"Groupon"，谷歌中国被百度以及其他原因逼出了中国。

国外的互联网巨头在中国最终都落败了，最主要的原因在于不接地气，没有中国本土互联网企业了解中国的国情。但是"创新是创新者的坟墓"，毋庸讳言，中国的企业，包括最具创新的互联网企业，其创新能力是非常有限的，这其中的原因非常复杂，我们就不多说了。

但是有一点，一家企业的创新是有前提的，不是随随便便就可以创新，或者说就可以创造性地开发出一种产品来。如果不具备一定的人才和资金储备，没有企业在某一方面的日久天长的专业积累，是没有办法进行有效创新的，更别奢谈像苹果这样颠覆性创新的伟大产品了。唯一有效的办法就是李开复博士所说的"先模仿加微创新"，创造出一种更适合中国市场的模式或者产品，这才是目前中国企业，特别是中小企业该做的事情。当然，当上述三个关键因素积累到一定的程度，像BAT目前在云计算、大数据、人工智能、虚拟现实等方面的创新，完全可以和美国等发达国家进行一较高下。

抄袭是可耻，但是，根据国情和企业的特点进行"模仿"和"学习"，并在这个基础上进行改进和创新是可行的，也是值得尊敬的。比如微信，刚开始很多功能是模仿"Facebook"；但是，像朋友圈、微信群、公众号等创新，让"Facebook"反过来也开始在"抄袭"微信了，更不要说微信支付与支付宝之间你抄我、我抄你的"互相学习"了。

企业之间的竞争，也是创新的原动力之一。所以，我们有理由认为，企业的创新，其实就是站在巨人肩膀上取得更高的成就而已。如果摒弃了知识产权的角度（我们可以狭隘地认为是发达国家制定的游戏规则），从大的视野来看，人类的每一次进步，其实都是在原有创新者的基础上的二次创新、三次创新、多次创新。难道美国人就没有抄袭我们中国人的？

很多企业在初创期，盈利模式根本没那么清晰，而是随着实际情况发生了很多改变。马云在创立阿里巴巴的时候，肯定不会想到会有今天的蚂蚁金服。初始的阿里巴巴B2C只是马云的一个美好的愿望罢了，阿里巴巴集团真正发力是C2C的淘宝，淘宝做大以后，接下来"无中生有"衍生了很多相关的企业矩阵，如支付宝、天猫、阿里妈妈、蚂蚁金服、菜鸟快递、阿里云等，还有投资收购高德地图、优酷土豆、新浪微博、滴滴、美团等，构成了产业生态布局。所以，从这个角度看，初创企业，不用去考虑什么盈利模式，更不用去考虑什么创新，先活下去才是根本。等企业发展到一定阶段，创新自然水到渠成。

随着我国加快落实创新驱动发展战略，主动适应和引领经济发展新常态，大众创业、万众创新的新浪潮席卷全国。2016年"两会"，"大众创业，万众创新"又一次作为两会热词在政府工作报告中被重点提及。"双创"已经成为2016年以来拉动中国新经济大幕的"双引擎"。同时，习主席提出的供给侧改革，核心就是创新。这与大众创业、万众创新完全吻合。

7.2 创 造 价 值

7.2.1 马粪危机

人类区别于其他生物在于，人类具备思维和解决问题的能力；而更加可贵之处在于，人类具有创造价值的智慧。互联网不仅仅是一种技术和工具，也不仅仅是一种产业，而是一种思维方式，是一种价值观，是一种创变未来的驱动力，是通过改变思想而创造价值的思维方式，霍金在《时间简史》中说：宇宙中的物质是由正能量组成的。创造价值就是创造正能量。

1894 年，大英帝国的科学家们为一件事情绞尽脑汁。那时候的伦敦是全世界最大的城市，人口密集程度不亚于今天任何一个大都市，那个时候汽车尚未普及，交通运输全靠马匹。让科学家们感到头疼的是，这些马匹除了每天要消耗大量的农作物之外还会制造出大量的粪便，这些粪便堆积在城市的各个角落，让整个伦敦城都变得臭烘烘的。如果赶上下雨，场面就更加不堪了。按照当时的情形发展下去，科学家们做出这样的预测：到了 1950 年，伦敦的每一条街道都会堆积着九米高的马粪。他们甚至认为马粪将成为全世界城市的梦魇，1930 年纽约市也将被淹没在臭烘烘的粪便中。

所幸预言没有应验，采用不同动力的汽车在随后几十年里逐渐取代了马匹。1895 年世界上第一本汽车杂志在美国出版，取名为《无马时代》。有意思的是，在"无马时代"到来之前，全世界顶尖的科学家们却在思考如何解决马粪的问题，听起来颇有些黑色幽默。

《破译黑天鹅》一书的作者曾在书中回顾了这场发生在一个世纪前的"马粪危机"，以此来试图说明我们正处于一场时代巨变中，作者认为人们总是轻易聚焦在单一的趋势、发展或者某个偶然事件上进行推演，然后贸然得出一个错误的结论。体现在马粪危机中就是太多研究者被眼前的马粪拴住了思考的"缰绳"。

苹果手机为什么不设置实体键盘，其原因就在于乔布斯的伟大创造价值能力，世界上大部分人都已经习惯了使用键盘，如果还是继续在实体键盘上做改进的话，那不是创新，创新就是创造性地破坏，就必须去掉实体键盘，这样才能创造价值。

2007 年，曾经有记者就这事问过乔布斯，现在已经有成千上万人在使用实体键盘手机，而您的虚拟键盘上手非常难。乔布斯回答说：你只要用过这种触屏手机，你就再也回不去了。我们觉得我们的是更好的键盘，可能大家要花几天来适应，但是用过之后你就知道，这真的很棒。

9 年过去了，最后一款实体全键盘黑莓手机曾经作为实体键盘手机最经典的元素，也于 2016 年 9 月进入了绝唱，黑莓决定给粉丝留下最后一份礼物，它们将打造最后一款带有标志性实体全键盘的黑莓手机。

这才是真正的创造价值。在实体键盘手机时代，我们输入一个字母，很多时候必须连续按键三次，才能选取需要的字母。现在，我们不需要这样做。

再举个真实的案例。在北方的某个城市里，一家海洋馆开张了，50元一张的门票，令那些想去参观的人望而却步。海洋馆开馆一年，简直门可罗雀。

最后，急于用钱的投资商以"跳楼价"把海洋馆脱手，洒泪回了南方。新主人入主海洋馆后，在电视和报纸上打广告，征求能使海洋馆起死回生的金点子。

一天，一个女教师来到海洋馆，她对经理说她可以让海洋馆的生意好起来。按照她的做法，一个月后，来海洋馆参观的人天天爆满，这些人当中有三分之一是儿童，三分之二则是带着孩子的父母。三个月后，亏本的海洋馆开始盈利了。

海洋馆打出的广告内容很简单，只有12个字：儿童到海洋馆参观一律免费。

这才是创造价值，给企业带来了经济效益，同时也给社会带来了社会效益。一方面为当地儿童多了个游玩、学习的好去处，另外一方面，假设海洋馆一直不盈利，导致最后荒废甚至拆除，岂不是造成社会资源的极大浪费？

现代企业管理大师彼得·德鲁克认为：创新就是赋予资源以新的创造财富能力的行为。

当前，全球正在迎来第四次工业革命，"数字经济"与智能制造将成为产业升级与经济发展的主要推动力。"互联网+"成为实现经济升级、转向服务驱动战略的先锋。中国不断迈进的创新步伐与所取得的转型升级成效已经引起了外媒的注意，企业的转型升级其实就是赋予资源以新的创造财富能力的行为。

德国《经济周刊》网站刊文指出，"中国将从世界工厂发展成创新基地，为此，中国将不再依靠低工资，而是寄望于新科技和新创意"。

7.2.2 中国机会

2015年9月，美国市场调研公司CB Insights发布了全球独角兽榜单（估值10亿美元以上），共有来自21个国家的174家公司上榜，中国市场有33家公司入榜。在33家中国上榜企业中，估值100亿美元以上的有5家，15亿~100亿美元的有7家，10亿美元的有19家。

从行业分布来看，数量最多的电子商务领域13家、金融科技4家。从国家分布来看，上榜公司分布于全球21个国家。美国仍然是产量最高的国家，共有99家上榜。中国排名第二，共有33家公司上榜，之后的印度、英国、德国、新加坡等国，数量都在10家以内。

从这个榜单就可以看到，在互联网领域，中国是目前唯一最有实力追赶美国的国家，也就是说，中国将一改以前靠廉价的劳动力生产低价的产品出口盈利，变成以高科技和创新为主的知识型输出经济。

再来看另外一个排名，2016年7月中旬，世界市值最高的20家互联网公司中，中美两国几乎霸占了前20，美国占了11家，亚洲国家占了9家，其中仅中国就占6席，而欧洲一家都没有。阿里巴巴、腾讯、Baidu与京东四家公司的总市值达到4260亿美元。四家美国最大的互联网公司——谷歌、Facebook、亚马逊和eBay，总市值为7970亿美元。也就是说，在前20名，中国互联网公司的市值已经是美国一半以上，这是非常强大的竞争力，而且，远远地把其他国家甩在身后。

互联网的本质在于连接，在于打破信息不对称，从而降低生产成本或者交易成本，提高生产力。移动互联网使这一趋势大大加速，也就是说，移动互联网的便捷性使得效率大大提升，生产力也将达到前所未有的新高度。价值的创造也达到了一个新的维度，也就是我们在前面谈到的"无中生有"，"无中生有"的过程就是创造价值的过程，"无中生有"的"有"就是创造出来的价值——没有一辆出租车的Uber，却是世界上最大的出行公司，没有一间房间的Airbnb，却是全球住宿业的龙头老大。

移动互联网的兴起，使一切规则都发生了巨大的变化，时间碎片化、空间碎片化、交易碎片化、协作碎片化。在PC互联网时代，我们要发一份纸质的材料给对方，你在邮寄之前，对方是看不到具体内容的。现在即使在高速行驶的动车上，只要通过手机一拍照，对方哪怕远在千里之外也能瞬间看到文件的内容。

但是，在PC互联网时代，必须等动车到站，回到公司所在城市，可能天色已晚了，明天早上上班才有可能把资料扫描，在通过电子邮件的形式发给对方。如果是必须交付给对方的纸质合同文件，就必须打电话叫快递，等上5～7天，对方才能收到文件。

而现在，随着物流的发展，全国大中城市快递当日达和次日达已经相当普及。而且，还可以通过手机，实时监测邮件的位置，这就是移动互联网带来的一系列规则变化。同理，阅读、购物也能在公交、地铁上完成，通过微信群、钉钉等软件，可以在任何时间和空间与公司同事进行协作互动。

对企业来说，其实不管是"互联网+"还是"+互联网"，最重要的是改变思维方式，开放思维边界，与所有创新的东西互相融合。之前的经验已经成为前行的重负，甚至成功的经历反而会成为创新的巨大障碍，如果不能打破思维的束缚，从创造价值的维度去创新，那只能成为创新的"囚徒"。正如哈佛商学院教授唐纳阿尔所说："外部环境发生变化时，昔日成功的模式可能成为今日的障碍。"因此，企业的领导者更要从高速运转和惯性中跳脱出来，寻求基业长青的办法。

7.2.3 从0到1

谈到创造价值，阿里巴巴在创造价值方面是个典范，我们先来了解一下最近一年，阿里巴巴为什么要极力去电商化而进行生态布局。

阿里巴巴最初以 B2B 为主，主要是解决中小企业的交易问题，实际上，这个业务拓展并不顺利。阿里巴巴真正发力的是 C2C 模式的淘宝，继而衍生出支付宝、天猫、阿里妈妈等一系列电子商务网站矩阵，在发展壮大的过程中，不断收购兼并高德、微博、UC、优酷土豆等，直到目前的蚂蚁金服、云计算、人工智能等。阿里巴巴从不囿于自己是电子商务公司，马云甚至在 2016 年屡次声称未来在没有电子商务这个称呼，阿里巴巴也不再是什么电子商务公司。

在 2016 年 11 月 2 日，阿里巴巴公布第二季度财报首次没提 GMV①（今后将只在年报中披露 GMV 数据）。此次财报中，包括云计算、数字娱乐、创新及其他业务将 2015 年同期的增长都超过了电商业务，增速颇为壮观，新兴业务的快速崛起，也让阿里巴巴的去电商化之路初步显现。

最近一段时间以来，马云、张勇在各种场合反复提到"新零售、新制造、新金融、新技术、新能源"，阿里巴巴的"去电商化"概念非常明显，而在告别纯电商时代，在原有的基础上发展，还是破坏性创新，甚至有足够的勇气来颠覆自己，这就需要阿里巴巴管理层的集体智慧了。

如果阿里巴巴仅仅在"电子商务"这个"囚徒框架"内寻求增值点，那么阿里巴巴就没有未来。就如乔布斯只是在实体键盘做改进的话，充其量只能做出更精致的键盘而已，苹果手机不可能完成质的突破，也不可能达到今天这个高度。而这一切，皆源于价值创造思维。

创造价值的"价值"在哪里？

首先是时代变了，竞争的要素也发生了改变。鲍勃·迪伦有句名言："一个人若不是在走向重生，就是在走向死亡。"企业亦如此。

我们在前面章节用了很多的文字，从电商的角度分析了流量电商已经不适合当前情况。在 PC 互联网时代，以流量电商为主其实是消费互联网时代，所有的改变、创新其实都是在渠道端、消费端，它的关键竞争要素依然是规模、盈利，比起传统工业时代，只不过是增加了技术进步和资本驱动而已。而在以 2015 年为时间节点全面进入移动互联网时代之后，如果我们从企业增长的角度来看，企业增长规则也发生了巨大的变化。

2016 年以来，GMV 虽然持续增长，但是增长率却呈现逐年下降，原因之一就是人口红利结束。第三季度财报显示，阿里巴巴新增活跃用户仅 500 万，同比增长降低到 15% 左右。人口红利临近"天花板"，加上用户流失（被京东等平台分流），根据阿里巴巴公开披露的财报数据，2016 年第一季度（1-3 月），阿里巴巴零售年度活跃用户 4.23 亿，同比增长 20.9%，GMV 为 7420 亿元，同比增长 23.67%。第二季度零售业务年度活跃用户同比

---

① Gross Merchandise Volume，一定时间段内成交总额，实际指的是拍下订单金额，包含销售额、取消订单金额、拒收订单金额和退货订单金额四部分。

增长 18%，GMV 为 8370 亿元，同比增长 24%。2017 财年第二季度（自然季度为 2016 年第三季度），财报披露的活跃用户 4.39 亿，同比增长 13.7%，并没有公布 GMV 同比增长，估计已经跌至 20% 以内，如表 7-1 所示。

表 7-1

	2016Q1	2016Q2	2016Q3	2016Q4	2017Q1	2017Q2
阿里巴巴	40%	34%	28%	23%	24%	不公布
京东	99%	82%	71%	69%	55%	47%

再以阿里巴巴为例，按照传统的思维方式，阿里巴巴只要不断增加投入，每年都可以有滚动式增长，但是，这种增长是不可以持续的，从阿里巴巴 7 年来的双 11 增长率就可以明显看出，交易额从 2009 年的 0.25 亿元 增长到 2016 年的 1207 亿元，但是年增幅却从 2010 年的 1700% 一路下滑到 2016 年的 32.3%，如图 7-2 所示。

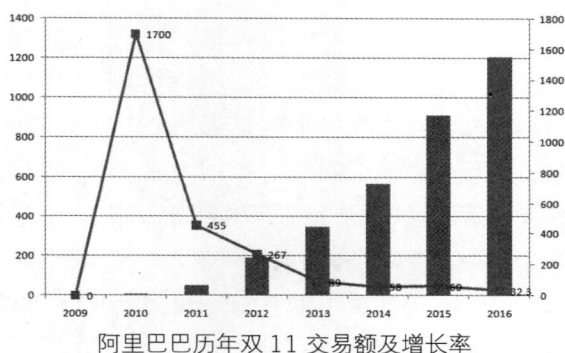

阿里巴巴历年双 11 交易额及增长率

图 7-2

但是，从 2006 年到 2016 年疯狂扩张的这 10 年间，阿里巴巴一直非常乐于提到 GMV。2016 年 5 月，阿里巴巴大肆鼓吹 GMV 突破 3 万亿元，超过沃尔玛成为全球最大零售体。其实 GMV 这个数据对于平台模式的阿里巴巴有着重要意义：GMV 水平及增速反映着平台佣金和广告收入水平和未来增长趋势。

做出不再公布 GMV 决定之后，马云随后解释称，"GMV 不是唯一衡量标准"。事实上，尽管核心电商业务依然表现强劲，但阿里巴巴已经不再重点关注曾经颇为重要的 GMV 指标，转而把注意力倾斜到非电商业务上。正如马云在云栖大会上所说，阿里巴巴最传统的业务是电子商务，而纯电商的时代很快会结束，零售业很快就要变天了。

股票市场特别看重活跃用户的增长率，如果只看到 GMV 的增长，而不是活跃用户的增长，那么资本市场就很容易用脚投票。虽然 2016 年阿里巴巴双 11 成交额达到 1207 亿元，但是阿里巴巴当天股价下跌了 1.43%，报收 92.99 美元。自从阿里巴巴在 2016 年 9 月 22 日报收 109.36 美元创 52 周新高之后，股价就一路下滑至今。这就是马云和阿里巴巴高层极力去电商化，甚至极力淡化双 11 交易额的原因。马云甚至多次强调，阿里巴巴现在已经不是电商商务公司，而是一家多元化的创新公司，如图 7-3 所示。

图 7-3

反观京东，京东 Q2 财报显示，截至 2016 年 9 月 30 日，过去 12 个月的活跃用户数保持高速增长，达 1.987 亿，同比增长 57%。有电商分析人士坦言，预计 4 ~ 5 年后，京东年度活跃用户将会追平阿里巴巴。同时，京东 Q2 财报显示，京东商城持续盈利超出华尔街预期，再为资本市场增强信心，在非美国通用会计准则下（Non-GAAP），净利润为 2.69 亿元，同比增长超 10 倍。财报一公布，股票市场立刻给予热烈响应，在随后的几天，大涨了 11% 以上，如图 7-4 所示。

图 7-4

看过《从 0 到 1》这本书的人都知道，从 0 到 1 是一种从无到有的创新，是一种质变，而从 1 到 N 只是一种复制，只是一种量变。从上面我们对阿里巴巴的财报分析可以得知，如果阿里巴巴还是以电商为主的惯性增长方式，这只是一种线性增长方式，即从 1 到 N 不断复制，也就是持续不断的投入，投入越大，收入也会越大，像滚雪球一样的发展，但最终会到达"天花板"，进入衰退期，如图 7-5 所示。大家如果仔细比较，其实和阿里巴巴历年来双 11 增长率的曲线如出一辙。

这也就不难解析为什么这几年，阿里巴巴不惜代价收购微博、优酷土豆、UC 浏览器，布局文娱产业等，其目的就是吸引更大的流量。特别是最近两年，阿里巴巴每逢双 11 都不惜投入巨资，邀请各路明星打造双 11 晚会，2016 年更是登峰造极，通过这场以国际球星＋国际 IP＋国际乐队组成的"晚会史上最强国际明星阵容"，来吸引各种屏幕终端（手机、电脑、电视、iPad）的流量，其目的就是塑造阿里巴巴强大的市场影响力，让更多的客户进行"买买买"。另外，在登陆美国的证券市场后，阿里巴巴需要通过这一场盛大的购物 SHOW 来进一步吸引美国投资者的青睐。当然，在这"国际化"的背后，也承载着阿里巴巴由"全球买"走向"全球卖"的野心。

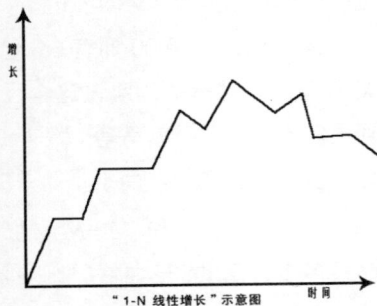

图 7-5

但是，从上面的活跃用户和 GMV 的增长率来看，阿里巴巴继续走电商之路显然是行不通的，必须另辟蹊径发展其他行业。阿里巴巴凭借 10 多年来在电商领域累积的巨量商业资本，在纳斯达克上市之后，一路高歌猛进，大肆收购入股，疯狂扩张边界，近年来，更是开始国际化拓展、农村市场下沉，将触角延伸至越来越多的产业。

话说回来，其实双 11 也是阿里巴巴从"0-1""无中生有"的一个创新。从南京大学几个大学生恶搞的光棍节，变成了全民狂欢的购物节，如果阿里巴巴还一味地重复着"昨天的故事"，还继续躺在辉煌的成绩上编织明天的梦想，也许每年还有 10%～20% 的增长，但未来创新行业也许就和阿里巴巴没有什么关系了。阿里巴巴这两年来在云计算、人工智能、数字娱乐、创新方面等产业的布局，其实就是一种从 0 到 1 的创新，这是一种非连续的、新旧技术交替出现的"双 S 形曲线"增长逻辑。

如图 7-6 所示，所谓"双 S 形曲线"增长逻辑，是指每一种技术或者项目的增长都是一条条独立的"S形曲线"。从图 7-6 中可以看出，一个技术或者一个企业的项目在初始期都比较缓慢，一旦进入成长期就会呈现指数型增长，但是进入成熟期就走向曲线顶端，此后便会出现增长率放缓、动力缺乏的问题。这个时候，会有新的技术在下方蓬勃发展，形成新的"S 形曲线"，最终超越旧技术或者旧项目。因此，新旧曲线的转换更迭，共同促使新旧技术或企业项目不断前进，从而带动新一轮的发展。

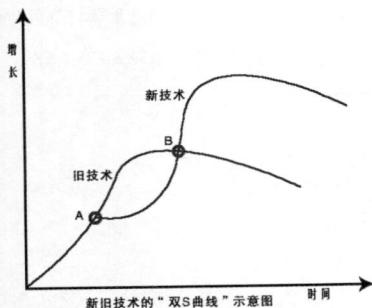

图 7-6

从图 7-6 中还可以看出，如果在同一家企业进入比较稳定的上升期，在达到曲线顶端之前，即在图 7-6 中 A 点即开始下一条曲线的技术或者项目，也就是说，必须在 A 点

就进行 "0-1" 的创新，而不是等到进入衰退期的 B 点。诺基亚的破产就在于没有在 A 点的时候进行创新，而苹果和其他安卓系统手机却是在 A 点的时候出现，以至于诺基亚全面溃败，柯达也是如此。

而微信却是在 QQ 拥有 6.8 亿用户，腾讯如日中天的时候进行大胆创新，时至今日，QQ 和微信依然是驱动腾讯这个巨无霸的双引擎。天猫、蚂蚁金服、菜鸟物流、阿里云、阿里健康、阿里旅游，等等，都是在淘宝蓬勃发展的时候提前进行生态布局，对于阿里来说，是 "多 S 形曲线"，而不是简单的 "双 S 形曲线" 布局。

"S 形曲线" 和 "1-N 线性增长" 最大的区别在于， "1-N 线性增长" 只在乎每年增长多少，而 "S 形曲线" 则更侧重未来能否创造一个增长。如果能创造出这个增长，这个增长就属于你的未来，要创造增长，就必须通过创新来创造未来。

所以，阿里极力去电商化，不再强调 GMV，转而提出 "五新"，即新零售、新制造、新金融、新技术、新能源，强调云计算等新兴业务的崛起，明确阿里顺应互联网新趋势的新成长，也就是基于 "S 形曲线" 这样的增长逻辑。

事实上，Q2 财报显示，阿里巴巴包括云计算、数字娱乐、创新及其他业务和 2015 年同期的增长都超过了电商业务。阿里巴巴试图在电商领域取得的巨大成功，逐渐复制到各个领域，实现商业模式再造和流程重构，从而像电商领域一样在其他领域占领人们的心智思维。

也许，由于阿里巴巴的电商基因太强大了，或者是阿里巴巴的体量实在是太大了，以至于很多传统企业老板甚至认为互联网就是电商。事实上，电商只是互联网的一个典型代表而已，是商业领域在互联网领域的应用而已。而互联网在其他领域的应用，也就是 "互联网 +" 的思维一旦发力，传统的企业如果在生产、销售、服务能借鉴电商的成功经验，那就是一轮新的经济增长点。

马云在 2016 年 11 月的乌镇世界互联网大会上说： 未来 30 年属于用好互联网技术的人，未来没有人拒绝互联网，冲击传统商业的不是电子商务！互联网只是创造了一套适应未来的商业模式而已。

本 章 小 结

彼得·德鲁克认为：创新就是赋予资源以新的创造财富能力的行为。创新就是打破固有的思维模式，重新定义的认知，审慎评估你过往的经验。

重新定义产品、市场、渠道等，要有勇气自己革自己的命，否则只能等他人来跨界打劫。企业的价值就在于创造顾客，如果企业不能创造价值，淘汰你的绝对不是技术，一定是你自己。

第 8 章
移动思维和内容思维

本章导读

因为有了这项技术，你能在这项技术的基础上发明创造点什么？例如有了电，才发明了电灯、电话、电视机、互联网。移动互联网大潮来袭，你能否"无中生有"创造出类似 Uber 和 Airbnb 这样全新的商业模式？

内容作为温情脉脉的终极武器，具有极强的杀伤力，是目前最有效的低成本营销工具。

8.1 移 动 思 维

8.1.1 全新的思维方式

"互联网并不能够改变什么，并不能够带来什么"。1998 年，美国作家埃瑟·戴森在《2.0 版数字化时代的生活设计》这本书中写到。如果只看前面这句话，你可能会觉得有点不对劲，可是，看了接下来她所说的，你应该就不会觉得奇怪了："互联网并不能改变人性，并不能够把我们改造成为新的人，它只是用一种新的技术手段把我们人心当中潜藏的，但是在原有的技术条件没办法发挥的东西给发挥出来，激活出来。"

我们不得不佩服作者的远见。这也就是我们所说的，互联网只是一种思维方式，而移动互联网，则是一种全新的思维方式。

准确地说，就是有了互联网这个工具之后，你是否能用这个工具创造出什么新的东西出来。例如，中国发明了指南针，中国人用来看风水，欧洲人却用来开辟新航路，进行殖民地拓展，给世界带来巨大的影响。又如，在没有移动互联网这个技术产生之前，微信是无法产生的，有了移动互联网技术，腾讯才有可能创造出微信，使得国人的社交能力进入一个前所未有的新高度。

再如，在移动互联网产生之前，人们只能用现金，或者前往银行、ATM 去转账，或者要找一台可以上网的电脑进行网上支付。有了移动互联网之后，在寒冷的冬天，你甚至可以躲在温暖的被窝里，也能轻松支付。

移动互联网和传统 PC 互联网一样，从使用的角度上看，它们仅仅是一项技术和工具，但是更深层面，它们其实是一种全新的思维方式。

8.1.2　五个特质

有了移动互联网这个全新的思维方式，人类就有可能开启新的商业文明。那么移动思维有哪些特质呢？

1. 无中生有

《老子》中说："天下万物生于有，有生于无。"

我们在前面的章节中讲到，互联网对传统行业的影响是非常大的，移动互联网除了大大改善工作效率，更重要的是它赋予了创新"无中生有"的能力。特别是对传统商业的冲击是有史以来最为激烈的。作为 PC 时代的"传统"互联网，在连接人和信息方面，促进人与人之间的交流，无疑极大地解放了生产力。最近 20 年来，传统行业无一不受到互联网的影响和改造。

互联网不是一个行业，也不是一个工具，而是一种催化剂，特别是移动互联网，除了对传统行业进行变革和改造，更是一种能使传统行业产生化学反应，产生完全不同于之前的新行业。如 Uber、滴滴，它们不是传统的出租车公司，却是结合了移动互联网的出行公司，干的是出租车公司干的活。传统的出租车公司要购买出租车，聘请司机，Uber、滴滴没有一辆自己的载客车辆，没有一个自己的司机，仅仅依靠移动互联网的技术，让闲置的车辆资源得到了合理的利用。

相对于"传统"的 PC 互联网，移动互联网对商业更是带来了颠覆性的变革，人与人之间的连接效率得到前所未有的提升，生产力也达到了历史的新高度。当 5G 技术成熟后，5G 技术预计可提供比 4G 长期演进（LTE）快 100 倍的速度。当下载速率达到下载一部高画质（HD）电影只需 10 秒钟的时候，物联网、人工智能等很多新的玩法随即出现，这将会是一个多么巨大的想象空间。

2. 生态圈特质

生态圈特质也就是圈子效应。在第二章介绍过社群的生态，移动互联网让"人以群分"成为可能，这也是移动互联网最具特色之一。亚马逊雨林是一个大的生态圈，里面有很多小的生态圈，如河流是一个的生态圈，里面有水、草、鱼、虾等。森林也是一个生态圈，有植物、动物、土壤、细菌等。沼泽也是一个生态圈，有飞鸟、鱼、虫等。正是这些既相对独立有互相依存的无数个小生态圈，构成了亚马逊这个巨大的生态圈——独立的气候和水循环系统。

移动互联网也具有类似的特性，由于移动的便捷性，不仅使得人际关系碎片化、使用时间碎片化、使用场景碎片化，用户的需求也越来越碎片化，这些因素导致组织结构去中心化。也就是说，人们完全基于兴趣或者利益集合在一起，跨越时间和空间，可以和很多陌生人在一起，他们之间是一种弱连接关系。但是因为有了共同的利益或者爱好使他们连接在一起，而这种连接是一种强连接。

例如，杭州有一群喜欢跑步的人聚合在一起组成一个跑步的社群，这些人平时可能根本就互相不认识，但是因为他们共同爱好跑步，使他们集合在一起，他们在一起分享跑步的知识，交流跑步的经验和技巧，并且定期举办如环西湖跑步等活动。经过一段时间的积累，越来越多酷爱跑步的人聚在了一起，连接强度越来越大，数量越来越多。同样，喜欢健身的人也可以组建一个健身群，喜欢骑自行车的也可以组建一个自行车群。

这些群有一个共同的特征，那就是运动，而运动的基因就是"追求健康的生活"。当然，如果仅仅是跑步、健身、骑行这样的圈子还是太小了，还要让它与其他的社群发生联系，该怎么做呢？这些具备"健康"基因的各个群，可以和运动鞋、运动服、健身器材、自行车、健康生活方式等群形成互动，定期举办各种各样的运动或者活动。

这样一来，每个人所在的群就与其他群发生了连接，不同社群与社群之间就发生了融合，实现了资源共享，对于其中任何参与其中的社群，都是一种互惠互利的互补关系，合作使它们形成更大的圈层结构，从而产生更多消费行为。这种模式和亚马逊雨林生态系统一样，每个物种在这个生态系统中都是参与者，也是受益者。

任何一个垂直类社群刚开始都是非常小的，而且一般是在一个特定的区域内，当群有足够的干货（好的产品或服务）吸引群成员，群成员就能自发成为分享和传播者，也就是说，好的内容会自带流量。随着传播的不断扩大和重复，很快就会形成某一区域甚至全国范围的大社群（圈层）。

一个个独立的小社群组成一个巨大的社群，群成员平时可能各自活跃在自己所属的小社群里，他们之间平时也不会有互相来往，没有以哪个群为中心。但一旦有活动，无数个小群就组成一个巨大的社群，带来的规模效应就不容小觑。

这一点和奥运会非常类似，平时各国的运动员各自有自己的团队，如游泳队、跳水队、乒乓球队等，各自训练备战。到了四年一度的奥运会，各类运动队就会聚在一起，代表国家出征。世界各国的运动军团聚合在奥运赛场的时候，会产生的衣食住行、电视转播权、企业冠名广告等巨大的规模效益。每个人都是受益者，也是参与者。国际奥委会不仅仅是一个规则的制定者和执行者，也是最大的受益者。

3. 去中心化

去中心化不是无中心化，而是多中心化，使得总中心的地位得到弱化。这也是由移动互联网的用户特征及连接方式所决定的。移动社交是基于兴趣和爱好走在一起，从而形成的一个个圈子，注定了成员之间的地位是平等的。就像是为了学习而走到一起的同班同学，班长是一个班级的中心，通常情况下，班长和其他同学一样，只是班级这个群体的一个成员而已，其作用只是替代班主任完成一部分工作而已。但是，如果学校有体育等活动，每个班的班长都是一个代表，代表自己班级的一个小中心，参与学校的活动。当然，在整个活动执行中，可能会临时选出一个活动总负责人，活动结束后，该负责人的职责也就结束了。

移动互联网多中心化的这一特质，和美国的联邦制非常类似，美国的州长都是各州选民自行选举产生的，也是民选的行政长官，总统无权任免州长。州长的地位和总统其实相差无几，只能说，总统所管的地盘比州长大而已。总统与州长之间并没有隶属关系，美国的国家体制是联邦制，是一种纵向的分权关系，这与司法、立法与行政的横向三权分立相结合，构成了比较完整的分权政治体系，也践行了美国"限权政府"的政治理念。总统与州长之间的关系更多的时候是"井水不犯河水"。

2012 年 1 月 26 日，总统奥巴马与亚利桑那州女州长布鲁尔在机场"掐架"，起因是 2010 年布鲁尔签署州移民法，该法案允许警察可以当街逮捕非法移民。奥巴马曾严厉批评布鲁尔的行为，而布鲁尔则根本不理他，两个人见面之后便起了口角，布鲁尔甚至用手指指着奥巴马的鼻子，而奥巴马一脸无奈。当然，各州也各有自己的法律，例如有些州支持同性婚姻合法化，但前提是不能和联邦宪法相违背。

这样就很容易理解，整个大的移动互联网组织结构（移动社群）就像"美国"，其群主或者中心人物就是"美国总统"，而各州的州长就是各个小社群的群主。这些群主各管一方，地位差不多，成员之间也是平等的，没有从属关系。

4. 重塑伙伴关系

移动互联网的特性决定了社交圈中的人与人之间的关系是一种伙伴关系。特别是在移动社群中，群成员之间的关系是一种合作伙伴的关系。雷军曾经说过，"顾客是朋友，不是上帝，就是要让他们参与进来"。

凯文·凯利在《新经济 新规则》中提到：未来消费者会是三位一体的消费者，他有可能是产品的投资者，同时是参与生产者，最后是消费者。移动互联网为这种商业模式提供了可能。即每个群成员本身就是商品的制造者，也是商品的消费者，甚至有可能也是投资者。

这其实就是一种合作伙伴关系，例如，在一个运动社群中，有成员是经营运动鞋的，有成员是经营健身器材的，有成员是经营自行车的，等等，他们由于爱好运动集聚同在一个社群中，平时互相交流，相互信任，彼此之间的交易根本就无须广告，甚至可以无须使用货币，直接进行物物交易，如用一辆自行车交换一双等值的运动鞋，这和原始社会是不是有点类似？

又如，我们开一个餐厅，可以通过众筹来获得投资收益权。有钱的人可以投资很多个自己喜欢的餐厅来获得分红，有能力经营餐厅的专业人士，则可以通过经营餐厅获得经营溢价，并拥有品牌资本及无形价值。其他有各种社会资源的人，或者能完成传播、改善产品、提升消费的人，都可以各尽其能，取得相应的收益权。很显然，这些人也可以成为餐厅的消费者。

杭州有一家做小区储物柜的公司，在各个小区投放类似快递柜的储物柜，通过众筹方式，由小区的 3～5 名业主自愿投资该小区的储物柜。整个小区的业主寄存物品不收费，但是和快递公司有合约价，小区业主通过储物柜可以邮寄物品，如个人邮寄一件普通快递，顺丰收费为 22 元，该公司和顺丰的合约价是 8 元。

对于顺丰公司来说，小区储物柜能大大节约快递员上门取货和等货（客户填写快递单）的时间，而小区居民也可以享受免费暂存物品的方便。该项目对运营储物柜的公司来说，收益就更大，可以通过 APP 获得小区业主的数据，并通过邮寄快递的差价取得收益，甚至可以在柜机上的屏幕上投放视频广告等方式获利。而对于投资该小区储物柜的业主来说，经年累月下来，也是一笔不菲的收入。对社区或者政府来说，也是一种便民的手段。这是一种五方共赢的合作方式。

5. 精准的用户匹配

PC 互联网时代，也被称为传统互联网时代、互联网的"上半场"。在 2016 年 11月 16-18 日的乌镇互联网大会上，移动互联网被称为"下半场"。"上半场"和"下半场"到底有什么本质区别呢？其实"上半场"主要就是流量思维，也就是靠买流量。大家都知道传统的电视广告、报纸广告是一种冗余，是非常浪费的广告，著名广告大师约翰·沃纳梅克提出：我知道我的广告费有一半浪费了，但遗憾的是，我不知道是哪一半被浪费了。

传统互联网时代的互联网广告，虽然说有相对精准的客户推送，但只是一种"泛精准"。其本质上也是一种冗余，是一种追求概率转化的推广方式。商家购买流量越多，就有可能成交越多。

例如，你在百度上搜索"大闸蟹"，即使购买完了大闸蟹之后，仍然一直展示广告，向你推荐大闸蟹。从企业的角度看，某企业在百度购买了 10 万流量，百度把广告推送到10 万位客户的电脑屏幕，这些客户如果对推送的广告内容感兴趣，有可能去点击，有可能购买形成转化，也有可能不购买。

不管客户有没有转化，投放广告的企业都必须出钱。事实上，由于消费者对这种广告相当反感或者抵触，所以，转化率非常低，甚至用各种广告屏蔽软件把广告屏蔽掉。

这些广告有的按展示收费，有的按点击收费。就算消费者不购买产品，在浏览网页的时候，由于广告展示了，即使消费者没看到，投放广告的企业也必须向百度付费。

如果是按点击收费的广告方式，那就更可怕。2010年上海蟹行如果想让"大闸蟹"这个关键词出现在百度搜索的首页，没有60元以上的点击付费"想都别想"；而如果要置顶，点击一次的价格甚至在200元以上。"这已经不能说是夸张了，简直就是疯狂！"一位蟹行的老板说。

阿里巴巴在付费广告的设计，更是达到了登峰造极的地步。在中国零售商（淘宝、天猫、1688）里面，有钻石展位、直通车、搜索、类目、淘宝客、千人千面等数十种广告位。钻石展位就是按照展示收费，只要消费者打开淘宝网页，该位置的广告一旦展示，商家就必须向阿里巴巴付费。

直通车是按点击付费的广告方式，被巧妙地隐藏在商品之间，普通消费者看到的只是一张普通的商品图片，一旦点击，投放广告的商家就必须支付给阿里巴巴少则几元，多则几十元的广告费用。至于消费者点击该广告入商家的店铺，能否成交那是商家的事，和阿里巴巴没有关系。但是一旦成交了，天猫还要根据不同品类向商家收取5%左右的交易佣金。

阿里巴巴在2016年第四季度超过百度，成为中国第一大广告公司，世界第三大广告公司。就是因为阿里集团80~90%的收入来自于出售流量所获的收益，也就是卖广告。

所以，互联网的"上半场"其实就是争夺眼球，也被称为眼球经济，必须有足够的眼球注意力才有可能产生流量，这也是阿里巴巴这两年不惜重金打造双11晚会的原因，目的就是吸引足够的注意力，形成流量，然后卖给商家。

因为手机屏幕小，不可能放那么多的广告位置。广告的位置少，竞争的商家多，广告的费用就非常高。所以，对于转化就必须更精准，否则，商家就不会盈利。

因此，基于大数据和用户画像的精准营销就显得格外重要。例如，在传统互联网时代，购买10万的流量，只有3%转化率，也就是只有300个成交。在移动互联网时代，购买1万的流量，转化率为10%，也就是有1000个成交。很显然，后者的广告费用会大大低于前者，当然，这些必须基于大数据和云计算的精准用户画像。

例如，某女士的年龄为26岁，最近一直在搜索并购买与装修房子相关的物品，如墙纸、家具、空调、木地板、橱柜、灯具等，系统就很容易判断该女士是在装修房子。

接下来如果该女士搜索的是与结婚相关的物品，如婚纱、请柬、礼服、婚纱摄影公司等，系统就会判断该女士准备结婚。过后，如果该女士搜索孕妇装、孕妇奶粉、孕妇营养品等，系统就会判断该女士已经怀孕。再接下来系统就会向该女生推送奶粉、奶瓶、纸尿裤等与婴幼儿有关的产品。

很显然，这样的推送是非常精准的，转化率也会非常高。如果有海量用户都具有同样特征的话，系统接下来就会自动向用户推送相关产品。

简单地说，传统 PC 互联网时代的流量广告模式，是一种基于客户当前泛需求的一种被动的推送模式，是一种广撒网的捞鱼方式。客户必须先有搜索行为，才能响应相应的广告。

传统 PC 互联网时代的流量模式和移动互联网精准模式还有一个巨大的区别，那就是后者能把客户变成用户。客户一般是指购买一次性产品或者服务的消费者，而用户则是多次购买同一商家提供的产品和服务。

前者因为流量的不精准，导致流量费用极高，企业为了获得利润，不得不通过降低品质，甚至不惜通过销售假冒伪劣商品，造成用户不好的体验或流失。而移动互联网的精准模式能通过深度挖掘消费者的需求，节约了大量引流的费用，使企业在保持合理利润的同时，最大限度地让利给消费者，形成良性循环。

8.1.3　移动互联网现状

2016 年 11 月 17 日，全球移动通信协会首席执行官约翰·霍夫曼在 2016 年乌镇世界互联网大会上表示，现在全世界移动手机用户数达到 48 亿，总产值达到 3.1 万亿美元，占全球 GDP 的 4.8%。

他表示，现在这个行业也会有大量的投资，资本支出从 2016 年到 2020 年将达到 9000 亿美元。

据约翰·霍夫曼介绍，现在有 35 亿人是通过移动互联网访问互联网的，而且这一数字将会在 2020 年增加到 47 亿之多，将近有 10 亿的顾客每天都上移动互联网。每天 90% 的移动用户是来自于发展中国家的。

2016 年 11 月 12 日凌晨消息，根据阿里巴巴公布的实时数据，截至 11 日 24 时，2016 天猫双 11 全球狂欢节总交易额超 1207 亿元，无线交易额占比 81.87%（2015 年为 68.67%），覆盖 235 个国家和地区。

更具移动互联基因的美团网，2015 年 GMV(交易总额) 为 1848 亿元，90% 来自手机端。一年之间，世界变了，移动互联的新世界在悄然之间变得无处不在。

如图 8-1 所示，2015 年中国移动网购市场交易规模达 2.1 万亿元，同比增长 123.8%，增速远高于中国网络购物整体增速，2015 年中国网络购物市场交易规模为 3.8

万亿元，较 2014 年同期增长 36.2%。2016 年三季度，国内移动支付业务总计产生 66.29 亿笔，所涉金额达到 35.33 万亿元，相比 2015 年同期分别增长 45.97% 和 94.45%，移动支付保持快速增长，在餐饮、购物等领域获得更多普及。未来几年，中国移动网购仍将保持较快增长，2018 年移动网购市场交易规模将超过 5 万亿元。

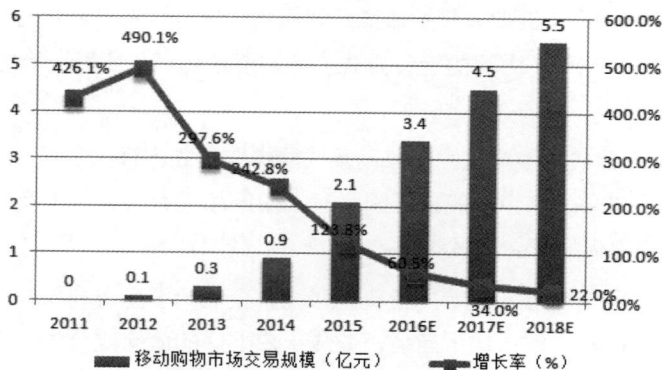

图 8-1

另据《华尔街日报》报道称，刚刚过去的 2016 年感恩节周末已成为美国移动电商的转折点。根据该报道，亚马逊表示，2016 年"黑色星期五"移动端的销售额超过了去年的"网购星期一"和"黑色星期五"，今年的感恩节成为该网站移动端销售额最大的一天。整体来看，2016 年"黑色星期五"的订单量也要比往年更强劲。

全球最大零售商沃尔玛表示，60% 的"黑色星期五"电商订单来自移动设备，高于 2015 年的 50%。根据 Adobe 的报告，手机占"黑色星期五"网站总流量的 55%，以及营收的 36%，高于 2015 年的 33% 和 2014 年的 26%。

世界已经进入了移动互联网时代，以移动电子商务的表现最为亮丽。

8.2　内　容　思　维

8.2.1　什么是内容思维

什么是内容思维？狭义上的内容是指文字、图片、视频、音频等产品，通过内容聚集核心目标人群，为他们推介合适的产品和服务。

如吴晓波通过其丰富的财经知识，罗辑思维通过"替读者读书"的方式各自笼络了数百万用户，然后通过卖会员、搞电商、做培训、搞策划等方式进行盈利。

其实，把内容当作产品并不是现在才有的事情，如微软的 Windows 其实就是内容产品，已经卖了几十年，只不过是通过光盘这种实物的介质分发到客户手中而已。之前的唱片、音乐光盘其实都是内容传播的介质。只不过随着互联网技术的发展，通过互联网进行传播而已。

广义上的内容是指通过文字、图片、视频、音频等表现形式，将商品的体验与文化，结合精准的目标人群进行特定的场景销售。简单地说，就是把产品内容化。这个概念里面有三层意思：

第一，这里说的体验和文化就是"内容"。例如奶粉，以前是把产品销售出去就完事了，现在的"内容化"就不再是那么简单，你卖的不只是奶粉这个商品，还有奶粉的相关知识，如奶源地、奶粉的真假鉴别、喂养知识等，这就是奶粉的"内容"。

最近火热的新零售，其中有一个重要的特征就是，消费者需要的不仅仅是更高性价比的商品，更需要的是提供商品之外的服务，即消费者购买了你的商品，你能否给消费者提供商品之外的增值服务。

第二，通过丰富的内容聚集大量的目标客户，通过自然筛选、过滤并沉淀用户，使精准用户留存下来。就像罗胖提出的：爱，就供养，不爱，就观望。

"传统"互联网时代的流量模式需要有 100 个流量才可能有两个转化，而且，这样的客户几乎没有忠诚度，如果竞争对手提供更低的价格，他们就会离开。很多时候，这只是一种一次性购买的客户，很多商家通过低价促销手段获取了客户的信息，但是并不能使这些客户进行重复购买。

而通过"内容化"运营并认可你的用户，由于认可了你的人格，相信你的为人，不管你卖什么产品，什么价格（人家都相信你了，只要你不要把价格搞得太离谱），他们都愿意相信你，支持你，从而形成多次购买并形成口碑传播，你就不用不断花钱买流量去吸引新的客户进行购买。

第三，内容思维一个很重要的销售前提就是构建场景，其实就是制造话题，如罗辑思维不断制造类似"互联网恐慌""资本寒冬""两只妖股""O2O 大战""人格 IP""国民总时间""五只黑天鹅""父爱算法""自我懈怠"，等等。设计吸引人的话题，就成了"内容"的核心竞争力。如果和电商结合起来，就成为比较吸引眼球的"内容电商"。

除了上述原因之外，还有一个因素不能忽略，那就是冷冰冰的硬广告容易引起消费者的抵触，甚至采取各种办法去屏蔽，广告效果也越来越差。随着手机等信息终端的兴起，信息不对称的现象大大改善，广告的效果也逐渐淡化，消费者更关心的是商品本身品质及带来的体验。特别是最近几年，随着中产阶级的崛起，这些新兴的消费群体不再像以前一样，只在乎价格而忽略品质和体验。

羊毛出在羊身上，越来越贵的广告费用最终都要摊到消费者身上。一方面是商家不堪广告重负，另一方面是消费者对硬广告越来越抵触，有没有一种办法让商家和消费者都能受益呢？那就是把产品内容化，让商品自带流量，自己能传播。要做到这一点，关键是要把产品和服务做到极致。

前面的章节介绍过，供给侧改革就是要改革落后的产能，提升商品品质，只有把商品品质和服务做到极致，才有可能创作出自带流量的内容，否则，内容只是空中楼阁。

创造话题就是讲故事，相较于广告，消费者更喜欢听故事，如果在故事里融入产品和价值观，把一个产品的内容讲成一个故事的时候，一旦它的核心价值得到消费者的认可，消费者就乐于传播。

例如，褚橙的背后是褚时健八十多岁依然自强不息、奋斗不止的故事。消费者在谈论褚橙时，不仅仅是橙子本身，而是一种创业的精神，是一种坚强的毅力，一种不服输、不服老的勇气，这就是褚橙供不应求背后真正的"内容"。说白了，褚橙卖的不是橙子，而是褚时健的精神和故事。

中国这样的橙子不知道有多少，但是褚时健只有一个，也只有褚时健才有这样的经历和故事。设想一下，如果一个到处碰壁的年轻人，在人生的低谷时收到一箱子褚橙，对于他的意义就不言而喻。

又如，苹果手机的背后，是乔布斯那种艺术家一般的工匠精神的极致追求。果粉在谈论苹果手机的时候，更多的是苹果带来的体验感和自豪感。果粉买的不只是苹果手机，而是乔布斯的精神及情怀，以及极致产品带来的体验感和自豪感，这才是苹果手机的"内容"。所以，从这一点看，卖产品不如卖情怀。

当然，随着移动互联网的发展，人口红利很快就会触及"天花板"，靠不断购买广告争夺新用户的做法已经走到头，争夺用户时长才是未来的方向。对于一个互联网产品来说，用户使用 10 分钟和使用 60 分钟后离开当然不能同日而语；对于商家来说，一个用户一年内消费 100 元和 1000 元也是不能相提并论的。

因此，如何争夺用户的"使用时长"和"消费深度"，只有把产品"内容化"才能实现，即做到"内容即流量"，能有自传播能力。也就是说，原来依靠信息不对称的传统电商越来越没有市场，取而代之的必然是在产品内容化深耕的新型商业模式，如基于内容创新和电商相结合的社群＋内容＋电商等。

8.2.2　有价值的内容

郎加明在《创新的奥秘》中提到，科学技术史表明，过多的知识信息有时反倒会妨碍和限制创新。

现在的信息越来越多，什么样的信息才是有价值的？据有关资料统计，人类的知识，19世纪是每50年增一倍，20世纪是每10年增一倍，现在是每3到5年增一倍。特别是最近5年，信息大爆炸，各种各样的信息过载，如何把大量的信息过滤并加工成有用的知识？这就是我们所说的"有价值的内容"。

有价值的内容是指从用户需求和商业转化这两个角度相向出发，寻求需求侧和供给侧的结合点。用户通过文字、图片、视频、语音等信息了解产品的相关信息的过程，其实就是用户和产品进行匹配的过程。

在这个过程中，传统的做法是通过以商品为核心，建立企业与客户之间的连接。企业通过广告的形式宣传产品的功能及企业的品牌，促使产品和用户进行连接，从而达到用户和企业的连接。这是一种单向性的传播方式，即供给侧一厢情愿把包装过的产品信息灌输给客户，以期达到客户购买的目的。

而"有价值的内容"必然是从需求侧出发，需求侧需要什么，供给侧就提供什么，也就是根据需求侧的个性化来进行定制。当前的很多企业在生产产品之前，虽然有经过市场调查等手段了解消费者的需求，但这只是一种概率性的调查，等到需要消费者真正掏钱的时候，消费者未必就有真实的需求。而个性化定制则不一样，需求侧的需求是真正的需求。也就是说，挖掘需求侧的个性化需求，就是最有价值的内容。

例如，大多数商家会认为女生购买服装是为了爱美。其实，有的女生可能是为了找工作时显得更有气质，能更顺利地找到工作。如果商家在设计制造裙子，以及在进行产品内容化的时候，除了把OL的属性考虑进去，还把面试时候该如何穿衣搭配的知识，以及如何提高面试的技巧能通过内容传递给该女生，那么该女生选购这件裙子的可能性就大大提高。

如果她因为穿了这样一套裙子去面试并成功就职，那她就有可能再次购买这个商家的产品，甚至向她的同学进行推荐，形成口碑传播。因为这个商家不只是卖一套裙子给她，而是让她得到了面试时的穿衣搭配知识和一份工作。这就是给客户提供有价值的内容。

也许有人会说，这哪里是在卖产品，这是在卖服务。没错，一次性购买就完事的是客户。如果你想要深度挖掘客户的价值，让客户成为多次购买的回头客（用户），就必须根据客户的需求提供相应的服务，让产品的价值得到延伸。

如上述例子中女生买的是裙子，其实商家要提供给她的应是帮助她顺利面试并成功就职的服务。实现这些服务，必须通过内容来实现，如通过文字、图片或者视频帮助该女生获得面试的相关知识。也就是说，内容成为了产品服务的一部分，用户消费的是内容，内容帮助用户消费产品。这其实是以人为核心连接商品和企业的新型商业模式。

再举个例子。传统企业在进行产品销售的同时，都会附有一张产品说明书，详细介绍产品的功能和使用方法。而苹果手机却没有纸质说明书，不是说说明书不重要，而是苹果手机功能的设计非常简约，大部分功能用户只要稍加了解就会使用，当然苹果用户也会在很多网站和论坛有详细的讨论和教程。

更重要的是，苹果应用商店提供了成千上万的 APP 应用，这才是苹果手机提供给用户的真正有价值的内容。需要玩游戏的用户可以下载游戏 APP，需要求职的用户可以下载求职类 APP，需要音乐的用户可以下载音乐类 APP，不同的应用能满足不同的用户需求，这就是一种个性化定制，这才是苹果手机提供的真正内容和服务，苹果公司也因此获得了极高的收益。

8.2.3 · 内容电商

内容电商是相对于流量电商而言的，淘宝、天猫、京东等传统电商属于流量电商，通过秒杀、满减、买赠、折扣等营销手段来吸引消费者的眼球促成交易行为，因此也被称为眼球经济。为了吸引眼球，必须在互联网和电视、报纸等传统媒体上投放各种促销信息，才能吸引大量的流量来促成交易。

而罗辑思维、吴晓波等被称为内容电商，内容电商是以内容为核心，通过内容占据消费者的心智和价值观，从而影响消费者的购买决策和行为。内容电商用优秀的内容把具有相同兴趣的人群集聚在一起，从而形成粉丝。和购买的流量相比，粉丝有更高的忠诚度和转化率，而且复购率非常高，这也是很多网红、KOL、自媒体能在很短的时间内卖出大量商品的原因。

如吴晓波 33 小时卖出了 5000 瓶杨梅酒。罗辑思维卖的一本书叫《世界为何存在》，单本销售最高，上线第一天，3 小时卖出 10000 本，四个月之内，总共加印 8 次，累计卖出超过 89500 本。网红张大奕一场直播观看人数超过 41 万，点赞数超过 100 万，两小时内成交额就高达近 2000 万元，客单价近 400 元。

传统电商从流量电商向内容电商转化的过程中，移动互联网功不可没。而社群电商却是以人为商业本质的一种最佳体现，现阶段，社群电商很大一部分其实就是内容电商，通过内容把核心人群聚集在一起。也就是说，靠买流量的时代已经过去了，把产品当做内容，把内容当做产品，把内容当做广告的时代已经到来，传播的成本也就大大降低。

内容电商的最高境界就是做到产品即广告，广告即产品，产品即内容。也就是说，把产品内容化，把广告内容化，甚至把产品人格化，让产品不再只是之前那种冰冷的状态，而是有人情味、有温度、可以交流的形象。消费者在阅读或者观看视频内容的时候，就很容易潜移默化被打动，当产品的核心价值得到消费者的认可之后，就会形成一个圈层效应，甚至造成病毒性传播。

例如，小米的粉丝形成"米粉群"，苹果的粉丝形成"果粉群"，等等，一旦群（圈层）效应形成，小米和苹果的每次新品发布会都会受到粉丝们的热烈追捧，根本无须投入多大广告。因为每个粉丝就会通过各种信息发布渠道，把发布会信息发布出去。每个粉丝其实就是一个发布信息的节点，当无数的节点相连接形成一个网状的时候，信息就能很快在大范围内传播。

目前，产品内容化比较典型的代表是罗辑思维的"得到"APP，"得到"集合了多个领域的专家级人物，如其中的订阅栏目"雪枫音乐会"，虽然一年每份只要199元，但在短短几个月的时间，却卖出了5万多份，创造产值1000多万元，而这个团队背后只有3个人。分众产生市场，跨界产生价值，虽然每个客户每天只要花5毛钱就能够享受到国内顶级音乐家的分享，如果是一对一的指导，雪枫老师的出场费至少也不少于六位数吧？这就是移动互联网时代的魅力，卖的是知识，知识就是内容，内容就是产品，而用户的口口相传则是最好的广告。

对比传统的流量电商，内容电商被认为具有相对较高的性价比，并能带来可观转化率、健康的用户黏性与留存等优良的指标。这也是各家传统电商和O2O电商趁着移动互联网的崛起，努力向内容电商靠拢的真正原因。所以，可以预见在不久的将来，以内容为核心，以新社群为组织的新型电商将会是移动互联网时代最具竞争力的新玩法。

从目前来看，内容电商只是狭义上的初级阶段，只是以导购和自营为主，平台型内容电商还未出现。一些具有内容创造能力的媒体人借助微信公众号、自媒体平台（如今日头条、视频、直播、音频）构筑其内容壁垒，通过文字、视频、音频、图片等形式，捕获了成千上万的粉丝，然后通过会员收费、广告或者电商的手段获取收益。

如罗辑思维除了收取会员费之外，还通过微信平台卖书、卖月饼、大米、旅行箱等。吴晓波除了卖会员费，还卖酒、茶杯、音箱、马桶盖等。同道大叔卖星座周边的产品，十点读书卖文具等，一条也在自己的平台上卖家具。由于这些平台用户都是通过优质内容吸引而来的，获取用户的成本非常低，而且转化率也非常高。

最近两年来，这些内容运营为主的自媒体人和平台都获得了巨大的收益。例如，罗辑思维2015年只靠不到60本书就实现1亿元的成交额，估值也到达了13.2亿元。段子手的聚集地"同道大叔"于2016年12月卖了3亿元，创始人套现近2亿元。

阿里巴巴CEO张勇在2016年初的卖家大会上就曾明确指出，社区化、内容化、本地生活化，是淘宝未来的三个重点方向。

内容电商的兴起，其实也是消费升级倒逼的结果。随着收入的增加，人们已经不满足在网上淘便宜货，而是需要高性价比的产品，商家必须给消费者一个说服自己购买的理由，那就是产品背后的附加值——内容。只有把内容当作产品的灵魂，产品才有生命力。就好比，钻石只是一块小石头，但是它被赋予了爱和永恒，所以才价值连城。

当然，要做好内容运营也非常不容易，特别是结合商品做内容运营。

首先，要让商品和内容及用户连接起来，一方面要深入挖掘商品背后的故事和文化，传达品牌的价值或者生活理念。另一方面，要让内容有趣、有料，用户喜欢看，看完了有收获，还愿意帮忙分享出去，这样才能真正做到商品和用户的连接。

其实内容运营过程，就是通过不断的拉新、留存、活跃、转化、传播的过程。如上文中提到的褚橙，橙子本身和全国大多数同类品种的口味相差无几，但是因为有了褚时健这个人物和故事，这个橙子已经不是普通的橙子，成为了"励志"的代名词。喜欢褚橙这个故事的消费者，会把关于褚橙的文章不断地转发传播出去，让越来越多的人看到这个内容，也就有越来越多的人喜欢并购买褚橙。这是一种软性传播手段，也是就最佳的传播手段。不知不觉中，在消费者内心最脆弱的地方占据了一小块地，种子就在那里不断生根发芽，这是任何硬广告无法达到的深度。

其次，内容和商品本身就应该是服务的一部分，除了音像数字作品本身内容就是商品之外，其实辅助用户消费的内容也是商品服务的一部分，但这不仅仅是简单的说明书。例如，苹果、小米等手机都没使用有说明书，但是网上却有很多用户自发贡献的产品使用技巧和攻略。

随着消费的进一步升级，消费者除了看中商品的功能，还对产品所带来社交认同、价值认同参与感都有强烈的要求。例如，消费者购买一辆山地自行车，他就想和其他山地自行车骑行者一起出去训练、社交和比赛，甚至渴望通过融入这个群体去获得某种头衔，因为这些会带给他荣誉感和满足感。

如果你提供的只是出售山地自行车而没有其他相关配套的服务，那这只是满足基本的骑行功能而已。这也是很多汽车经销商组织自驾游的根本原因，很多消费者买车不是仅仅为了出行，而是为了远方的风景。就像那首歌，"生活不只是眼前的苟且，还有诗和远方的田野"。是时候，给消费者找一个花钱的理由了。

无论如何，内容运营一定要找到内容的核心，要在某个点能够深深打动用户，如从情感或者价值观上，让用户产生强烈的共鸣，这样才有可能和用户建立真正的连接。当然，为了触达更多的消费者，根据品类和用户不同，一切可利用的媒体都可以使用，但是，从成本的角度上看，当前新媒体如两微一端无疑是首选。

最后，我们都知道，移动互联网解决的是效率的问题，除了连接效率，还包含传播效率。移动互联网的特性就是内容搜索不便和比价流程烦琐，毕竟屏幕面积有限，注定内容传播的形式只能是简洁明了、短小精悍，需要一下就能抓住用户的眼球。

当然，移动的便捷性使得传播渠道越来越扁平，传播的速度也越来越快，商品或服务的价格也越来越透明。这些因素导致产品内容化和运营必须具有很高的技巧，否则，就无法把真正有价值的内容传递给消费者。

本 章 小 结

　　移动互联网改变了线上零售（电商）及线下零售实体以商品为核心的格局，转变成了以人为核心的消费模式。即从原来的卖货转向目前的体验和服务。根据人的需求挖掘商品背后的文化价值，必须通过内容这一特殊的形式进行，只有通过对商品价值的深度挖掘，才能更好地服务消费者。

第9章
场景思维和大数据思维

本章导读

　　随着消费进一步升级，消费者对个性化和体验要求越来越高，场景构建成为了未来企业和商家研究消费者的关键，也极大地考验商家的智慧。

　　大数据已经成为企业的核心资产，数据驱动未来，和新技术一起即将成为新实体经济的新动能。

9.1　场　景　思　维

9.1.1　什么是场景构建

　　场景思维就是设身处地地为用户着想，站在用户的角度去思考客户的需求。也就是说，根据用户所处的场景，寻找代入感，做好需求分析，提供相应的解决方案，能引导不同的用户准确、快速地找到相应的需求，这就是场景化思维。构筑场景其实就是打造符合用户心智模型的消费场景。

　　怎么构建场景呢？年底打折促销会上，高音喇叭吆喝声震耳欲聋，无疑是在告诉顾客，再不买就没了，因为促销会一般就三五天，高音催促会造成客户紧张并匆忙下单。商场里面温暖如春、音乐和缓，尽力营造一种舒适的环境，能让顾客多掏钱包。这些都是一种最常见的场景构建。而双11购物节却是一个非常复杂的场景构建，集中在一天抢购正是马云基于消费者需求的深刻洞察。

　　每年双11的广告都在反复告诉消费者，过了这个村就没这个店，不买就得再等一年。广告抓住消费者害怕损失的心理，只有集中在一天，大家才会紧张，才会拼命抢购。

2008 年，第一年双 11 的成交额仅有 5000 万元，集中在一天交易，马云的目的也是为了成交的数字好看点。而且，为了数字更光鲜一点，还搞了个 GMV（交易总额）。在第四章介绍过，GMV(Gross Merchandise Volume) 是指一定时间段内的成交总额，实际指的是拍下订单金额，包含销售额、取消订单金额、拒收订单金额和退货订单金额四部分。所以，在双 11 当天，不能退款，也不能取消订单；拍下没付款的金额也算进 GMV，其目的就是为了交易数字好看点，以便向投资人交代。

刚开始几年，物流还没跟上，双 11 之后经常出现长达 20 ~ 30 天的快递包裹迟延，被称为"爆仓"。这也是双 11 一直被诟病的地方，集中半个月甚至一个月的消费力在一天总爆发，有什么意义呢？又不是回家过春节，全国一起放假抢火车票，穿着纸尿裤挤上连一只脚都放不下的火车，据说卫生间也站满了人。从某种角度讲，阿里巴巴是不是很希望看到这样的现象呢？

很多人可能不明白，那时候，很多消费者一边等包裹，一边骂马云、骂淘宝，其实这是消费者口口相传，免费在为淘宝做广告，当然，这也是占据客户心智的最好办法。

双 11 就是构建一个消费场景——商家半年前就要备货，要烧钱买流量预热打造爆款，要搞誓师大会总动员。大多数商家一年下来，80% 的成交额就靠双 11 这一天，只许成功不许失败。阿里巴巴故意制造紧张气氛，消费者拼命抢单、下单，唯恐抢不到便宜货。零点一过，阿里巴巴官方迫不及待地宣布多少分钟破亿元，然后几个小时成交多少，一天总成交多少，接下来几天就是各大媒体头版头条，紧接着就是爆仓、天降大雪，消费者望眼欲穿，盼啊盼，快递包裹就是不到。

双 11 就是要构建一个让商家和客户欲罢不能的场景，这就是阿里巴巴要的结果。九年过去了，双 11 从一个区区 5000 万元的亚消费变成一个 1207 亿元的主流消费活动，变成一个全民甚至在不久的将来有可能变成全球的购物狂欢节。马云先生无中生有，活生生造出一个节日。

其实构建场景更多是在通过营造某种氛围影响消费者决策，更多是营销学的范畴，并非单纯是物理空间"场地"的概念。影响消费决策其实就是在诱发某种情感，如商场里温暖如春、音乐和缓，会让消费者产生舒适感，停留的时间越长，也就更容易多消费。设想在一个冷冰冰的和嘈杂的环境，消费者恐怕就想着赶紧离开，因为这很容易造成不舒适甚至烦躁。当然，恐惧也是一种场景情感。有研究表明，美国 911 恐怖事件发生后，手表等高档产品的销量有明显的上升。

很多人把"构筑场景"当做"体验店"，理解成了"线下实体店"。其实这三者有非常明显的区别，三者之间有一定的联系，但是本质上有很大的不同，下面通过表 9-1 来比较一下场景、体验店、实体店的区别。

表 9-1

	场景构建	体验店	实体店
概念	营销学范畴，打开用户心智	通过产品和服务体验打动消费者	通过产品销售和提供服务
引流	社群、内容自带流量	线上活动引流到线下	线下
消费者	用户（社群），黏性极高	用户（粉丝），有一定的黏性	顾客（客户），买完就走
连接节点	人	产品或服务	产品或服务
核心	人	产品或服务	产品或服务
活动	线上线下互动的活动	线上线下相结合活动	线下
影响消费者决策	通过内容产生信任或者活动产生情感共鸣	通过产品、服务体验来刺激消费者购买	品牌、距离、刚需产生购买需求
共同点	线上活动＋无固定的物理空间。更多的是在线上的活动	线上活动＋固定的物理空间	固定的物理空间
案例	罗辑思维跨年演讲大会，双十一	苹果，小米体验店	商场、街边店，如 OPPO、VIVO 手机店

从上面的比较可以看出，场景思维更多是从营销学的角度打开用户心智，通过社群活动使群成员产生情感共鸣，或者通过内容输出使得消费者产生信任，获得消费者的认同，从而刺激消费者的消费荷尔蒙，产生购买欲望的一种营销思维方式。达成这一结果的行为过程就是一种场景的构建。

当然，体验店也许是场景构建的一部分，是落地执行的一个不错的选项，但绝对不是唯一的选项。也就是说，场景思维的外延比体验店的思维大得多，体验店只是项目落地的一个选择而已。其他方式也可以是场景思维的落地点。

例如，罗辑思维并没有通过体验店的方式进行卖书，或者销售"得到"APP 中的付费产品，它只是通过自媒体、视频、音频等"内容"产品在宣传它的理念，使得消费者认同它的观点，从而产生购买它所推荐的书籍或者其他产品。当然，一年一度的跨年演讲也是一种场景思维的落地，在那种宏大的氛围中，观众是很容易受到现场气氛的感染，从而进一步对罗辑思维的理念产生认同感，一旦产生认同感，就很容易产生信任感，有了信任感，观众就离购买罗辑思维的产品不远了。这也就是大家一直在说的，硬广告的效果越来越差，而软文、情感、内容、社群营销等方法比较容易被消费者所接受的原因。

说起场景构建，最著名的案例恐怕就是微信红包了。微信搞全民抢红包是为了什么？是为了和支付宝抢夺线上线下支付市场的份额。2015 年，支付宝还占据着移动支付 75%的市场份额，而腾讯旗下的财付通只占 13%。2015 年微信红包与春节联欢晚会进行互动，使其成为了年夜饭的主菜单，甚至抢了春晚的风头。

微信官方公布的数据显示，2015 年除夕当日微信红包收发总量达 10.1 亿次；18 日20:00 至 19 日 00:48，春晚微信摇一摇互动总量达 110 亿次。即使在 2016 年的春晚，微信红包没能和支付宝竞标成功，但是用户之间相互发送的红包总数也达到 80 亿个，是 2015 年除夕的 8 倍，2017 年的除夕，微信红包依然强劲增长达到 142 亿个，比 2016 年增长了 75.7%。

经过 2015 年春晚的红包大战，原本默默无闻的微信支付强势崛起，两年内鲸吞了支付宝 25% 的市场份额。整个第三方支付市场也发生了重大的变化，支付宝从原来的 68% 降至目前的 50%，而财付通（微信支付是基于财付通①的接口）从原来的 13% 增长到目前的 38%，活生生从支付宝虎口夺食了 25% 的市场份额。目前微信支付已经拥有绑卡用户超过 3 亿，日均交易笔数过 5 亿，接入超过 12 个国家和地区，全面覆盖衣食住行、全方位生活场景的移动支付产品，大大改变了人们的支付习惯，也改变了支付宝一家独大的局面。

从微信春节红包这个案例可以看到，红包只是作为营销的活动或者手段，其真正目的是为了微信的扩张。通过春晚的微信红包让更多用户激活微信钱包，笔者也是通过微信红包才绑定银行卡到微信钱包。用户如果要把钱包里面的现金提取出来，或者需要给他人发红包，就必须把自己的银行卡绑定到微信钱包才可以进行充值。

微信和 WeChat 合并月活跃用户数达到 8.89 亿（截至 2016 年 12 月底），怎么把社交的能量转化成消费能量，或者连接到消费场景，是腾讯一直以来的头等大事。如果不能从用户身上赚取价值，那么近 9 亿用户对腾讯来说，也只是手里拿着金饭碗要不到饭。经过 2015 年除夕的微信红包，彻底改变了业界对腾讯"社交不具备交易属性"的观念，难怪马云会把这次事件誉为对支付宝完美的"珍珠港偷袭"。

腾讯电商之心从来未死，虽然一开始为了对抗淘宝和淘宝商城，搞了拍拍和 QQ 商城，但是根本无法撼动阿里巴巴电商的地位，与之对应的财付通也无力改变支付宝在国内第三方支付独占鳌头的局面。我们在跨界打劫那一节也谈到，事实证明，打败淘宝的办法不是再建一个类似淘宝的拍拍，打败支付宝的也不是再建一个类似支付宝的财付通。其原因在于，以游戏为主业的腾讯，毕竟不像阿里巴巴以电商为主，电商的特点就是支付是刚需而且非常频繁。而腾讯的 QQ 和微信主要以社交为主，虽然用户的黏性好，但是对支付的需求并不强烈。

所以，微信支付通过春晚的微信红包作为活动，让微信用户互动起来，通过绑定银行卡，让微信和消费场景进行连接，用户可以通过微信在线上或者线下进行支付，最终目的就是让微信支付抢占支付宝的市场份额。这就是场景的构建——微信红包是线上活动，让用户积极参与进来，微信线上支付和线下消费相结合是一种体验，是活动的落地与执行，反过来，线下的消费体验也促进了更多的微信用户绑定银行卡，微信支付市场扩张的目的就达到了。

---

① 财付通是腾讯旗下一家独立核算的公司，开放接口给微信支付和 QQ 钱包而已。微信支付只是在微信端完成的业务场景而已，支付转移后端业务走的是财付通系统，微信支付目前还没有拿到第三方支付牌照。

9.1.2 场景思维的优点

硬广告或者流量营销的特点决定了营销手段相当简单、粗暴，一般的做法就是直接告诉消费者厂家的实力有多强，产品有多好。在互联网普及之前，商品和消费者之间信息严重不对称，这种方法是非常有效的，因为那时候即使消费者有钱都不知道在哪里能买到商品。

但是随着互联网和电子商务的发展，商品和消费者信息不对称的壁垒被打破，同样一款产品，可能有成千上万的商家在销售。如果想要让消费者看到你的商品，就必须购买流量（广告），让你的产品排名靠前，才有机会被消费者首先看到。

例如，在淘宝，同一款服装，可能会有几千家的商户在出售，淘宝凭什么把某个商家的产品排在前面？除了向淘宝购买广告最直接有效，其他的所谓优化排名都是非常可笑的，那是淘宝在构建一种虚假的公平以安慰商户。这也是淘宝构建的基于流量基础上的"流量电商"，靠购买流量来获得转化。流量电商本质上就是一种概率转化，在转化率相对固定的品类，投入购买流量的费用越多，看到广告的消费者越多，销售额就有可能越高；反之，投入减少或者停止，销售额就会垂直下滑。

这就是以淘宝、天猫、京东为代表的"流量电商"模式，也可以称之为"流量购买场景"，没有购买流量，就不会有成交。这样一种场景下，消费者的忠诚度非常低，以至于商家不得不重复购买流量获取新的消费者，造成一种恶性循环，随着竞争商家的不断增多，价格战导致的商品和服务品质的下降必然发生，为了盈利，甚至出现以次充好、假冒伪劣的产品。这就是传统电商平台通过构建"流量场景"带来的诸多弊病。

时过境迁，电商在中国经过了十多年的发展。伴随着中国经济的进一步发展，中国人越来越有钱，对产品的品质要求也越来越高。智能手机普及，让信息不对称几乎在一夜之间消弭于无形。现在，除了过年时火车票这样的稀缺资源之外，其他的商品几乎都可以使用智能手机进行无障碍的购买，而且还可以随时随地进行比价。靠信息不对称获得高额的利润已经不可能，商家只有生产高品质的产品，并获得相应合理的利润，才有可能打动消费者，才能使企业得到存续。

因此，区别于传统流量电商的，以商品为核心的"流量场景构建"势必被打破。取而代之的是基于社群、内容的，以人为核心的"社群场景构建"。当然，"内容"是"社群场景构建"的重要组成部分，没有"内容"的社群，就是无源之水，无本之木。从这个角度来看，社群电商和内容电商的本质就是一种场景的构建，也就是场景思维的营销方式。其优点在于通过优质内容来获得用户的信任，从而产生消费和黏性，不需要花钱去购买流量，因为好的产品和内容本身就是自带流量，本身就是最好的广告。

9.1.3　新零售就是场景

场景的构建本质上就是"上什么山，唱什么歌"，消费者喜欢什么，就投其所好，创造出良好的消费者体验，消费者自然愿意买单，良好的消费者体验，就是创造客户价值。在前面的各个章节都反复强调，互联网不仅是一种工具，更是一种思维方式。虽然它的表现方式是通过连接人，连接商品，连接信息，但是其本质就是为了提升效益，移动互联网使这个效率达到了前所未有的新高度。例如，连接信息的能力。马拉松就是一个典型的例子，为了传递一句"我们赢了"，传递信息者跑了 42 千米，而且还付出了生命的代价，如果是在现在，发一条微信就可以解决了。

从这个角度上看，场景的构建其实也是提升效率的一种辅助手段，是为新零售服务的"配套设施"。也就是说，新零售的本质就是在于提升效益，其表现形式通过线上和线下相结合，通过移动互联网催化产生新型的商业模式，即通过场景的构建催生出一种基于线上线下相结合的，又完全不同于简单的线上线下叠加的模式，而是产生一种化学反应的新的事物，即结合了现代物流、大数据、人工智能的一种新型零售模式。

Uber 和滴滴，既没有出租车，也没有司机，既不属于传统意义上的"出租车公司"，也不是"移动互联网公司"。它们是一种新型的行业，被称为"出行行业"。但是它本质上做的就是出租车干的事情，但是从客户体验上，绝对比传统的出租车公司好了很多，这也是这两家公司能得以迅猛发展的重要原因。

如果简单地把 Uber 和滴滴称为通过移动互联网把私家车司机和乘客连接起来，显然是不对的。据说一位乘客在滴滴上下单后，平台必须经过 576 亿次运算，才能让乘客匹配到最佳的车辆，显然，没有大数据和云计算的支撑，是无法做到这一点的。

传统的出租车公司即使能做到这一点，也没办法把社会上闲置的车辆资源有效调动起来，这就失去了"新零售"提升效益的本质。把社会上的闲散资源合理利用起来，才能真正提升整个社会的效益，降低人类的整体生存成本。少一人开车，就少了一辆车对汽油的消耗，既节约了能源，又能减少对空气的污染。

所以，从这个角度看，Uber 和滴滴、Airbnb 其实都是利用新的技术手段，通过"新零售"的方式构建了一个"出行的场景"，方便了乘客，同时也提升了整个社会闲散资源的使用效率。

新零售也和前几年的 O2O 有本质的区别，之前的 O2O，基本上都是把线下和线下的概念对立起来，只是强调线上为线下引流，线下反哺线上的一种"实体店＋网店"，更多是通过互联网的手段实现网上无法完成的服务而已。如美团的外卖送餐，本质就是通过在网上下单（电话也可以完成），然后通过实体店配送而已，这个配送的过程就是一种服务。

所以，新零售的本质就是通过移动互联网、大数据、新物流、人工智能等新技术手段构建的消费场景构建，其目的就是为了最佳的消费体验，并为消费者带来价值。

当然，新零售也是一种新的思维方式。例如，某厂家生产了一款管理儿童喝水的水杯，可以使用 APP 记录儿童喝水的时间、数量等，售价近 200 元，如果通过传统的营销方式，在幼儿园、小学附近贴广告或者在报纸、电视上打广告，由于在消费者的观念里，水杯就几块钱或十几块钱，近 200 元的水杯是很难被家长所接受的。但是如果通过和学校达成某种利益合作，一起倡导健康的生活理念和正确的喝水方式，经过学校组织家长一起参加活动进行现场体验等方式，家长们就相对容易接受这样的产品，因为学校是他们共同选择的场景，他们对学校有共同的信任感。

到目前为止，线上零售（电商）部分只占中国整体零售的 12.6%（国家统计局公布的 2016 年数据），线下的零售市场还是非常巨大。可是，另一方面，实体店不断关门，大部分人认为是电商抢了线下的生意，甚至出现了传统实体经济企业家如董明珠、王健林、宗庆后等，对以马云为代表的电商（线上零售部分）产生强烈的质疑。他们认为电商过度发展，对中国的实体经济造成了巨大的伤害。实际上，电商只是一个渠道而已，传统的线下零售也是一种渠道，由于线上渠道是一个更节约成本和符合人性的销售手段，对线下传统的销售方式造成一定的冲击，伤害了一部分传统线下渠道既得利益者的利益，才有了线上与线下之争、实体与虚拟经济之争。

如果换个角度，找到一条淡化线上与线下、虚拟与实体之争的道路，那就是线上线下一体化的新零售这个新的商业模式，两者互相依存，是一种互补竞合的关系。既然线上干不掉线下，线下也干不掉线上，那么，可以合作起来，一起走新零售的道路，发挥各自的优势。例如，线上活动更容易传播和引流，线下活动更容易带给消费者现场观感，只有相结合，才能构建出最佳的客户体验场景。

又如，线下实体店也可以成为体验或者提货点，消费者在网上购买商品，下班的时候可以在实体店顺路体验一下商品，满意的话可以直接带走，如果觉得不满意，可以直接退货，既方便了客户，又满足了客户体验。

不管是在跨界那一章，还是在创新思维那一章，我们都表达了一个重要的思想，时至今日，移动互联网、人工智能、虚拟现实等技术创新，使得我们不得不用全新的方式去定义新的概念、新的组织、新的行业、新的商业模式。很多之前貌似无关的行业正在改变人们的工作和生活方式。例如，我们可以通过手机随时随地和同事进行工作协调，无论是在地铁里还是在公交车上，都能轻易做到。新的商业模式对各行各业的冲击也是巨大的，前面说的"出行行业"也即将替代"出租车行业"，"住宿业"也即将替代"酒店宾馆行业"。

人们的生活方式也将彻底发生改变，以前站在寒风中半个小时也打不到出租车，现在可以打个 Uber 或者滴滴，舒舒服服地坐在办公室等着，等待司机到了楼下你才下去。

以前旅行要找旅行社，找宾馆，现在可以通过 Airbnb 住在当地人的家里，而且房东还可能是一位最好的导游。再如，在未来，人工智能发展到一定程度，人们可以通过虚拟现实身临其境地感受到商业环境和商品的材质，到时候，消费者连实体店都不用去了。

场景的构建其实也具有社群的概念，是社群的重要内容和载体。反过来讲，社群必然基于场景才能得以构建。因为任何场景构建必然基于一个前提，那就是"人以群分"，不是一家人不进一家门，只有具有相同爱好的人才能聚集在一起。在前面的章节也介绍过，一个 APP 就是一个场景，如你是"得到"用户，那么你就是罗辑思维的粉丝或者用户。如果你是健身 APP 的用户，那么你和其他喜欢健身的用户一样，一定有健身需求。

再如，如果你喜欢星巴克，安装了星巴克 APP，那么，你就是除了家和工作场景之外的第三空间的享受者，星巴克构筑的就是"记录咖啡心情，分享温馨时刻；和亲友分享点滴乐趣"这样的场景，在这个场景中，你可以享受生活的乐趣，也可以畅想工作和未来。除了生活和工作，还有一个灰色地带，那就是星巴克的"第三空间"。

同样，滴滴打车、支付宝 AR 红包、微信支付、摩拜单车、微信群、吴晓波频道、微信的小程序、正和岛公众号、喜马拉雅、映客、花椒、陌陌、三节课，等等，每一个 APP、公众号都是一个社群，也是一个场景的构建，同好的人才能聚集在一起。这些场景的构建，关键就是用户的体验，谁能抓住消费者的心，构建让消费者走心入情的体验场景，谁就能绑住消费者心。因为在未来 3 ~ 5 年，这些同喜同好的消费者也有可能就是投资者和销售者，他们也就是我们前面所说的符合社群概念的"三位一体"的社群成员。

无论是线上还是线下，还是两者借助其他新技术的新零售，一切有助于提升群成员，通过互相协同合作、互利互惠的交流活动；有助于提升最佳的消费体验，并为消费者带来价值的方式，都是一种场景的构建，也是价值的创建。

当然，由于群成员有别于传统定义的消费者，他们由于选择的余地非常大，喜欢则在一起，不喜欢就走，完全是基于有相同的爱好才会走到一起。成员之间是平等的，除了大家事先约定好的群规矩，不可能存在谁管理谁的规章制度，更多能维系彼此的可能是共同的价值观或者理念。

因此，基于同喜同好和约定俗成的亚文化才是构建和维系社群场景的重要纽带。只有把亚文化建设好，社群才有生命力，场景的构建才有坚固的基石和依托，成员才能有归属感，才能对场景产生信任感。这就是场景化思维。

总而言之，移动互联网思维、内容思维、场景思维是基于用户角度的战略层面的三大思维，移动互联网是前提和基础，内容思维是实现的方法和手段，场景思维则是落地方式和解决方案，也是一种营销的手段，更是一种多维叠加的思考方式。通过移动互联网、新技术、新物流、人工智能等方式实现线上和线下一体化的新零售，则是这三者化学反应带来的新产物，是创新性思维的结果，并非三者简单的物理结合。

过去虽然未去，但是将来已来，只有拥抱变化，摒弃线上线下、实体与虚拟之争，才能给客户带来更好的体验和价值。当然，新零售还包含一个重要的思想，那就是未来的消费者将会是"三位一体"的消费者——既是投资者，又是生产者，还是消费者。

9.2 大数据思维

9.2.1 大数据的故事

大数据其实古而有之，《易经》就是一部由"象"和"数"引导出自然规律的"理"，是关于宇宙的"大数据"。

关于大数据的故事，最著名的莫过于塔吉特（Target）的"读心术"。塔吉特是美国的一家大型零售连锁公司。有一天，一个男子走到塔吉特的一家分店，冲着经理大发雷霆，因为自己在读高中的女儿，收到了塔吉特寄来的婴幼儿用品的优惠券。不过几天之后，这名男子就来道歉了，因为女儿确实怀孕了，可自己还对此一无所知。塔吉特之所以能准确预测用户的购买行为，完全是依靠多年来对海量用户消费习惯的精细数据挖掘，从而建立用户的数据库模型，以至于能够清楚地知道用户的人群信息，甚至能做到比消费者的家属更清楚她们的预产期。

当然也有关于大数据的笑话。话说一头猪每天习惯于吃吃喝喝，于是它得出一个"历史规律"，认为"明天"永远如此，可以舒舒服服地过完"猪生"。可是，某一天，主人端来的不是甜美的饲料，而是锋利的尖刀。

笑话的编撰者据此来嘲笑大数据的不可靠，这其实是对大数据的断章取义。猪养到多少天必须出栏，这也是大数据的一部分。如果只分析从小被养到"肥"的成长数据，那只是"局部小数据"，而忽略了"从肥到被杀"的历史数据。

猪养到180天，投入的成本和产出比是最大的（猪不是养越久长得越大），那么在第179天，这头猪就应该知道自己明天将被杀，因为有几十万甚至上百万头的猪都是在第180天出栏被杀，那这头猪有什么理由相信它能活到181天呢？这才是完整的大数据链。数据不"大"（全），结论必定跑偏，预测结果自然就不准确。

在大数据出现之前，人们往往是靠自己的经验、习惯和爱好，拍脑袋做出决策，是一种典型的"经验思维"。例如，服装生产厂家往往根据往年的销售情况和生产者本身的喜好决定生产数量、尺码和颜色，其结果往往是销售不了，造成大量的库存积压。

目前我国经济情况一方面是产能过剩，库存积压严重；另一方面是消费者买不到自己喜欢的产品。其根本原因就在于生产者一厢情愿，在生产产品之前，从来不问问消费者真正的需求是什么。即使通过市场调查，由于市调的种种弊端，往往也得不到真实的数据，市调出来的一般都是消费者的"伪需求"。

而大数据则不然，大数据是通过分析海量的过往用户习惯，建立用户需求的数字模型，只要用户特征能和模型相匹配，用户的真实需求就能对号入座。例如，淘宝通过多年的累积及频繁的交易，已经累积了海量的数据，具有精准的用户画像能力，完全可以利用这些数据帮助生产厂家做出精准的决策。

以服装为例，在过去的 10 年，有超过 1 亿的用户购买了休闲裤，价格为 99 元，销量最大的是 28 码，颜色为卡其色，材质为纯棉，购买的人群主要是 20～22 岁的男大学生（从支付宝注册信息及收件地址可以分析出），而且销售的旺季出现在每年的 9～10月份，也就是新学年开学以后，主要销售地区为江浙沪及广东地区。作为生产厂家，如果能了解到这些用户属性的数据，有必要去生产红色涤纶休闲裤吗？有必要在中西部或者北方地区投放巨额广告费用吗？

广告界有一句非常著名的话：我知道投放的广告有一半没用，但我不知道是哪一半。这就是传统抓瞎式的广告投放，玩的是概率，投入的费用越大，广告覆盖的人群就越多，就可能带来更多的成交。其结果就是广告费用高企，商家利润低下甚至负利润。反之，如果只把广告推送给需要和买得起商品的人，那么，流量的费用将会大大降低。要找到"需要又买得起的人"，就必须依靠大数据，就好像上文所说的塔吉特把婴幼产品优惠券寄给女高中生一样。

当然，大数据不仅可以运用在生产和销售中，还可以给生活带来诸多方便。例如，阿里云的"城市数据大脑"，可以根据车流状况自动调节红绿灯的间隔时间，从而使得车流更加顺畅，大大提高了通行效率。

据统计，全球每日数据产生量高达 250 亿字节。在这么庞大的数据面前，靠人力显然是无法进行分析的。如果商业公司想了解客户的消费行为，生产型企业想了解用户的需求，银行想了解某家连锁企业的经营状况，医院想了解某个病例在全球的最尖端疗法，等等，只能靠人工智能来完成。因此，与大数据息息相关的人工智能也将是未来发展的主要趋势。

这次阿里巴巴提出的新零售，就是淡化了线上线下的边界，线上线下其实只是服务消费者不同的渠道而已。线上再发达，也有不方便的时候，线下有线下的优点和受众。

据国家统计局公布的数据，2016 年全年，全国网上零售额 51556 亿元，比上年增长26.2%。其中，实物商品网上零售额 41944 亿元，增长 25.6%，占社会消费品零售总额的比重为 12.6%。某些品类比较适合在网上销售，如手机线上销售占比达到 20% 左右。

当然，还有一点就是新零售和物流的结合，如体验店可以成为物流的提货点。这些都只是表现形式，其背后是有大数据在做支撑的。在不久的将来，各种新技术、AR、

VR、人工智能等都有可能成为新零售的助推器。

新零售在大数据的应用方面，对零售业最重要的，就是如何用数据把供应与零散的需求做匹配。当成千上万的产品呈现在消费者面前的时候，如何让消费者最快找到适合自己的产品？从消费者的角度来讲，企业推荐给消费者的，需要是最适合消费者的品质、价格、付款、物流方式等。从企业的角度来讲，需要了解的是如何才能满足消费者，如何安排生产才能让库存最小化、成本最小化；什么样的设计、包装、定价、销售方式才是最优；什么样的物流才是最便捷，才能让企业取得最合理的利润。

如果从消费端往生产端逆推，我们就可以知道，其实零售的本质就在于生产。生产出来的东西能满足消费者的需求，消费者就愿意购买，而且生产的数量不能超过消费者的需求，否则就造成库存。我国目前产能过剩，造成大量的库存积压，就是因为之前没有大数据做支撑，任意生产，造成供大于求。如果能够采用个性化定制，采取按需生产，就不会造成库存积压，企业的风险也能得到有效的控制，相应的利润也会更好。也就是说，以前的消费者是通过搜索"找"到商品，之后必须通过"精准推荐"把商品推送给消费者，甚至通过个性化定制才能满足消费者，而这些只有通过对大数据的分析，才能做到。

在传统 PC 互联网时代，由于商品信息呈现井喷式增长，粗放式的广告投放效果相当有限，互联网广告无疑是一种概率性转化，转化率非常低。但是随着移动互联网的发展，以及人口红利的结束，要避免这种情况发生，只有通过大数据进行用户画像，才能将商品精准推荐给需要的消费者。例如，在广告投放上，企业可以通过大数据了解目标客户的消费方式和消费环境，这使得高效的场景营销成为可能，做到有目的营销。

如果再结合 LBS，商家可以非常清楚地了解到消费者的消费轨迹和消费场景。例如，有个消费者每天工作日中午 12 时从办公室走出，步行 300 米后到达公司对面的星巴克，然后消费了一杯大杯拿铁和一块面包。如此行为重复 1000 次，当 1001 次的时候，星巴克的服务生完全有理由在 12 时 08 分把一杯大杯拿铁和一块面包直接送给这位消费者。

当然，通过场景与消费者进行多次互动后，企业也可以对不同的消费者实施个性化营销，主要通过对消费者行为习惯的数据分析，帮助企业精准广告投放、内容推荐、用户喜好分析、产品优化，等等，这些都是大数据对新零售的助力。

此外，企业也可以通过用户的消费数据进行分析，对其进行精准的营销、活动促销等。例如，通过对用户的地理位置数据分析，通过用户的社交数据进行社交、流行元素分析，通过互联网金融数据进行支付、信用分析等，对消费者进行商品和服务的精准推荐。

9.2.2　让数据说话

在大数据出现之前，人们在生产和生活、战争中，往往是依靠经验、辩证、公理、形象等思维来进行预测未来或者事物发展的趋势，如诸葛亮的神机妙算，就是借助这些传统的思维方式进行判断。而《孙子兵法》则是总结了自然规律和人类活动规律，强调人类活动（含战争）要遵循"适者生存、优胜劣汰"的自然法则，和"以史为鉴"的人类竞争经验，才能在不确定性的竞争中生存下来。其中的"知此知彼，百战不殆"其实就是最早的大数据雏形。

大数据强调的不仅是要了解对手、了解用户、了解市场，更重要的是了解自己。《易经》有云"德不配位，必有灾殃"，如果自己的实力配不上，那么给你带来的不是好处而是灾害。

对于企业或者商家来说，大数据的作用就是能做到"知己"，就是知道自己的生产经营能力和营销能力，如果只具备生产能力，而不具备营销能力，那么生产的产品越多，带来的库存积压就越发严重，造成的损失有可能就越大。

大数据同时又能"知彼"，就是了解市场和用户，了解竞争对手等，才有可能在商战中获得胜利。在不了解产品的市场和用户的情况下，乱投放广告，就有可能造成极大的损失，甚至给企业带来不可饶恕的伤害。

在第 7 章多次强调，一个人的惯性思维方式一旦养成，是非常难以更改的。而经验、辩证、公理、形象等这些传统的思维就是惯性思维方式，往往会形成先入为主和定向思维等弊病。虽然这些传统的思维方式在实际应用中还能发挥重大的作用，但已经无法满足人类所需。

时过境迁，这些传统的思维方式都是建立在信息不对称的前提下才能有实施的可能，如诸葛亮的草船借箭，就是利用当时大多数人对天气的无知所采取的战术。

在互联网特别是移动互联网高度发达的今天，信息不对称的壁垒已经被彻底打破，靠信息不对称来获得战机和商机已经几乎没有可能。更多是要拼自身的技术和实力，以及了解竞争对手、市场、用户的能力，而这种能力就是获取大数据的能力。

哈佛学者维克托·迈尔－舍恩伯格 [1] 在《大数据时代》一书中如是描绘未来数据应用的图景："未来数据将会像土地、石油和资本一样，成为经济运行中的根本性资源。"在数据成为不可或缺的重要资源的今天，必须树立基于数据进行思维的新理念，让数据说话，用数据说话。

大数据对于现代企业决策有着不可替代的作用。有句话说得好：你所看到的，不一定是对的。同理，根据经验主义做出的决策也不一定是对的。如果能把传统的思维方式，加上大数据的分析作为依据，做出决策的正确率就能无限接近事实本身。

---

[1] 维克托·迈尔-舍恩伯格是十余年潜心研究数据科学的技术权威，是最早洞见大数据时代发展趋势的数据科学家之一，也是最受人尊敬的权威发言人之一。他担任耶鲁大学、芝加哥大学、弗吉尼亚等大学的客座教授。

"经济组织决策管理大师"赫伯特·西蒙[1]说过，"决策是管理的心脏，管理是由一系列决策组成的，管理就是决策"。决策对管理者来说是何其重要，正所谓"一着不慎满盘皆输"，甚至会影响企业的生死存亡。

在互联网高度发达的今天，如果管理者做决策的时候仍然是靠拍脑袋，靠主观爱好，靠开会，而不是靠科学，靠大数据，靠程序，靠理性分析，即使能一两次歪打正着，那也完全是赌徒式的运气。

所以，从这个角度看，大数据是一种全新的思维方式，正在重塑我们对事物的传统认知。大数据的魅力在于把人们的认知体系从"已知"拓展到"未知"，从"过去"奔向"将来"，这也是大数据的生命力所在。

9.2.3 大数据驱动未来

《庄子·齐物论》中有一个很有意思的寓言，故事是这样说的。

宋国（今商丘）有一个养猕猴的老人，他很喜欢猕猴，养了一大群猕猴，他能懂得猕猴们的心意，猕猴们也能够了解老人的心思。老人甚至减少了全家的口粮，来满足猕猴们的欲望。但是不久，家里缺乏食物了，老人想要限制猕猴们吃橡粟的数量，但又怕猕猴们生气不听从自己，就先骗猕猴们："我给你们的橡树果实，早上三颗，晚上四颗，这样够吗？"众多猕猴一听很生气，都跳了起来。过了一会儿，老头又说："我给你们的橡树果实，早上四颗，晚上三颗，这样足够吗？"猕猴们听后都很开心地趴下，都很高兴，对那老人服服帖帖的。

这个故事就是大家都熟知的"朝三暮四"的来源。成语本来的寓意是比喻耍手段骗人，也讽刺了只顾眼前利益的愚蠢行为。现在，被引申为反复无常，用来谴责那些说话、办事经常变卦、不负责任的人。

但实际上，这是一个典型的"数据驱动决定"的原型，虽然一天内同样是给猴子七个橡粟，但是先给三个还是先给四个还是很有艺术的，先给得多，猴子肯定感到特别开心，才会"开心地趴下"，对老人"服服帖帖"。

"数据驱动决定"还有一个大家都知道的例子。有一个商店的营业员阿姨，每次称糖果的时候都是先放上去一点，然后一点一点加上去，例如你要买1斤糖果，她就先抓9两，然后加放几颗上去，如此反复多次，直到满1斤。而另外一位营业员，则一下抓了1.2斤的糖果，然后称一下，抓掉一点，再称一下，再抓掉一点，直到只剩下1斤的糖果，结果小孩子们都喜欢前面那位营业员阿姨，要等她在的时候再买。1斤糖果没有改变，

---

① 赫伯特·西蒙 (Herbert A.Simon，1916～2001)，美国管理学家和社会科学家，经济组织决策管理大师，第十届诺贝尔经济学奖获奖者。

但是给小孩子们的观感却完全不一样。

在物质极大丰富的今天，商品供大于求，如何通过情感营销让用户开心，始终是企业进行市场竞争的聚焦点。而情感营销并非就没有规律可循，就像上文所说的塔吉特通过用户模型分析，事先邮寄很多优惠券给那位 17 岁的女高中生，其实就是一种情感营销，而这一切，完全取决于"数据驱动的决定"。

具体到商业的角度，大数据驱动的决定更科学，也更合理。随着科技的发展，商业数据的不断累积，海量的数据成为人们商业决策的最佳依据。管理大师德鲁克认为，"不会量化就无法管理"，他认为，管理者依靠大数据，可以将一切管理工作和流程进行量化，并且利用大数据分析业务，进而提升决策的质量和业绩表现。

很显然，最近 3 年来被屡屡提及的大数据，比起之前的"数字年代""数字化生存"要强大得多，也有别于前些年的"数据分析"。

"数字化"指的是传统的介质数字化，如传统的音乐卡带变成数字光盘，胶片相机变成数码相机，手机的模拟信号变成数字信号。当然更重要的表现是互联网化，最典型的莫过于电子商务对人们生产和生活带来的重大影响。

前些年的"数据分析"更多指的是企业基于市场调查所得到的数据，或者是企业多年经营累积的历史数据，这样的数据容量通常情况下非常有限。基于有限的数据进行分析，可靠性和准确性仍然非常低，甚至不得不采用主观思维进行干预，否则无法做出准确的决策。

IBM 十多年前曾经提出大数据的概念，但是只谈到了大数据的 4V 特性[1]之中的 3V，即类型复杂、海量、快速，并没有"价值"这个 V。而从当前的实际应用来看，价值才是大数据最终需要解决的目标，其他 3V 都是为价值这个目标服务的。

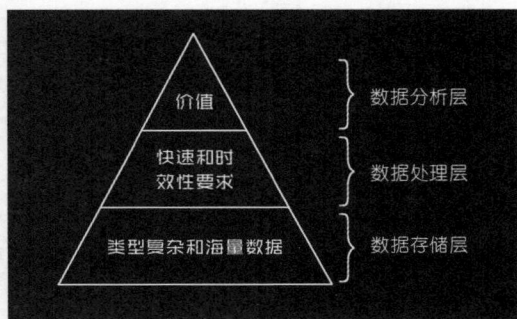

大数据三层架构及对应的解决能力

图 9-1

自从有了 4V 的概念后，就很容易理解大数据的核心，即大数据的总体架构包括三层：数据存储、数据处理和数据分析。类型复杂和海量由数据存储层解决，快速和时效性要求由数据处理层解决，价值由数据分析层解决[2]，如图 9-1 所示。

而已经来临的这场具有 4V 特性的大数据则不然，像 BAT、京东、小米、今日头条、滴滴、亚马逊、Uber、Google、苹

---

[1] Volume（大量）、Velocity（高速）、Variety（多样）、Value（价值），简称 4V。

[2] 参考资料：知乎网友。

果等互联网公司，本身就自带数据基因，通过十多年的积累，海量的象限级别的数据可以让相关企业做出精准的量化和管理，从而做出更可靠的预测、更明智的决策，可以让目标更精准，行动更具效率。这也让传统生产型实体企业如娃哈哈、格力、万达等艳羡不已。

当然，拥有大数据的企业也可以利用这些大数据帮助这些传统企业进行转型。从这个角度上说，大数据不仅是一场管理的实践，更是一场决策和效率的革命，通过大数据驱动行动，以期达到最合理的决策和行动、精准并且可预期的成果。数据本身没有价值，只有通过数据挖掘，让大数据创造价值和提升效率，这才是大数据的核心价值所在。

作为大数据的底层的云计算服务，是目前最激动人心的科技之一，云计算正在成为IT 产业发展的战略重点。美国在线存储公司 Box.net 的首席执行官阿隆·列维（Aaron Levie）前不久表示，"云业务仍处于初始阶段。在许多方面，我们可以想想 1983 年的PC 市场、2003 年的智能手机市场，或者是 1998 年的搜索市场"。

云计算方兴未艾，前景十分看好。亚马逊 AWS CEO 说过：云市场只做了一小部分，这还只是在美国。美国以外的世界落后美国 9～12 个月，那里的市场还根本没有开发。

据 Gartner 研究报告显示，全球云计算市场从 2009 年的 586 亿美元增长至 2014年的 1528 亿美元，年均增长率达 18%。其中，2013 年美国占据全球云服务市场 50%以上的份额，中国占 4%。我国云计算市场空间从 2008 年的 72.71 亿元增长到 2014 年的 1333.6 亿元，年均增长率超过 60%，增长率不断提升。图 9-2 所示为 2010-2015 年全球云计算市场规模。

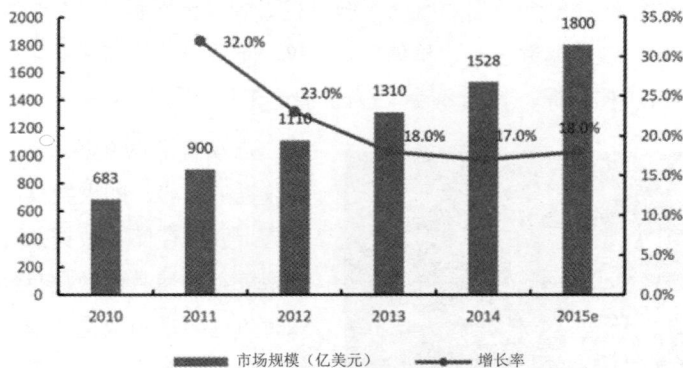

2010-2015 年全球云计算市场规模

图 9-2 （图片来源：智研咨询）

全球市值最高的前 11 家公司，除了 Facebook 暂时还没发声之外，其他十家公司无不在这个领域摩拳擦掌。即便如此，Facebook 的"开放计算项目（Open Compute Project）"已经极大地改变了数据中心硬件的打造方式，还将借助自己的企业版"Facebook for Work"踏入企业服务领域。

目前在美国，亚马逊 AWS 云处于遥遥领先的地位，微软 Azure 屈居第二，Google 则奋起直追，目前暂时排名第三。在中国，以阿里云 Alicloud、腾讯云、Ucloud 等，虽然和美国的领先企业有较大的差异，但已经具备很强的市场竞争力和规模效应。特别值得一提的是，阿里云整体营收增速远超亚马逊 AWS 和微软 Azure，已经连续 7 个季度同比增长超 100%，如图 9-3 所示。

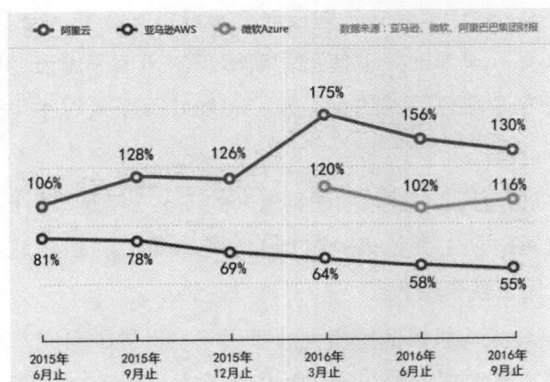

亚马逊 AWS、微软 Azure、阿里云 Alicloud 营收增长对比

图 9-3　（图片来源：CNSCDC）

继亚马逊 AWS 和微软 Azure 之后，阿里云 Alicloud 已成为全球第三大云计算服务商。形成了 "3A" 鼎立的局面。特别是 2016 年第四季度，阿里云付费客户数当季增加约 11.4 万，总数高达 76.5 万；当季收入达到 17.64 亿元，同比增长 115%；通过国际化的战略布局，先后在日本、德国、中东和澳大利亚开设数据中心，阿里云的全球客户获得了优质而多元化的服务，如图 9-4 所示。

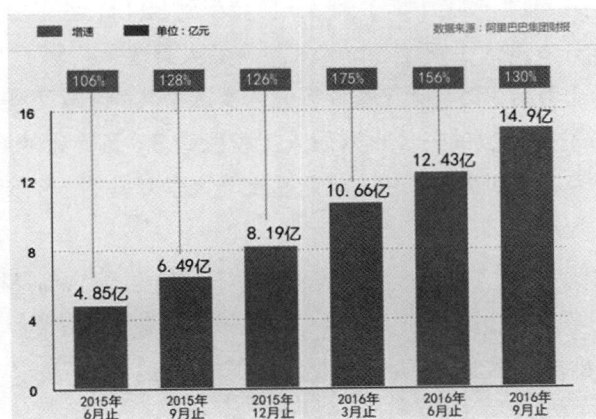

阿里云营收增长情况

图 9-4　（图片来源：CNSCDC）

在本次财报中，阿里巴巴首次不提及 GMV 数据，这意味着阿里巴巴真正开始去电商化了。阿里巴巴再也不是电子商务公司，而是大数据公司了。2016 年 10 月马云在云栖大会发表演讲，他认为，在未来的三十年，新零售、新制造、新金融、新技术、新能源这"五新"将引领人类社会进行巨大的变革，而变革的基础则是以云计算为代表的新技术。

在传统大企业方面，像 IBM 这样的公司也开始崭露头角，甲骨文正在打造自己的云计算数据中心。在国内，数十家企业也在云计算领域投入巨资，除了京东、百度、网易、乐视等纷纷布局云计算，国内三大电信运营商旗下的电信天翼云、联通沃云、移动大云也在持续推进，还有专注细分领域的金山云、Ucloud 等新兴对手也开始参与瓜分这块市场大蛋糕。

华为更是不甘落后，任正非不久前说，未来的 3 ~ 5 年是华为抓住"大数据"机遇、抢占战略制高点的关键时期。要抢占大数据的战略制高点，占住这个制高点，别人将来想攻下来就难了，我们也就有明天。

2016 年 3 月，一场人与机器的围棋大战吸引了全世界的目光，阿尔法狗（AlphaGo）大战李世石，最终以 4：1 击败李世石。据说谷歌公司担心如果五战全胜，会引起人类的恐慌，恐遭到政府钳制，不利于人工智能的发展，故意输掉一局。

而在 2017 年 1 月，一个名为"Master"的神秘围棋账号在一些围棋网站上横扫人类顶级棋手，先后击败了目前世界排名第一的柯洁、韩国目前第一人朴廷桓等多位世界冠军头衔拥有者，又击败了"棋圣"聂卫平，以及老牌世界冠军常昊九段，取得 59 胜后，"Master"公开宣布自己的身份——AlphaGo，取得 60 胜 0 负 1 和不败的战绩。其中的 1 和还是遭遇意外断线，因 1 分钟内没能重新上线，最终系统判和。人类似乎除了拔掉电源，已经无法战胜这条狗了。

不幸的消息还在继续，2017 年 1 月 11 日持续到 30 日，在匹兹堡一家赌场中，美国卡耐基梅隆大学开发的人工智能 Libratus 与 4 名人类选手共玩了 12 万次一对一不限注的德州扑克。到比赛结束时，人工智能领先人类选手共约 177 万美元的筹码。在 4 名人类顶尖选手中，输得最少的一位也落后人工智能约 8.6 万美元的筹码。而在 2015 年举行的一次德州扑克"人机大战"中，卡耐基梅隆大学开发的一个较早版本的人工智能 Claudico 输给了人类选手。

最近一年多来的三场"人机大战"，让人恐慌的不是机器本身，而是机器背后的大数据。不管是德州扑克大赛，还是人类顶尖高手与围棋千年招数大数据的大决战，Libratus 和阿尔法狗的每一次出招和落子，都是大数据驱动下的决定。

而在大数据和社群结合方面，国际零售巨头走在了前列。2015 年 8 月份，亚马逊和汽车经销商一起为汽车发烧友们推出了一个汽车专享页面——Amazon Vehicles。消费者可以在网上查看成千上万款汽车图片及规格信息等，也可以阅读用户的评论，但是却不能直接购买。亚马逊不直接销售汽车，只是想打造一个方便车迷们访问的汽车社群。

亚马逊这样做的目的有两个，一是把这些社群用户导入到"亚马逊汽车零售店"，这是一个专门为用户提供汽车零部件（如汽车安全座椅、备用零件）产品的网上商店，虽然已经有数千万用户，但是亚马逊还是想，未来通过数千万活跃车友组成的社群，也许会进入实际变现通道，最终帮助亚马逊提高汽车零售部件的销售额。

第二个目的是，亚马逊也想从大数据下手，在汽车生态系统中占据一席之地。Amazon Vehicle 各类车型的覆盖范围十分庞大，亚马逊鼓励用户上传汽车评论、图片及视频，车友们还可以在线询问车主或讨论关于汽车的任何问题。Amazon Vehicle 更像是一个不断扩张的小型汽车数据库，用户可以根据车型、制造商、生产时间及车形等参数进行搜索、排序和比较，这在一定程度上提升了浏览效率。

亚马逊汽车部负责人 Adam Goetsch 表示："汽车市场是一个最重要且值得深入研究的销售领域之一，我想亚马逊在这一点能够为消费者提供更多帮助。与此同时，亚马逊的用户社群也能为网站注入更多专业知识、独特观点及消费经验，形成一个全面且庞大的数据库。"

大家都知道，汽车共享与无人驾驶技术的迅速推进，出行及汽车消费者大数据是很多汽车制造商抢夺的焦点。亚马逊试图利用自己最大的优势，也就是市场覆盖率及庞大的用户群体，为其建立汽车消费数据库提供有利条件。

事实上，大数据已经成为现代企业的核心资产，也成为各方争夺的焦点，谁拥有了数据，就拥有未来的话语权。

IBM 执行总裁罗睿兰认为，"数据将成为一切行业当中决定胜负的根本因素，最终数据将成为人类至关重要的自然资源。"

本 章 小 结

场景的构建必须以大数据为基础，才能真正满足消费者体验。消费场景的体验反过来影响数据的采集和分析。物联网、人工智能等新技术，让消费场景更加多样化，数据也会更加丰富和精准。有了如此庞大的数据量，我们的思维方式是不是也要跟着发生根本性的改变？

第 10 章
分享经济和万物皆媒思维

本章导读

连接比拥有更重要。现有的技术条件，已经具备诞生"无中生有"分享经济模式。万物互联将极大地改变了现有的传播节点，技术将成为推动这一变革的主要力量。比技术更新更重要的，是转变自己的思维和观念。

10.1 分享经济思维

10.1.1 连接比拥有更重要

随着社会物质生产的极大丰富，造成了大量的社会资源冗余。人们的消费观念也越来越开放，之前更多追求的是对物品所有权，而现在人们更加关注的是对物品的使用权，用户更关心的在他们有需求的时候随时能使用上这个物品或服务。加上智能手机终端的普及，以及大数据技术的发展和应用，使得随时获取分享成为可能。

由于用户消费观念的转变，从企业的角度看，企业原来直接为用户提供商品或者服务，现在更多提供的是一种类似"撮合式"服务平台，即通过大数据和精准的算法，能及时迅速地满足平台方的供给，同时精准匹配用户方的需求。也就是说，分享经济最大的特点在于利用大数据和精准算法，有效地调整了市场的冗余资源，解决了供给侧和需求侧的信息不对称，提高社会资源使用效率的一种全新经济模式。《我的就是你的》（*What's Mine Is Yours*）作者雷切尔·布茨曼（Richel Botsman）在该书中认为，人们的消费观念正从"从过度消费到够用即可"发生改变。

分享经济有三大主体，即分享服务平台、商品或服务的供给方和需求方。例如，

Uber 和滴滴公司是服务平台方，私家车主是供给方，乘客是需求方。分享服务平台作为连接供需双方的纽带，通过移动 LBS 应用、动态算法与实时定价、双方互评体系等一系列机制的建立，使供给与需求方通过分享服务平台完成交易。分享经济的实质是资源有偿、便捷地分享，不仅仅是简单的传统撮合模式，而是基于大数据的精准多对多的分享模式，是完全颠覆了传统运营逻辑的思维模式。

对服务平台来说，连接比拥有更重要。例如，原来开出租车公司，要买很多车，聘用很多司机才能运营，Uber 公司没有购买一辆出租车，也没有聘请一位出租车司机，用了 6 年的时间，成为了世界上最大的"出行服务"公司。开酒店要租用很多房间，雇佣很多服务生，可 Airbnb 没有一家酒店，也没有一个服务生，却是世界上最大的"住宿服务"公司。开餐馆要租很多店面，雇佣很多厨师，美团外卖也没有一家餐馆，没有聘请一名厨师，却是世界上最大的"外卖服务"公司。Google 和 Facebook 自己并不生产内容，却是世界上最大的内容分享平台，它们从事的是人和内容的连接。从分享的角度讲，淘宝、天猫其实也是一个分享服务平台，淘宝、天猫没有一件产品是自己的，但它连接了个人卖家、商家和消费者，即 C2C 和 B2C，淘宝、天猫就是中间这个连接器"2"。

分享经济颠覆了传统运营模式，方便快捷是分享经济的主要特点。分享经济能极大地提高社会效率，减少传统经济复杂的中间环节，让需求方直接面对供求方。当然，分享经济还有自雇和普惠的特性。无论是 Uber、滴滴和神州专车司机，还是 Airbnb，很多司机和房主只是一种自雇方式，而且入门的门槛也大大低于传统行业，如出租车行业和宾馆行业，具有惠及大众的"普惠"特性。也因为这一特性，使得传统行业既得利益者受到严重挑战，因此，世界各地反对和禁止 Uber 和 Airbnb 屡屡发生。不过，趋势不可阻挡，分享经济一旦开始，就犹如 15 年前的电子商务一样，只能是如燎原之火一般，迅速攻城略地。

协同分享是一种新的经济模式。美国华盛顿特区经济趋势基金会主席杰里米·里夫金认为，"分享经济带来了一场改变人类生活方式的资源革命，个人用户将在边际成本趋于零的条件下越来越多地通过协作生产、消费和分享自己的商品和服务，这就带来了经济生活的全新组织方式，将会超越传统的资本主义市场模式"。也就是原来的"交换价值"被"分享价值"所代替。Airbnb 首席执行官 Brian Chesky 对分享经济的理解为："使用而不占有"。

在腾讯董事会主席兼首席执行官马化腾看来，随着分享经济的发展，"闲置就是浪费、使用但不购买"的新消费观念逐步盛行。利用更少的资源消耗，满足更多人群的日常生活需求，为绿色发展、可持续发展提供了条件。

10.1.2 发展现状

2016 年 3 月，腾讯研究院在北京发布了《中国分享经济全景解读报告》（以下简称《报告》）。分享经济已在全球形成风潮，各国政府正大力推进相关产业发展，中国政府也高度重视分享经济。《报告》指出，2015 年中国分享经济规模约为 1644 亿美元，占 GDP 的 1.59%，中国的分享经济正处于发展的黄金时期，但和美英等发达国家仍然有较大差异，如图 10-1 所示。

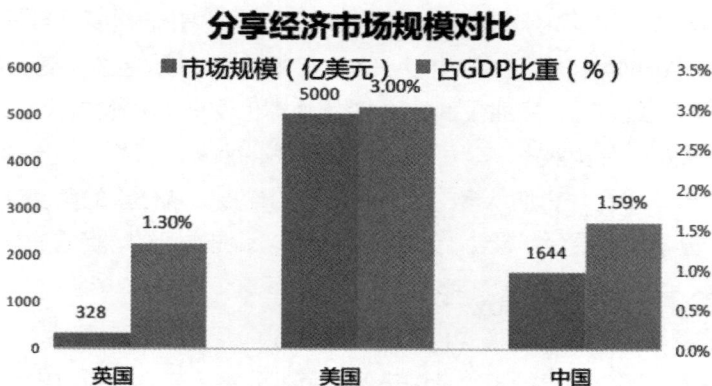

分享经济市场规模对比

■ 市场规模（亿美元） ■ 占GDP比重（%）

数据来源：公开资料，腾讯研究院整理

图 10-1　（图片来源：腾讯研究院）

2014—2015 年，我国分享经济领域出现井喷式爆发，涌现了大批创新创业企业，如图 10-2 所示。新增分享经济企业数量同比增长 3 倍，覆盖了 10 大主流行业 30 个子领域，颠覆性创新原有的商业形态。

中国典型分享经济初创企业数量

■ 存量企业数量　　■ 新增企业数量

2014年开始井喷

数据来源：公开资料，腾讯研究院整理

图 10-2　（图片来源：腾讯研究院）

中国出现了 16 家分享经济独角兽企业，另外还有 30 多家估值超过 10 亿元、累计估值超 700 亿元的准独角兽企业。表 10-1 所列是估值排行前十名的分享经济企业。

表 10-1

企业名称	最近估值（亿美元）	所属行业
滴滴	338	出行
陆金所	185	P2P 金融
今日头条	110	自媒体
神州专车	53	出行
猪八戒网	17	专业与个人服务
挂号网	13	医疗
好大夫在线	13	医疗
途家网	12	短租
沪江网	10.4	教育
魔方公寓	10	长租

《报告》同时认为，分享经济使人们节约支出并获取收入，是全球经济下行的大环境下的及时雨。在全球 GDP 增速不超过 5% 的情况下，分享经济一直保持着良好的发展势头，有望成为经济增长新动能。分享经济使个人参与到社会化大生产中，促进了以创业者为主体的个体经济崛起，形成对大众创业、万众创新的有效推动。

目前中国参与分享经济的人口规模庞大，但占总人口比重差距明显，普及率还有待提升。我国参与分享经济的人口规模，是英美两国之和的两倍，总规模近 3 亿人。但从分享经济参与者占总人口比重来看，中国只有 22%，低于英国和美国，远远不及加拿大的 39%，如图 10-3 所示。

分享经济参与人口及比重

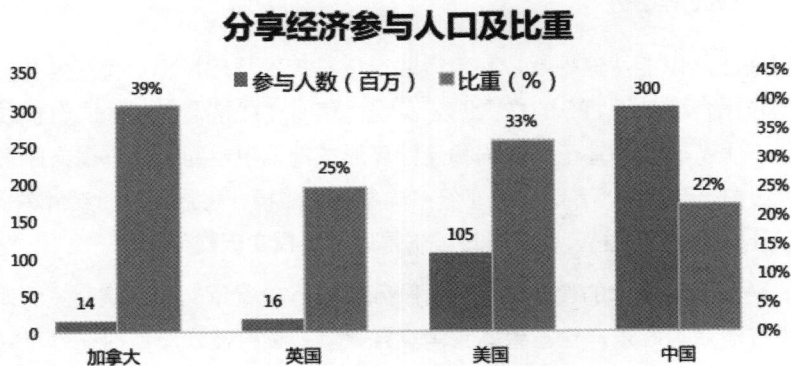

数据来源：Vision Critical 调研（2015），Nesta 调研（2014），腾讯研究院整理

图 10-3 （图片来源：腾讯研究院）

当然，并不是所有领域都适合分享。当前在分享领域最为著名的就是餐饮、出行和住宿，"食、住、行"是刚性需求，因此，抓住了第一波机会。在"食"这个领域，典型的代表为美团外卖、饿了么、百度外卖等。

在"住"这个"空间分享"领域，可以分为住宿空间分享、办公空间分享和宠物空间分享三种。住宿空间分享典型的代表为美国 Airbnb、HomeAway，国内的小猪短租、途家网、魔方公寓等。办公空间分享有 Wework(办公室分享)，比利时的雷格斯、中国的优客工场、SOHO3Q 等。宠物空间分享有美国的 Dogvacay。

在"行"这个领域，主要代表为美国的 Uber、Lyft，中国的滴滴、神州专车、PP 租车；印度的 Olacabs，法国的 Blablacar(欧洲长途拼车网)，以及美国的游艇分享 Boatbound；自行车分享有美国的 Spinlister，中国的 OFO、摩拜单车；德国的停车位分享 ParkTag 等。

随即而来的是"次刚需"领域，如金融、自媒体、教育、知识、物品、停车位和私厨等。

金融领域有美国的 Lending，中国的陆金所、人人贷、有利网、信而富、积木盒子等。

自媒体领域有今日头条、龙珠直播、喜马拉雅 FM、斗鱼 TV、唱吧等。

二手领域有闲鱼、百姓网、人人车、273 二手车、瓜子二手车等。

教育领域有疯狂老师、沪江网、VIPABC、51talk、轻轻家教、阿凡题等。

医疗领域有挂号网、好大夫在线、春雨医生、杏仁医生等。

专业和个人服务领域有猪八戒、河狸家美甲、荣昌 e 袋洗等。

物流领域有达达配送、罗计物流、爱鲜蜂、物流 QQ 等。

美食领域有爱大厨、好厨师、觅食、回家吃饭、我有饭等。

10.1.3 发展趋势

分享经济之所以能快速崛起，完全得益于成熟技术基础设施，特别是智能手机通过移动互联网技术，使基于 LBS 的按需匹配实现，随时在线按需使用，同时使线上信息分享拓展到线下服务分享。基于大数据和云计算形成的信息枢纽，使供需方的海量碎片化资源进行高效整合和精准匹配，使分享经济向平台化规模化发展。移动支付将个人交易、金融支付和社交连接到一起，使得分享经济得以大规模实现成为可能。

未来，随着新兴技术的发展，将会引领分享经济向着新的模式演变。例如，基于虚拟现实技术在游戏等娱乐产业已崭露头角。自媒体视频直播领域目前在分享经济中也显示出特别的活力。而随着央行未来推出数字货币，支付手段更加便捷和安全，分享经济发展将得到进一步规范。

推动中国分享经济持续发展有三大有利条件：一是城镇人口规模快速扩大，将突破城镇既有的服务承载能力，必须将分享经济作为补充和替代；二是老年化，老年人具备大量的闲置资源，必然要通过分享经济激活；三是习俗化，消费习俗逐渐形成，当越来越多的消费者已经习惯了手机打车的时候，人们很难退回到过去排队等车的模式中。

早在 2012 年，美国作家丽莎·甘斯基[①]在《聚联网：商业的未来》一书中指出：闲置就是浪费。同时，她还指出分享经济的主要特点："分时共享、对互联网及移动信息网络更加先进的使用、关注实体商品和材料，以及通过社交网络接触顾客。"

美国研究机构有调查显示，分享经济下消费者观念发生重大转变。其中 81% 的受访者认为分享比占有更省钱，57% 的人认为使用是一种新的占有，43% 的人则认为占有变成负担。另外有 76% 的人认为分享有利于环保。[②]

同时，随着新技术的发展和资本的涌入，我国的分享经济也出现了新现象。其一是高速成长之后大规模跨界。例如，出行领域的滴滴，从专车到拼车，从代驾到呼叫巴士，再到试驾，围绕出行场景，构建跨界生态体系。通过跨界合作模式和地产、旅游、美食、医疗等领域合作，构建各种消费场景。例如，入股饿了么，并与餐饮业合作"一键叫小龙虾"；与阿里健康、名医主刀合作 "一键呼叫医生上门"； 与乐居、觅房等地产平台合作"打车看房"，与马蜂窝合作"胡同专车"上门接驾及胡同写真等。

其二是以租代售风头正健。长租公寓、创客空间、短租平台的风潮出现，为住宅市场、非住宅市场等各类房地产去库存提供了有效路径。

其三是二手物品电商巨头雄兵四起。二手物品交易需求逐渐旺盛，市场空间巨大，但是尚未出现领军企业。闲鱼和京东拍拍二手依托各自网购平台，用户可以一键转卖二手物品，同时，二手车交易市场、二手电子回收、二手奢侈品交易也处于 BAT 等巨头的觊觎。

另外，内容创业也成为 2016 年的新潮流，异国授课与达人顾问正方兴未艾。请专家看病不用挂号，私厨外卖登入大雅之堂。众包物流将成为电商的标配，大规模兼职服务从企业流行到个人。

很显然，在用户痛苦指数越高的领域，分享经济的创业机会和市场空间也就更大一些，但同时竞争程度也会更激烈一些。目前来看，医疗分享、教育分享及物流众包是非常好的创意点。其次，二手交易、短租、专业与个人服务，以及私厨和自媒体，都是不错的选择。出行和金融领域独角兽企业已经出现，创业公司机会不大。

对于传统企业来说，分享经济是一个机会点。那么，传统企业如何拥抱分享经济呢？一是转型，传统企业顺应分享经济的发展浪潮，主动向分享经济转型，从"卖新和卖多"

---

① *The Mesh：Why The Future of Business is Sharing*，作者 Lisa Gansky
② 数据来源：腾讯研究院《中国分享经济全景解读报告》。

向"分享型服务"转型，即以租代售加二手交易。例如，宝马、标致等车企纷纷推出"以租代售"的汽车分时租赁业务。二是以分享经济的思维，借助社会化力量开展企业运营和筹集资金。例如，3W咖啡通过众筹模式筹集股东会员，WiFi万能钥匙股权众筹高达77亿元认购额。三是通过资本运作，快速进入分享经济领域。例如，北汽集团、中投、中信资本等纷纷投资滴滴。

我们在前面的章节谈到，在社群里，我为人人，人人为我。分享经济具备了社群经济的特征，其实社群就是一群有共同爱好和需求聚合在一起的群体。而且，未来的社群成员，一定会是三位一体的投资者、生产者和消费者。而社群，正是这样一个"服务型平台"，和分享经济的服务平台其实是一体的，前者是"软件"，后者是"硬件"。

如果没有分享经济的思维，社群这个概念是没有意义的，这好比人的精神，必须依附在分享经济服务平台这样的躯体上一样。反之，如果没有精神，这个躯体也没有了灵魂，也没有存在的意义。因此，不管是前面的创新思维、认知思维、人本思维、移动思维、场景思维、内容思维，还是大数据思维，我们依然认为，分享经济也是一种思维方式，是一种基于大数据和云计算的"无中生有"的思维方式，是一种全新的创造性思维方式。

10.2　万物皆媒思维

10.2.1　发展前景

其实物联网并不是新生事物，早就深入到我们的生活当中，如二代身份证可以直接乘坐动车而无须去取票，高速公路上的ETC(不停车收费)系统，以及小区车库的进出系统，都是通过读取身份证或者安装在车里的识别芯片进行人或车的识别。既提升了通行效率，也节约了管理成本。还有，现在很多家电产品也具备这样的功能，如格力空调、海尔冰箱，以及小米的空气净化器、电视、摄像头、电饭煲等都可以通过手机APP进行远程控制。

物联网技术正在迅速渗透到各个应用领域，从人们的日常生活，到国家战略产业，主要应用领域包括智能家居、智慧城市、健康医疗、工业监控及国防工程等。

物联网是新一代信息技术的重要组成部分，也是"信息化"时代的重要发展阶段。其英文名称是"Internet of things(IoT)"。顾名思义，物联网就是物物相连的互联网。通过射频识别、红外感应器、全球定位系统、激光扫描器等信息传感设备装备到现实中的各种物体上，所有物体的信息都可以形成数据并上传至网络时，一切真实的物体就可以被赋予"智能"，物与物、人与物之间就可以实现"沟通"和"对话"，物联网也就随之形成。这有两层意思：其一，物联网的核心和基础仍然是互联网，是在互联网基础上的延伸和扩展的网络；其二，其用户端延伸和扩展到了任何物品与物品之间，进行信息交换和通信，也就是物物相息。

物联网通过智能感知、识别技术与普适计算等通信感知技术，广泛应用于网络的融合中，也因此被称为继计算机、互联网之后世界信息产业发展的第三次浪潮。物联网是互联网的应用拓展，与其说物联网是网络，不如说物联网是业务和应用。因此，应用创新是物联网发展的核心，以用户体验为核心的创新 2.0 是物联网发展的灵魂。

随着 5G 技术的发展，未来 5 年，大部分物体都将被接入物联网。大到国防安全、智慧政务，小到智慧社区、智能家居、车联网、无人机等。物联网的革命性在于可以把一切物体进行连接、交互，形成一个人与人、物与物、人与万物互联的新网络，这个网络将是目前互联网的万倍以上的体量。因此，有人将物联网称为继农业革命、工业革命、信息化革命之后的又一场革命——智慧革命。

早在 2014 年，华为首次发布了全球连接指数 (GCI)，到 2025 年全球将有 1000 亿连接。90% 的连接属于人与人之外的人与物、物与物的连接。其中 55% 的连接将集中在商业领域，如智能化生产、智慧城市等；此外，45% 的连接应用在智能家居、车联网、可穿戴设备等面向消费者的领域。华为因此大力投入物联网，仅研发人员就已达 3300 人，研究范围涵盖操作系统、边缘计算、无线、IoT 平台、解决方案、标准与合作等方面。同年晚些时候，市场研究机构 IDC 也预计，到 2020 年全球物联网市场规模将达到 1.1 万亿美元，与之相应的是物理连接数的爆炸式增长。国内白色家电巨头也在这方面做了尝试，海尔推出了 U+ 家电。2016 年 3 月，小米也发布了"米家"，推出电饭煲、空气净化器、电视等，开始智能家居战略布局。

智能家居作为物联网领域风口，引发了国际科技巨头也纷纷布局。自 2014 年 1 月 Google 宣布以 32 亿美元收购 Nest 公司后，各大科技公司就纷纷开始涉足智能家居领域。如苹果公司在 2014 年就发布 HomeKit 智能家居平台，该平台可以将用户家中的智能家电整合在一起，可以通过 iPhone、iPad 等苹果设备来统一控制家中的各种智能家居产品。表 10-2 所示是目前全球主要的物联网阵营。

表 10-2

机构	成立时间	主要成员
ALLSeen 联盟	2013 年 2 月	以高通为主，成员超过 150 家
IIC 工业物联网联盟	2014 年 3 月	由奇异、思科、IBM 主导，成员超过 250 家
OIC 开放互联网联盟	2014 年 7 月	以英特尔、三星、Dell 为首，成员逾 100 家
Thread Group 联盟	2014 年 7 月	以 Google、三星、ARM 为主导，成员超过 200 家
OCF 开放互联基金	2016 年 2 月	以微软、英特尔、思科主导，将 OIC 改名为 OCF，成员超过 180 家

除了 Google 和苹果之外，很多传统硬件巨头也调整既有的产品策略，开始拥抱物联网。IBM 投资 30 亿美元成立物联网研发部门，并找来了原先负责 IBM 高阶服务器产品线的头目领军，负责推动物联网业务。随后，Dell 也跟进设立物联网部门，还推出了首款物联网网关产品，将物联网正式纳入自家产品线的一环。与此同时，思科、日立也成立物联网云端部门，甚至成立新的物联网事业群。高通以 24 亿美元买下英国蓝牙芯片商 CSR，来加强在联网汽车与穿戴式硬件的链接能力。

在物联网平台架构方面，半导体芯片巨头英特尔誓言要建立一个能通吃物联网硬件、网络和云端的物联网生态系。微软也在 2015 年 8 月正式推出了 Windows 10 物联网 Core 正式版，可供开发人员免费下载并安装在 Raspberry Pi 2、Raspberry Pi 3 与 Arduino 等开发硬件上，来开发 Windows 10 物联网应用程序。

在云端，Amazon AWS 也推出物联网云端服务平台，具备可以用于搜集亿级硬件的信息量的规模，且能提供从硬件端、网关端一直到云端的物联网服务方案，并采取按量计费方式收费。微软也开始为企业提供一个云端物联网 PaaS 服务，称之为 Azure 物联网 Suite，具备强大扩充能力，最多可同时与上百万台的硬件相连，且提供有各种协作、分析和管理工具，并释出 SDK 套件，让开发人员能用来开发各种物联网应用及服务。

10.2.2　物联网特质

从信息技术产业的进阶规律来看，基于电脑的连接叫做互联网；基于智能手机的连接叫做移动互联网；基于所有智能终端的连接叫做物联网。所有的连接，都是为了提升效率，最终为了更好地为人类提供服务。因此，中国工程院院士邬贺铨认为：物联网即服务。

互联网发展到今天，已经经历了 PC 互联网时代和移动互联网时代，目前正走向万物互联时代。在"传统"的 PC 互联网时代，也就是互联网的第一个时代，主要表现在计算机通过 IP 地址实现连接，人的连接比较弱，也就是大多数人大部分时候都没有在互联网上。这个时代的产业结构主要表现在 PC 的出货量上，哪家出货量大，哪家就是那个时代的王者，如 IBM、戴尔、联想。

到了第二个时代，就是移动互联网时代，以智能手机为代表的智能终端崛起，连接的是人与人，因为手机已经成为人体器官的延伸，随时随地可以保持联系，不像第一个时代，人和计算机一旦分开，就无法联网。而现在，每个人都永远在线，随时都可以联系上。这个时代的产业结构主要表现在手机的出货量上，如苹果、三星、华为、小米等，比拼的也是出货量和市场占有率。

第三代就是万物互联网时代，也就是我们马上要进入的时代。这个时代的主要特征就是"万物互联"，无论是人身上的手机、手表、眼镜、鞋子、衣服上的扣子、裤腰上的皮带等可穿戴设备；还是家里的空调、冰箱、电视、洗衣机、电饭煲、智能门锁、监控系统等电器。家里的橱柜、双人床、婴儿车、婴儿床等家具；家里的机器人、吸尘器、空气净化器、自动浇花器等设施；还是你出行的设备如汽车、火车等交通工具，甚至你喝水的杯子，街上的路灯、井盖、摄像头、广告牌、红绿灯，等等，所有东西都会互相连接在一起。无论你是在办公室、地铁里、飞机上，甚至你坐在马桶上，还是在开车、在床上，你都可以和任何一个东西联系上并控制它们为你服务。

事实上，上述很多东西已经能通过手机来实现远程控制了，如电饭煲、空调、冰箱、电视、洗衣机、空气净化器、扫地机器人等，只要在手机安装对应的APP即可实现对各种复杂功能的控制。很显然，这个时代的产业结构一定会是提供这些接入终端的标准，或者是能提供这样接入的一个大平台。

万物互联有什么特征呢？

第一是高度可视化。 即从预处理到初加工，生产、仓储、电子商务、订购、运输配送、签收使用一系列环节都是可溯源追踪的，无论在哪个环节出现问题，都能得到确认。在工业企业生产制造和售后服务DRM（设备关系管理）等物联网应用中，高可视度可以让管理者纵观细节和全局，从而提高效率和安全生产。

第二是高精度数据。 在物联网应用普及之前，信息系统中的绝大部分数据都是人手工输入进去的，难免会出现有意和无意的错误，而物联网中机器或传感器自动产生的数据将永远是真实客观的数据。

第三是广泛连接。 除了现有联网的电脑和手机之外的一切"东西"，如个人穿戴产品、智能家居、公关设施等，都可以相互连接实现智慧家居、智慧城市、智慧地球。

第四是合作分享。 如此庞大的系统，不可能由一家或几家企业来完成。因此，系统的无缝衔接成为物联网能否发挥效益的关键，在合作的同时，就必须分享，物联网就是合作的经济，分享的经济。

第五是大数据思维。 据IDC预测，到2020年机器产生的数据占所有数据的份额将从2005年的11%增长到42%，物联网大数据最终将成为大数据业务主体。

从上述可以得出，物联网经济的主要特征是"连接比拥有更重要"。当然，物联网也是一种思维方式，是一种万物连接协作分享的思考方式，协作的前提必须是分享，只有分享了，才能协作。互联网是一种人与人之间的连接，人人为我，我为人人，独木不成林，一花难成春。同理，物物相连，才能产生化学反应，才能产生最大的社会效能。每个人都是一个连接的节点，每一个物品也都是一个连接节点。人和人相连，人和物相连，物和物相连，共同组成了智慧家居、智慧城市、智慧地球。

我们在前面的章节也提到过，社群从最初的网络社区逐渐发展成为以移动端为核心的连接人、信息与商品的社群生态。人人都是连接的节点，人人都是自媒体。随着物联网的发展，社群除了实现了人与人之间的连接，还将出现人与一切物品的连接，也就是说，人和物之间通过连接增加了情感，势必增强用户归属感和品牌影响力；社群也势必呈现多元化和结构化。

物联网的特性就是万物皆媒体，每个连接的节点都是数据的制造者，也是数据的传播者，并从这些数据产生更大的连接，挖掘出新更大的价值。当然，人作为物联网中最核心的部分，将主导着物联网的发展，虽然人工智能会取代人类的部分工作，但永远也无法取代人类的主导地位。

在 2016 年 7 月华为任正非先生在公司年中会议上说："人类社会要转变成智能社会，这是一个客观规律，谁也无法阻挡，我们要看到人工智能对社会产生的积极正面作用。我们要有战略自信，勇敢地去拥抱挑战。"

据前瞻产业研究院发布的《中国物联网行业应用领域市场需求分析报告》数据显示，2014 年全球物联网市场规模仅为 2900 亿美元，预计到 2020 年将增至 11000 亿美元；2015 年全球联网的物联网设备数量达 49 亿台，预估 2017 年全球物联网设备安装数量高达 285 亿个，较 2016 年的 230 亿个增长 23.9%，预计到 2020 年将增至 500 亿台。毫无疑问，这是一个巨大的市场空间。

10.2.3　中国发展情况

据工信部公布的数据显示，2015 年中国物联网产业规模达到 7500 亿元，"十二五"时期联合增长率达到 25%，通过网络机器到机器连接数超过 1 亿，占据全球总量的31%，成为全球最大的市场。而根据全球最大的管理咨询、信息技术和业务流程外包机构埃森哲（Accenture）的最新报告，在中国政府的支持下，物联网对推动行业增长助力明显，预计到 2030 年，物联网可以创造高达 1.8 万亿美元的国内生产总值（GDP）累积贡献值。

世界主要国家已将物联网作为抢占新一轮经济科技发展制高点的重大战略，我国也将物联网作为战略性新兴产业上升为国家发展重点，并在《"十二五"规划纲要》中明确提出，要推动物联网关键技术研发和重点领域的应用示范，成为近年发展"互联网+"国家行动计划中的重要内容。

2016 年 12 月 27 日，经李克强总理签批，国务院在中国政府网公开发布的《"十三五"国家信息化规划》，有 20 处提到"物联网"。其中"应用基础设施建设行动"方案中，明确指出积极推进物联网发展的具体行动指南：推进物联网感知设施规划布局，发展物联网开环应用；实施物联网重大应用示范工程，推进物联网应用区域试点，建立城市级物联网接入管理与数据汇聚平台，深化物联网在城市基础设施、生产经营等环节中的应用。

2017 年一开始，工信部发布《关于印发信息通信行业发展规划（2016-2020年）的通知》及《电信网编号计划》2017 版征求意见稿，主要从五个方面进一步对物联网产业进行具化布局。

一是《电信网编号计划》2017 版征求意见稿新增了物联网网号，如表 10-3 所示。

表 10-3

号 码	管理位长	用 途
0	1	国内长途电话业务字冠
00	2	国际长途电话业务字冠
10	2	长途区号
11	4	国际智能业务来话路由码
12		备用
13	4	公众通信移动网网号
140-144	5	物联网网号
145-149	4	公众通信移动网网号
15	4	公众通信移动网网号
160		备用
161-162	4	公众通信移动网网号
163		备用
164-167		公众通信移动网网号
168-169		备用

二是预测 2020 年物联网将要形成的连接数及市场规模。到 2020 年我国包含感知制造、网络传输、智能信息服务在内的总体产业规模突破 1.5 万亿元，智能信息服务的比重将大幅提升；在感知设施方面公众网络 M2M 连接数要突破 17 亿。

三是在标准上制定上。未来我国将研究制定 200 项以上国家和行业标准，满足物联网规模应用和产业化需求的标准体系逐步完善，物联网基础共性标准、关键技术标准和重点应用标准基本确立，逐步提升在物联网国际标准领域话语权。

四是在技术方面创新。到 2020 年，我国产学研用结合的技术创新体系基本形成，企业研发投入不断加大，物联网架构、感知技术、操作系统和安全技术取得明显突破，网络通信领域与信息处理领域的关键技术达到国际先进水平，核心专利授权数量明显增加。

五是在应用推广方面。在工业制造和现代农业等行业领域，以及智能家居和健康服务等消费领域推广一批集成应用解决方案，形成一批规模化特色应用。在智慧城市建设和管理领域形成跨领域的数据开放和共享机制，发展物联网开环应用。

作为物联网的基础设施，我国三大电信运营商在 2017 年的物联网战略规划虽然侧重点和布局各有不同，但都把着力点放在"万物互联"上。因为无论是智能家居业、智慧社区、智慧城市、智慧政府，始终无法离开"物联网"这个最基础的设施。

中国电信 2017 年的目标是与产业链共创智能连接、智慧家庭、互联网金融、新兴 ICT、物联网五大业务生态圈构建物联网生态。中国电信将基于 800M 重耕，以及 NB-IoT 网络的覆盖，推出连接管理平台和业务使能平台，提供超亿元的激励政策用于支持物联网发展。预计到 2017 年 6 月，中国电信将建成世界上规模最大、应用最为广泛的 NB-IoT 网络，以进一步提升智能连接能力。

中国移动 2017 年的目标是在移动终端、数字家庭、智能物联及行业信息化四大领域加大连接战略，做大连接的核心途径锁定在了 5G 和物联网，将面向"个人、家庭、行业"全面提供物联网服务。中国移动将推动 OneNET 平台的 3.0 版本升级，吸纳更多产业合作者。在行业信息化方面，将围绕政府、金融、教育等八大垂直行业，提供一揽子信息化解决方案等。另外，在中国移动的大连接战略中，2017 年需要扩大基础连接，确保 4G 用户规模高增长，使集团用户数达到 600 万，物联网智能连接数达 2 亿。

中国联通 2017 年计划在超过 6 个城市启动基于 900MHz、1800MHz 的 NB-IoT 外场规模组网试验及业务示范。在商用方面，中国联通计划 2017 年底 2018 年初推进重点城市的 NB-IoT 商用部署。

中国联通将在上海多技术路径与模式探索物联专网建设，率先部署 NB-IoT 物联专网，支持上海智慧城市建设中的智能抄表、智能停车、环境监控、智能制造等应用创新，提升城市运营管理能力和效率。2017 年将建成全市覆盖的物联专网，网络基站规模超过 3000 个，实现上亿规模"物"的连接能力（资料来源：天虎科技）。

其他企业，除了传统的互联网巨头 BAT、京东、小米之外，华为、海尔、中兴也在物联网做了积极的布局，并取得了可喜的成绩。例如，阿里巴巴在物联网上依然坚持开放和赋能的生态打法，积极布局标准、软件和云端三大战略制高点。华为则率先提出"一云二网三平台"的智慧城市整体架构解决方案的同时，将业务定位于"聚焦 ICT 基础设施。"

腾讯将旗下 QQ 物联平台全面升级为腾讯物联云，实现物与物、人与物互联的同时提供更加强大的云计算、大数据、人工智能等云端应用。中兴则将物联网具体施行的战略概括为"两平三横四纵"，"两平"即重点打造生态圈和资本两大支撑平台；"三横"则是在终端、网络及 IoT PaaS 三个层面布局；"四纵"主要聚焦在智慧城市、智慧家庭、工业互联网、车联网四大垂直领域，这几大领域的应用是中兴通讯物联网核心技术的延伸，均取得了不错的成绩。

小米则通过发展物联网硬件的模式，与有潜力的创业公司进行战略合作。小米计划在 5 年内投资 100 家复制小米模式的公司，实现快速布局物联网产业链的目标。目前小米已经布局了智能手环、智能插座、空气净化器、电饭煲等其他智能家居。由此可见，在未来的 3 ～ 5 年，我国的物联网在政府和企业的共同推动下，势必进入一个全新的高速发展时期。

从第 8 章到第 12 章，我们从认知思维、人本思维、创新思维，到创造价值思维、移动思维、内容思维，再到大数据思维、分享经济思维，以及万物皆媒思维。这九大思维，是当前新实体经济态势下必须具备的思维方式，在每一章的小结中，我们反复强调一点，那就是改变自己的思维方式。事实上，无论社会如何进化，技术如何发展，如果人的思维方式不跟着进步，那么什么样的技术进步对其都没有任何好处。

本 章 小 结

分享经济和物联网是一种服务和应用，也是一种思维方式。分享经济和物联网的本质都是"连接比拥有更重要"。同时，两者之间最大的共同点在于"分享"，只有通过分享，才能实现社会整体效率的提升。分享经济会成为未来 5 年的主要商业模式之一，物联网则是未来 5 年经济的主要增长点。

第11章
新零售 新思维

本章导读

　　新零售是面向未来消费者的全新零售方式，是一种全新的商业模式，也是一种全新的思维方式。

　　新零售通过大数据和新技术，结合现代物流，目的是提升生产商和零售商的效率，降低双方的交易成本，让消费者获得实实在在的利益和体验。新零售是解决目前线上和线下之间矛盾的创新和尝试。

11.1　新　零　售

11.1.1　什么是新零售

　　新零售，阿里巴巴给出的定义是：以消费者体验为中心的数据驱动的泛零售。这个概念是马云在 2016 年 10 月在云栖大会上提出的，马云认为：

　　"今天电子商务发展起来了，纯电商时代很快会结束，未来的十年、二十年，没有电子商务这一说，只有新零售这一说，也就是说线上线下和物流必须结合在一起，才能诞生真正的新零售，线下的企业必须走到线上去，线上的企业必须走到线下来，线上线下加上现代物流合在一起，才能真正创造出新的零售来。物流公司的本质不仅仅是谁比谁做得更快，而物流的本质是真正消灭库存，让库存管理得更好，让企业库存降到零，只有这个目的，才能真正达到所有的物流真正的本质"。

　　简单来说，新零售就是利用互联网，特别是移动互联网技术，通过线上线下相结合加上现代物流，打造全时段、多场景、高效率的消费体验，是一种全新的零售业态。新零售有三个主要特点：

一是重塑商业模式。强调线上线下全渠道融合，在消费场景上集购物、餐饮、娱乐、服务等多元业态于一体，更能满足消费者的多样化需求。

二是重塑运营模式。通过互联网、大数据、新技术重塑产业链结构，实现智慧零售。

三是重构供应链。通过线上平台、线下实体门店、物流体系三方的深度融合，提升商品的供应链效率，达到消灭库存的目的，最终实现消费者、零售商、品牌商的多方共赢，如图 11-1 所示。

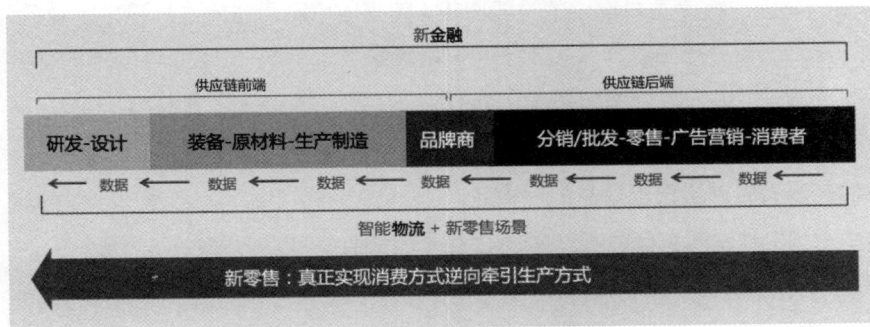

图 11-1　（图片来源：阿里研究院）

在接下来的几个月里，马云和阿里巴巴 CEO 张勇多次在公开场合提及新零售。

2017 年 2 月 20 日，阿里巴巴与上海百联达成战略合作，联手孵化"新零售"业态。马云在会上宣布"2017 年是阿里巴巴新零售元年"。马云强调："今天的合作不仅仅是上海百联集团和阿里巴巴的合作，也是线上和线下、技术和实业、传统和创新、过去和未来的融合，我们觉得未来已经不存在纯电商或者是纯线下，未来的竞争只有新零售和传统零售的竞争。"

在和百联的合作中，阿里巴巴 CEO 张勇将马云的新零售具体概括为"三通""三才""三化"。

"三通"，指商品通、会员通、服务通。当三者全面打通后用户体验将更上一层楼。截至当前，天猫平台上完成"三通"的门店已超过 10 万家。

"三才"，指人、货、场（场景），三者要基于互联网基础形成有效互通。

"三化"，一是"强化"，即强化原有购物中心、超市的传统能力；二是"化学反应"，即提高效率；三是"孵化"，即产生新的业态。

此外张勇还表示，"它像商场又不是传统商场，像购物中心又不是传统购物中心，它是一个消费的社区又是一个吃喝玩乐的中心，又是一个消费者连接的中心，又是一个一个新的社区、社群。"张勇还说："如果双方合作孵化出很多大家都看不懂的业态，'新零售'的路子就走对了。"

百联集团现任董事长、总裁叶永明在发布会上也指出："新零售不仅仅是线上线下的融合，更是以互联网、物联网、人工智能、大数据等领先技术为驱动，面向线上线下全客群提供全渠道、全品类、全时段、全体验的新型零售的模式。"

11.1.2　新零售的背景

阿里巴巴为什么要提新零售这个概念？首先是阿里巴巴的电商难以为继。虽然目前阿里巴巴核心收入即 80% 的收入还是靠电商部分，但是最近 5 年一直增长乏力，这也是 2016 年来阿里巴巴极力去电商化的主要原因，阿里巴巴不再认为自己是电子商务公司了。马云和阿里巴巴 CEO 张勇去年来多次在不同场合鼓吹新零售，2016 年的第四季度财报也首次不提及 GMV。极力去电商化的原因是什么？其一是阿里巴巴自身的原因；其二是零售市场发生了很大的变化；其三是消费者本身也发生了巨大的变化。

我们先来看看阿里巴巴自身的原因。

阿里巴巴 2017 年 1 月 24 日发布的 2016 年第四季财报，其中的一段：

"截至 2016 年 12 月 31 日，中国零售平台的移动月度活跃用户数增长至 4.93 亿名，较上季度的 4.5 亿净增 4300 万。"

上面这段话其实是很有技巧的，我们可以读出以下三点含义：

首先是移动端成熟。阿里巴巴对移动端的焦虑不是一天两天了，"移动月度活跃用户"表明阿里巴巴非常担心外界还认为阿里巴巴是 PC 时代的阿里巴巴，毕竟 2016 年双十一，84% 的成交额来自移动端。阿里巴巴旗下所有平台都极力要把客户从 PC 端转移到移动端，毕竟移动端的"船票"是那么可贵。在 BAT 三家中，腾讯的社交软件微信和手机 QQ 自然没有对手，百度也靠地图抢占了移动的入口，而阿里巴巴却迟迟拿不出杀手级的产品和应用，这让充满危机意识的马云及其高管团队感到非常焦虑。"谁不参与进来，谁就不该待在这家公司！"马云曾经为了力推"来往"狠狠撂下这句话。

在 2013 年的一次高层会议上，他警告他的员工："再不动，就要死了！"，后面的结果大家也都知道，马云力推"来往"无疾而终，陆兆禧因此下课。张勇上位，调整策略，回到手淘和支付宝移动端，钉钉也因为抢占了企业办公这个垂直市场，使得阿里巴巴终于在移动端稳住阵脚。

艾瑞咨询最新数据显示，2016 年中国移动购物在整体网络购物交易规模中占比 70.7%，同比增长 15.3%。移动购物市场集中度依然很高，2016 年阿里无线依然稳居首位，占比达 82.6%。

也就是说，阿里巴巴的客户从 PC 迁移到移动端已经成熟了，新零售的碎片化条件已经具备了，可以说，新零售是移动端的必然产物。

第二是人口红利结束。

阿里巴巴为什么 5 年前或者 3 年前不提新零售？那是因为前几年阿里巴巴电商部分还在高速发展，虽然最近几年还在继续增长，但是增长的速度已经严重放缓。其中一个重要的原因就是人口红利已经透支完了，中国就 14 亿人，阿里巴巴的月活跃用户 4.93 亿，这意味着每 2.8 个人就有一个是阿里巴巴的用户，扣除不具备上网条件的，还能有多大的增长空间？另外，人口众多也是其中一个原因，为什么其他国家电商规模发展不如中国？很大一部分原因就是人口没有中国那么多。

阿里巴巴中国零售平台是什么？就是 1688+ 淘宝 + 天猫。也就是说，阿里巴巴 4.93亿的用户是指这三大平台加起来的数字，包括在 1688 搞批发的个体工商户、小企业、淘宝个人卖家、淘宝消费者、天猫企业商家，等等。也就是说，阿里巴巴的用户已经到了天花板了，再也上不去了。

2016 年阿里巴巴零售活跃用户增长进入快速下滑，全年新增用户跌破千万，Q3 新增人数只有 500 万，Q4 只有 400 万人。过去三年，阿里巴巴活跃买家净增长人数有一个明显的高速增长后高速下滑的过程。2014 年 Q3 当季新增买家 2800 万为高峰，之后总体增速进入下行通道，如图 11-2 所示。

新增用户快速减少后，阿里巴巴上个季度对外宣布不再公布 GMV。全网流量进入存量市场，作为领头羊的阿里巴巴早已洞察这一天的到来。

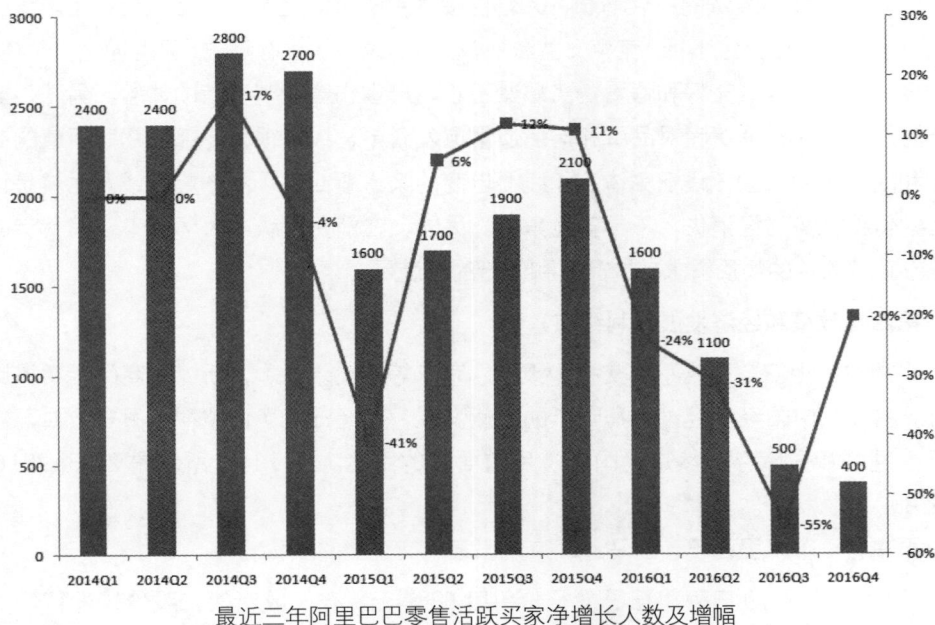

最近三年阿里巴巴零售活跃买家净增长人数及增幅

图 11-2　（图片来源：易邦动力）

阿里巴巴在四季度财报分析师电话会议中称，阿里巴巴的零售业务主要是通过提升广告价格、增加广告收费等在线营销服务所收入带动的，同比增长47%，高于零售业务的销售收入增长。

具体做法就是向商家提供直播、淘宝头条、二楼视频等内容产品，阿里巴巴正想尽一切办法让品牌商和商家在阿里巴巴平台投入更高的营销费用。但高投入能带来高的营销增长吗？

从多位天猫平台头部、腰部品牌商得到的信息是，2016双11及全年，品牌在阿里巴巴平台的销售投入越来越贵，但流量却并没有同比的涨幅，更有流量严重下滑者。

2016年双11天猫互动城的价格比2015年涨了三倍，但参与的商家普遍遭遇了流量恐慌，双11当天一位类目TOP前五的商家称"整个类目的流量下滑在20%，相比去年同时段个别时段负增长，整体流量比预期差了一倍"。

第三是消费升级。

淘宝为什么会那么快发展起来，以至于带动整个阿里巴巴集团的发展？最大的因素就是15年前中国经济还处于发展的初级阶段，那时候大家都还比较穷，说白了，就是因为消费者贪图网上商品的价格比较便宜。而且淘宝主要以日常消费的服装鞋帽为主，当时作为消费主力的线下实体店的价格却非常高，传统实体店主利用信息不对称及物流尚未发展进行价格垄断，淘宝的出现打破了格局，直接导致了淘宝飞速崛起。

但是随着我国经济的持续增长，人们生活水平的日渐提高，加上最近5年来线上运营的成本一点都不比线下低，竞争日益激烈，很多商家为了生存下去，只有通过打价格战，其结果只能导致以劣充好和假冒伪劣屡禁不止，严重伤害了消费者的体验。另外，随着中产阶层的崛起，消费者对品牌和产品质量愈发看中，线上很大一部分物有所值的商品价格和线下相差无几，线下实体店和线上电商的又重新回到了同一起跑线。也就是说，线上的价格优势已经消失，不具备竞争力。另外，在消费升级的大环境下，消费者的消费重心正从简单的物质需求转向品质和体验的双满足。

第四是政策和经济发展红利结束。

早期在线上C2C开店不用交税（天猫、京东等B2C除外），所以，商品能卖得比较便宜。另外，中国经济经过了几十年的高速发展，已经进入了调整期。另一方面，产能的严重过剩和去库存仍然是我国经济目前面临的困境。图11-3所示是2006-2016年中国GDP增长状况。

再来看一下阿里巴巴、亚马逊、京东三家电商企业的股价。

2014年9月19日阿里巴巴发行价每股68美元，当天收盘时，股价较发行价上涨38.07%，报收于93.89美元。阿里巴巴的股价在2014年11月10日上涨至119.15美元达到最高点之后，总体呈现出一种下跌的趋势，跌幅约为 40%，其股价呈现一路下滑的趋势，其原因在于资本市场认为阿里巴巴目前的模式撑不起来如此高的市值和股价。

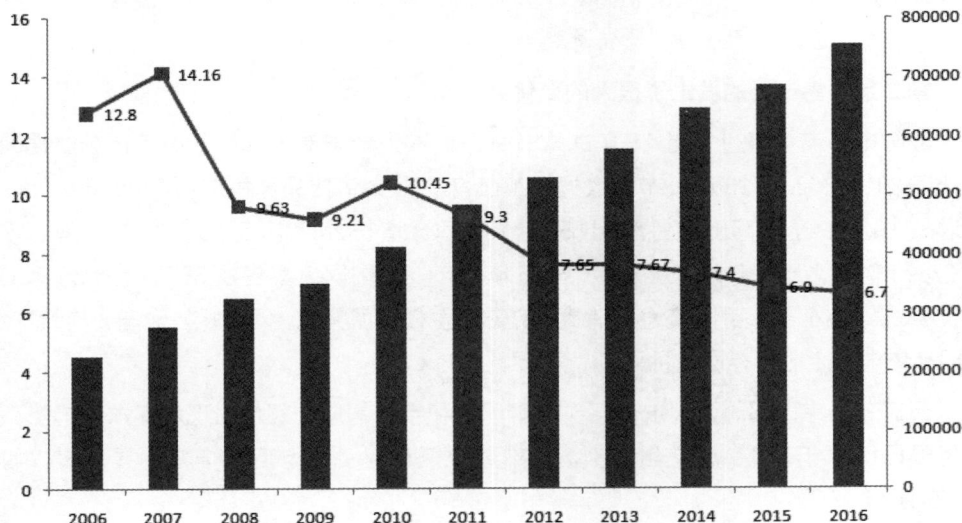

2006-2016 年中国 GDP 增长状况

图 11-3

目前阿里巴巴的股价是 102.12 美元（2017 年 2 月 22 日数据），其实是在第四季度靓丽的财报发布之后才上来的，之前一直徘徊在 86 ~ 100 美元。2016 年双 11 成交 1207 亿元的海量交易额，可是美东时间当天，股票居然还下跌。

再来看看京东，2014 年 5 月 22 日上市开盘价为 21.75 美元，目前为 30.23 美元（2017 年 2 月 22 日数据）。京东被外界称为"亏损王"，连续 14 年未见盈利，但是京东的数据增长非常漂亮；京东财报显示，截至 2016 年 12 月 31 日，过去 12 个月京东活跃用户数同比上升 46%，达到 2.266 亿元。但根据上个季度的财报数据，京东当时的活跃用户为 1.987 亿，也就是第四季度京东新增了 2790 万月活跃用户，同比增长 57%。亚马逊也是一样，虽然连续亏损 19 年，但这不妨碍其成为全球电商第一大股，因为资本市场认为，当亚马逊和京东一旦开始盈利，那就能赚个盆满钵满。

再来看一下阿里巴巴的第四季财报以下这段描述：

"除了零售平台的持续强劲增长，云计算和数字媒体及娱乐业务表现亮眼。云计算同比增长 115%，数字媒体和娱乐业务同比增长 273%。创新项目及其他业务同比增长 61%"。

这很不寻常，三句话，用了 4 个增长。"增长"这个词对一家上市公司来说，简直就是救命的仙丹。2016 年，阿里巴巴 10 亿美元收购东南亚最大购物网站 Lazada，12 亿元增资新加坡邮政，布局国际物流，参投印度电商巨头 Snapdeal。就是因为国内电商增长乏力，只好通过拓展国际市场来获得梦寐以求的"增长"。当然，阿里巴巴布局云计算和数字媒体及娱乐产业等，在国内大肆收购投资高德、优酷、微博、滴滴、美团等，无非就是为了这两个字——"增长"。

其二是零售市场的发生了很大的变化。

我国电子商务经过了近 15 年的增长，已经成为全球最大的电子商务市场。据国家统计局 2017 年 1 月 20 日公布的数据，2016 年，社会消费品零售总额 332316 亿元，同比增长 10.4%；全国网上零售额 51556 亿元，同比增长 26.2%。而 2014 年全年网上零售额 27898 亿元，比上年增长 49.7%；2015 年全年，全国网上零售额 38773 亿元，比上年增长 33.3%。商务部研究院流通与消费研究部副主任陈丽芬说，网上零售额增速连续下滑，说明纯粹电商企业生存面临挑战。

最近三年来，国内两大电商巨头阿里巴巴和京东的成交额也出现增速放缓的势头。以阿里巴巴历年双 11 成交额为例，虽然成交额逐年上升，但是增幅明显放缓，如表 11-1 所示。

表 11-1

年份	成交额（亿元）	增幅
2009	0.52	—
2010	9.36	1700%
2011	52	455%
2012	191	267%
2013	350.19	89%
2014	571	58%
2015	912	60%
2016	1207	32.3%

另外，在阿里巴巴平台（1688、淘宝、天猫）和京东上开店的商家日子也不好过，由于线上流量价格高企，商家营销成本过高，导致 90% 的线上商家生存状况恶劣，处于未盈利或亏损的状态。

线下实体店商家情况也很艰难，一方面是电商的冲击，线下市场竞争加剧，导致店租、人员广告等营销费用大幅上扬；另一方面是宏观经济下行带来的压力导致生活成本提升，导致商家严重亏损甚至引发关店潮。

目前我国主要三种零售业态超级商场、综合超市、大卖场正在迎来史上最波澜壮阔的大洗牌。根据中华全国商业信息中心的监测数据，2016 年全年全国 50 家重点大型零售企业零售额同比累计下降 0.5%，增速相比上年同期回落了 0.3 个百分点。网络零售增速也从高点回落，根据中国国家统计局公布的数据，2016 年全年网上零售额同比增长 26.2%，增速较上年同期的 33.3% 回落了 7.1 个百分点。

沃尔玛去年全球关闭了 269 家店，在中国关店 13 家，开店 24 家；家乐福 2016 年在中国市场也关闭了 5 家店，新开店 5 家；卜蜂莲花也关闭 2 家门店，新开 3 家。联华超市开店 212 家，关闭 477 家。而作为最早一批进入中国市场的百盛集团也不好过，继关闭位于北京东四环的店而后，太阳宫店也遭集团甩卖。英国"老字号"玛莎百货更是关闭了位于中国内地的 10 家店铺，彻底放弃中国市场。梅西百货宣布，由于销售额一直难以回升，将于 2017 年年内关闭 68 家门店，裁员人数高达上万。

除此之外，家乐福在中国的合资公司累计亏损近 1 亿元，同时该公司在中国的股权也频遭抛售。此外，太平洋百货、新世界百货、万达百货、百盛百货、乐购等众多线下实体都在 2016 年相继关闭了多家门店。美邦、麦当劳、湘鄂情、俏江南等服装或餐饮品牌，还有很多家装、卫浴品牌，几乎都遭遇了业绩下滑和开始关店的悲惨命运。

就连引领新商业模式的快时尚品牌——ZARA，也关闭了它中国区最大的旗舰店（成都乐森购物中心），开店速度在放缓；H&M 进入中国以来也开始首次下降；优衣库的营业利润与净利润也出现了双双下滑，2017 年伊始就关闭了四家门店。这几个后起之秀也难逃这一轮大洗牌，所谓的新模式或将成为历史。

中国服装品牌波司登关店 1357 家，佐丹奴关店 190 家。昔日素有"大众鞋王"达芙妮、百丽等国内鞋企也相继关店。达芙妮在过去的 21 个月，净关店 1562 家，平均每天都有 2～3 家路边店在关闭；而根据百丽国际财报显示，2016 年 6-8 月，集团在内地关闭了 276 家门店，相当于平均每天关店 3 家。

总体来说，新经济环境下，零售行业有所回暖，但形势依旧严峻。目前，不仅是线上电商的消费增长放缓，线下实体门店也在纷纷关店，这对于我国国内经济的发展是一个极为不利的信号。长久以来，我国经济主要是靠外贸、投资、内需三驾马车头来拉动，而伴随着中国的经济逐渐从外向型走向内需型，内需消费对于中国经济的发展起到的带动作用就越发重要了。

根据艾瑞咨询最新数据显示，如果单从移动端的增长来看，2016 年移动购物市场交易规模为 3.3 万亿元，同比增长 57.9%，增速放缓，首次低于 100%，如图 11-4 所示。移动购物市场进入平稳发展期。

另外，在 AR、VR、无人机等新技术、大数据、云计算的推动下，线上线下结合的新零售更能够满足当前用户消费升级的需求。新零售的出现恰到好处，不仅给线上电商带来了利好消息，也大大鼓舞了传统线下实体零售，更将成为拉动中国经济内需消费的火车头。

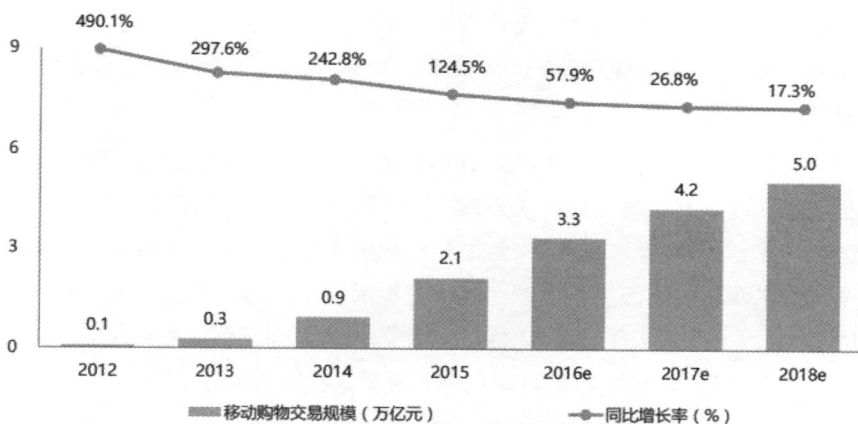

2012—2018 年中国移动购物市场交易规模

图 11-4 （图片来源：艾瑞咨询）

其三是消费者需求和网购环境发生了巨大的变化。

进入移动电子商务时代，消费者的需求和网购环境发生了重大变化。一方面是消费者希望能随时随地，精准购买到所需的商品和服务；另一方面是商品供大于求，单一渠道发展的增量空间有限，线上电商和线下实体都在布局全渠道营销。线下消费体验和线上购物便利的双向需求，将带来线上和线下购物期望值的融合，未来线上线下融合是新零售时代的重要发展趋势。

电子商务在我们国家突飞猛进一路高歌发展了近 15 年，纯电商企业也面临很多问题。

一是商品质量始终是顾客最关心的问题。麦肯锡一项关于"为什么网民不选择网购"的调查显示，首先有 56% 的网民担忧"产品质量"，其次是"支付不安全、不方便"，再次是"售后服务"和"无法在购买前试用该产品"。

二是线上商家的竞争日趋激烈，流量费用、工人工资、水电房租、快递费用、财务成本等，线上纯电商的成本丝毫不低于线下实体店。根据 iClick 的研究发现，2010 年新增用户的成本大约在 20 元左右，2015 年的新增用户成本已经超过 120 元，手机端新增用户的获取成本甚至超过 160 元，而 2016 年达到 200 元。

三是网购用户规模，2017 年 1 月 22 日下午，中国互联网络信息中心（CNNIC）在北京发布第 39 次《中国互联网络发展状况统计报告》，报告显示，截至 2016 年 12 月，中国网民规模达 7.31 亿，全年共计新增网民 4299 万人，增长率为 6.2%。相当于欧洲人口总量，互联网普及率达到 53.2%，如图 11-5 所示。

万人
中国网民规模和互联网普及率

图 11-5 （图片来源：中国互联网络信息中心）

另外，截至 2016 年 12 月，我国手机网民规模达 6.95 亿，较 2015 年底增长了 7550 万人，增长率连续三年超过 10%。台式电脑、笔记本电脑的使用率均下降了 16.5%，手机不断挤占其他个人上网设备的使用。移动互联网与线下经济联系日益紧密，2016 年，我国手机网上支付用户规模增长迅速，达到 4.69 亿，年增长率为 31.2%，网民手机网上支付的使用比例由 57.7% 提升至 67.5%。手机支付向线下支付领域的快速渗透，极大地丰富了支付场景，有 50.3% 的网民在线下实体店购物时使用手机支付结算，如图 11-6 所示。

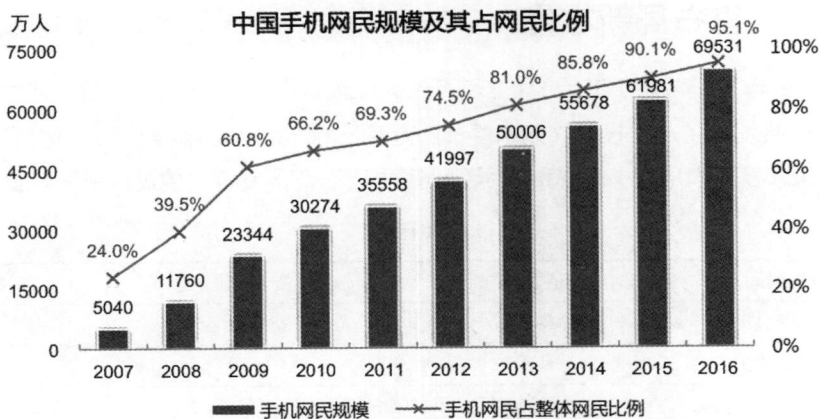

万人
中国手机网民规模及其占网民比例

图 11-6 （图片来源：中国互联网络信息中心）

很显然，无论是整体网民规模还是手机网民规模，都已经进入平稳发展期，再也不能具有翻倍的可能。新增用户的稀缺性和电商的竞争程度决定了新用户获取成本的高低，电商平台依靠新增用户扩张交易规模的模式已经受限，未来的关键点在于如何提高用户的消费意愿，以及提升单个用户的交易额。也就是王兴在乌镇互联网大会所说的，进入了互联网的下半场，必须从广度转向深度，原来一个客户一年成交 1000 元，如果对用户价值进行深度挖掘，年成交额变成 3000 元的话，那营业额就翻了 3 倍。

四是国内电商商家过度依赖价格战而忽视用户体验的提升，在供应链整合方面力度不够，这样的做法实际上是在透支自身发展的动力。苏宁金融研究院宏观经济研究中心主任黄志龙表示，居民消费正在转型升级，大多数电商企业无法满足居民服务性消费、高端消费，以及定制化、个性化、体验化消费需求。这也是网上零售额增速下滑的另一个原因。

鉴于上述四点原因，虽然网络零售依然强劲增长，但是流量成本、物流成本、人力成本等攀升，线上电商的发展已经进入平稳期，甚至可能触及天花板后往下走低。因此，未来爆发式的持续抢占份额将较难出现，线上电商只有通过降低成本、提升服务质量，提高用户的消费边际，开辟新的用户市场获取流量，才有可能在下一波增长之前把握先机。

另外，腾讯通过微信红包、小程序等手段不断蚕食线上、线下场景，特别是微信支付的快速崛起，使得阿里巴巴从两年前在线支付市场份额的 80%，降到目前的 50%，这些也让阿里巴巴倍感危机。因此，线上线下市场因素、阿里巴巴自身的因素、网民结构的变化、移动互联网化、支付环境的变化、新技术的出现，等等，促使阿里巴巴适时地提出了线上线下融合的解决方案，即新零售。既是迫不得已，也是大势所趋。

11.1.3 阿里布局新零售

从 2016 年 3 月至 2017 年 2 月和上海百联达成新零售战略合作，在不到一年的时间里，阿里巴巴一共发生了八起投资并购事件和一起商业模式合作，和上海百联达成的六大领域合作并未涉及资本层面。表 11-2 所列为阿里巴巴直接或者间接投资线下零售企业。

表 11-2

投资时间	投资 / 并购标的	投资 / 并购金额	股权
2017.01.10	银泰	198 亿港元	74%
2016.12.23	联华超市①	2.73 亿元	21.17%
2016.11.18	三江购物	21.5 亿元	32%
2016.11.17	如涵电商	4.3 亿元	12.9%
2016.08.08	闪电购	2.67 亿元	领投 C 轮
2016.03.28	易果生鲜	未透露	未透露②
2016.03	盒马鲜生	1.5 亿美元	领投 A 轮

投资时间	投资 / 并购标的	投资 / 并购金额	股权
2015.08.10	苏宁云商	282.33 亿元	19.99%

备注：

① 易果生鲜直接投资联华超市，阿里巴巴通过易果生鲜间接持有联华超市。

② 阿里巴巴从 2013 年开始，联系投资了易果生鲜 ABC 三轮融资。

笔者之前提到一个观点，说做投资或者做企业，要有"种菜、种果树和种松树"的计划，也就是短期、中期和长期相结合的投资和收益。阿里巴巴此番对线下零售企业的投资和战略合作，无疑就是布局新零售，做好新一轮商业模式即新零售的布局，属于长期的战略投资，目的就是为下一轮的增长做准备。

资本市场一般都比较关注长期的收益，如巴菲特持有可口可乐股票一持就是数十年。企业暂时不盈利没有问题，如果每年都能保持高速增长，要多少融资，资本市场都会给，京东、亚马逊就是如此。因为资本总有一天是要进行收割的，就好比养一头猪，前面 364 天，天天都是饲料和人工的投入，到了第 365 天杀了猪，就会有很大的收益。

反观阿里巴巴，财报那么靓丽，第四季收入同比增长 42% 至 256.69 亿元。但是华尔街那些银行家就是不怎么买账，因为阿里巴巴增长乏力。阿里巴巴现在必须努力寻找增长点，学习亚马逊，变成一家大数据公司，不提电子商务，所以，马云才会说电子商务只是摆渡的船。是的，阿里巴巴已经成功到了对岸，现在船没什么用了，赶紧再炒作或者包装一个概念出来，资本市场就喜欢你会讲故事。阿里巴巴和百联一起发布新零售战略，百联的股票连续两天涨停，估计 10 个涨停都没问题（不过第二天即被证监会发文咨询，当天冲高回落）。上次收购三江购物，导致三江购物连续十多个涨停。

11.2 新 思 维

11.2.1 新零售就是未来的零售

线上电子商务和线下传统实体零售店发展到今天，都走得非常艰难。因此，必须有新的业态出现，阿里巴巴能把握机会，适时根据市场的情况变化做出勇敢的探索，这是非常值得肯定的。不管阿里巴巴是出于自身原因，还是出于市场需求，都是对新的商业文明进行探索的一种贡献。

新零售其实并不是什么怪胎，而是线上线下郎情妾意患难与共的夫妻，至于会生出什么样的"儿子"，连马云本人和阿里巴巴的高层也搞不清楚，按张勇的话说就是一种"四不像"。但无论如何，不管是线上的电商，还是线下的实体零售，还是未来即将出生的"新零售"，零售的本质一定是以消费者为中心，能为消费者带来良好体验的就是"好零售"。

要做到好的体验，就必须提升产品的品质、服务的品质、物流的效率。因为新零售就是从价格导向转为品质导向的一种过程，即由原来追求商品的价格到现在追求商品品质的转变。这个转变的过程，用户最关心的就是体验。影响用户体验的因素很多，除了产品的品质，物流的时间、退换货、试用、线下活动、实体店提货、支付方式、客服水准、个性化需求、销售员的态度、店面装修布置，等等，都能让用户感到开心或者不开心。零售业接下来面对的是一群崛起的中产阶层。

中产阶级是什么？就是有钱又悠闲阶层。有钱有时间自然就想玩，就想买品质好的商品，就想要好的服务，就想到处去旅游、吃喝玩乐。

历史往往有惊人的相似之处，欧美发达国家一步一步走过来的路，很多时候，我们也跟着人家的脚步亦步亦趋。罗辑思维有一期节目说过，中国目前的收入和消费水平就相当于美国20世纪的30年代的水平（日本60年代），那个时候美国日本轿车就进入家庭了，和我们现在一样，几乎家家都有轿车了。不要比GDP，那个没用，如果实在要比，那就平均一下，照样比不过。

接下来将要发生的很多东西我们会看不懂，也会看不惯，不过没关系，我们可以学习美国、日本，人家都是这样走过来的。事物的发展总是从低级到高级，人的需求也是像马斯洛说的一样，满足了吃喝的基本生理需求之后，肯定要往更高级的安全、社交、精神方面的需求去发展。饭饱思淫欲，饥寒起盗心。一个人如果肚子饿得慌，还会想什么精神层面的？毕竟像庄子那样能安贫乐道的人非常少。

仓廪实而知礼节，古人诚不欺我。消费升级其实是精神方面的追求大于物质方面，天天让你吃澳洲牛排也会腻。但如果精神方面层次提升了，和物质上的提升是两个完全不同的概念；也就是说一个人的品位提高了，就自然而然会产生一种自豪感和满足感，整个人的气质就完全不一样。物质的提升只能提升生活的品质，只有精神方面提升了，才能提升一个人的品位。因此，从这个角度看，新零售除了提升生活品质，更是为了满足中产阶层提升生活品位而诞生的一种新型商业模式。

反过来，用户的体验好了，商家的运营成本也会相对降低，毕竟发展一个新用户比留下一位老用户的成本高得多。另外，新零售必将会驱动以渠道推动的前端改革，势必会影响整个经济商业模式的变化。供应链、物流、终端等各个环节的效率也能得到不同程度的提升，这是一种正向的良性循环。不管是商家还是用户，效率提升上去，商家就有钱赚，用户就更爽，中产阶层就是愿意花钱买爽。说白了，不要用15年前的思维来看今天的需求，未来的消费者一定是注重体验而不是只关心价格的消费者。如果还是故步自封，不思变化，还是幻想着销售以前那种质劣价廉的产品，注定只有被淘汰的份。

11.2.2 新零售的特质

新零售有哪些特质呢？张勇说新零售是利用互联网和大数据，围绕人、货、场在内的所有生产要素完全重构，其中包括重构生产流程、重构商家与消费者的关系、重构消费体验等。也就是说，新零售是线上、线下、物流、数据、供应链的资源整合，它们之间不是 1+1+1＝3 的简单叠加，而是"互联网＋电商＋实体＋零售＋社群"的一种新业态。目前线上电商和线下实体冲突和竞争关系，也将转向融合和互通，直至最后融为一体，生产出一个"超越化学反应"的新模式，即新零售。

那么，未来的新零售会有哪些特质呢？概括起来，主要有以下十一个特质：

1. 消费者优先化

在前工业时代，以企业和资本为核心，企业生产什么，消费者接受什么产品，企业根本无法知道消费者需要什么，这个阶段属于 F2C，商家鼓吹的是企业和资本的实力，通过让消费者了解企业的实力使其能放心接受他们的产品。

进入后工业时代，也即 PC 互联网时代，这个现象虽然有所改观，信息不对称部分被打破，即消费者的声音有一部分能被听到，需求也能得到一小部分满足。但是由于受到科技进步限制，消费者的真正需求无法真实反映在数据上，这个阶段仍然大部分属于 B2C，小部分属于 C2B，两者无疑仍然是以商品为核心，商家鼓吹的是商品的性能，即通过产品的品质和性能满足消费者。

但是进入移动时代，特别是大数据和云计算的发展，海量的数据让企业有可能对每个消费者的需求做精准的分析，从而做到以消费者为核心。这个阶段属于 C2F，是个性化需求和体验为主的阶段，产品的品质和性能本来就应该是与生俱来的属性，个性和体验才是产品的核心竞争力。

也就是说，生产和销售经过了三个阶段。第一阶段，在传统的工业时代，由工厂决定生产，然后通过各层经销商批发到终端零售的 F2B2C 模式。第二阶段，到后工业时代即 PC 互联网时代的 B2C 模式（小部分 C2B 模式），由经销商（部分大客户）决定生产，再通过各种渠道或者直接销售给终端消费者。第三阶段，由消费者决定工厂生产产品的C2F 模式，这个模式就是新零售的模式。由消费决定生产，能满足消费者的个性化需求，能避免企业盲目生产造成大量库存积压，导致企业陷入困境，是一种良性的需求模式，即消费者需要什么才生产什么。

2. 互联网移动化

互联网移动化也就是用户越来越碎片化。2015 年我国移动网络交易规模占比首次超过 PC 端，标志着移动电商时代正式到来。移动电商进入下半场，从原先的流量和速度的比拼，转为对用户和商品的精细化运作。用户消费场景随即发生了巨大的变化，用户的消费场景越来越具有不确定性，消费时间也越来越短，需求的随机性非常强，能在某一点打动消费者，消费者就有可能随时下单。即购物场景碎片化、购物时间碎片化、购物需求碎片化。另外，移动端屏幕小，可呈现的信息有限，所以，对精准推荐要求较高，移动端 LBS 定位、二维码等识别技术、物联网得到充分开发，通过可穿戴设备感知将虚拟和现实空间结合，大大提升了购物体验。这是新零售的硬件基础设施。

3. 产品服务个性化

消费升级的本质就是个性化需求的满足，即用户体验。中产阶层需要的不是千人一面、雷同的标准产品和服务，而是需要能带有明显个人喜好、调性、符印和标签的，甚至是能参与设计，或者参与其中的个性化产品和服务。只有这样，才能给用户提供良好的体验。

4. 销售和服务专业化

用户的时间越来越少，专业垂直领域必将得到充分发力。一站式购物虽然能满足一部分消费者的需求，但更多的用户用于消费的时间将越来越少。能够用专业的知识，切中用户需求点，迅速让用户有良好的体验，是成交和维系用户的关键。在未来，要么用户是专家，要么销售人员是专家，才能让消费者体验最佳。

罗辑思维在 2017 年跨年演讲时提到"父爱算法"，销售者要能直接告诉用户为什么要选择我们的产品，购买我们的产品就对了。因为不管云计算、大数据的算法如何精准，很多客户天性不愿意去了解那么多的产品信息，必须直接告诉他，首先销售员应该是这方面的专家。这也是 KOL 意见领袖能引领粉丝的原因。

5. 流量来源多样化

进入移动互联网时代，用户的消费路径和习惯发生了很大的变革，消费需求场景化，移动购物模式多样。内容化、粉丝化和场景化成为吸引流量的新方式，如表 11-3 所示。内容化、粉丝化和场景化为发展新方向，从搜索到推荐，用户对精准内容要求越来越高。各大移动电商网站纷纷布局内容营销。

表 11-3　（数据来源：艾瑞咨询）

内容化	粉丝化	场景化
消费路径和习惯发生较 大变革，优质内容成为 最强大的流量生产器	KOL 的引导作用越来越大	根据消费者当下的场景需求提供对应的产品或服务
● 传统消费路径和习惯 　增量时代，购物需求产生流量。 ● 移动消费路径和习惯 　存量时代，内容推荐产生流量	● 社交媒体发展产生双方互动 　随着社交媒体的发展，消费者希望关注意见领袖或者明星网红，并且和他们产生互动。 ● 名人身份背书产生品牌效应 　作为某一领域的明星，本身具有强烈的品牌效应，通过自身的品牌背书使消费者产生购买信赖感	● 从流量运营转变为人群运营，提升买卖相关度 　从消费者的观点出发，根据消费者当下的场景需求提供对应的产品或服务。人群定位精准，推送产品精准，买卖相关度提高，产生巨大销售量

6. 用户群分社群化

社交化分享是移动电商时代的新营销方式。社群进入移动互联网时代，人们的社交行为发生了巨大的变化，加上自媒体的爆发，线上零售进入了去中心化的新模式。和传统 PC 时代的电商平台通过一个平台聚集所有商家和流量的中心化模式不同，去中心化的营销模式是通过微信群、朋友圈、微博、各种自建自媒体等，通过意见领袖带动粉丝的分享传播来获得用户。

相较于电商平台如淘宝、天猫、京东等高成本流量，这是一种低成本的引流方式。消费者的购买需求会在碎片化的社交场景中被随时激发，如罗辑思维、吴晓波通过聚集大量粉丝后通过电商、内容付费等方式进行变现。同道大叔通过内容获得粉丝认可，然后通过广告获得收益。网红张大奕通过电商直播与粉丝互动引导粉丝消费，获得良好的销售业绩。

7. 传播方式圈层化

移动互联网社交的特质之一就是 "物以类聚，人以群分"，社群经济也叫圈层经济，也被称为范围经济或者小众经济，也是一种推荐经济和口碑经济。也就是说，在接下来的 3 ~ 5 年，更多同喜同好，有共同价值观的人将会聚集在一起形成自己的 "圈子"，这个圈子里，更多是靠口碑相传和圈子里面的成员的推荐，或者是亲戚朋友、同事等熟人之间的相互推荐。

很显然，这是一个个性化和小众的需求，因此，是一种小范围的经济。但是各种圈子可以相互融合，从而达到一定规模的经济，因此，在未来，产品的传播方式不再像传统时代，靠的是购买流量广告；而靠的是以每个人为节点的传播方式，每个人都是自媒体，每个人都自带流量，都是一个传播的节点。例如，某款产品获得某位用户的认可，她把产品的图片、性能、使用心得等发到她的朋友圈，她的朋友们就可以购买，并进行再次传播。

8. 线上线下一体化

线上线下各有优点和缺点。线上传播比较快，适合做活动传播。但是目前只限于通过购买流量的方式去获得用户转化，成本非常高，得不偿失，这也是目前线上开店的商家面临的最大困境。但是如果能通过微信、微博和移动客户端等社交工具构建社群等社交方式，通过产品内容化和用户自带流量的传播，那就是一种低成本的营销模式。

线下也有缺点，现在堵车严重，生活节奏快，线下实体店购买和退换货不便，另外线下商家比线上电商的态度差距非常大，原因之一就是电商平台的规则非常严格，逼着商家端正服务态度。而线下实体店或商场的管理风格各异且不规范，导致用户购买和退换货体验没有线上的好。但线下也有优势，如消费者可以现场触摸到产品，感受到产品的材质、味道，等等，现场体验和互动交流也会更加通畅。目前的线上线下的支付壁垒已经被打破，支付问题已经不再是线上线下差异的主要因素。

新零售初级阶段要做的，就是要淡化线上线下的概念，优缺点互补，提升商家和消费者的效率，从而使得商家降低运营成本，用户减少生活成本。中后期做到线上线下完全融合，再也没有电商和实体店之分，只有新零售这个全新的业态。在不久的将来，通过大数据和新技术，新零售势必实现线上线下全方位一体化，如会员一体化、营销一体化、商品一体化、仓储一体化、物流一体化、技术一体化，等等。

9. 跨界融合全渠道

进入消费升级时代，消费者选择的商品和渠道极大丰富，不管是线上还是线下，不同业态、不同渠道之间提供了不同的商品和服务，但是各渠道和业态所能覆盖的人群和品类都是有限的。例如，小米一直以来只通过互联网进行销售，导致覆盖的人群极其有限，这也是 2016 年小米销量大幅下滑，在国产手机排名五名之外的原因。毕竟 2016 年线上的零售只占我国社会零售额的 12.6%，即使是手机这样比较适合在线上销售的商品，也只占到 20% 左右的市场份额。也就是说，还有 80% 的手机市场份额在线下，这也是雷军计划在三年内开设 1000 家线下实体店的原因。

跨界整合、分享、众筹已经成为业态融合和品类增值的有效利器。以消费者为中心，由供应链条和生态圈所构成的全渠道零售，融入其他业态，让消费者参与产品的设计开发，并提供体验类产品和增值服务，这是未来零售业的发展趋势之一。以美国消费者变化的数据为例，在 1980 年，消费支出流向的 58% 是购买商品；而在 2015 年，消费支出中购买商品的比例只占 38%，更多的是购买服务。因此，无论是线上商家还是线下零售实体，加速变革和创新尝试，直面消费者需求的转变，跨界整合营销，介入价值链上下游，提供最佳的用户体验，是迎接新消费者和未来主流消费的最好办法，也是迎接新零售到来的最好做法。

阿里巴巴 CEO 张勇在一次演讲中表示："不能狭义地将新零售理解为线上线下的互动和融合，全渠道只是新零售的一个组成部分。网红经济、个性化推荐基础上的用户交互行为、用户购买行为的改变等，都应该被纳入到新零售的考虑中。此外，在营销上，要探索品效合一的全域营销、娱乐化营销。"

10. 重塑商业流程

新零售带来的不仅是商业流程的重塑，还有思维方式的重大变革。互联网是继工业革命之后最伟大的产业革命，互联网对传统产业带来的革命并未结束，而是刚刚开始。进入移动互联网时代，这种趋势势必更加强烈，电子商务作为传统 PC 互联网时代的宠儿，已经成为了上半场的经济主角。毫无疑问，在接下来的下半场，新零售即将成为第一主角。

其原因在于，大数据和云计算、物联网、AR等新技术已经成为未来商业模式的新驱动。传统实体零售业也将借助线上消费大数据预测和构建消费者模型，进行精准的用户画像，触达消费终端需求，从而把控供应链、物流，以及售前、售中、售后等环节，最终迎合消费需求和销售升级。这种多元的协同体系，以消费者为终端驱动，倒逼供应链转型，最终达到生产端的成本控制，避免了库存积压和社会资源的浪费，是疏浚目前库存"堰塞湖"最好的方法。

当然，重塑流程必须一切基于以人为核心，通过大数据洞察消费者需求，通过商品内容化，触发生产、贸易、物流、零售等各个环节产生化学反应，使企业内部组织之间、职能之间进行重构，才能真正实现新零售这个目标。

11. 物流智慧化

以前物流做法是品牌商把产品运到各个省的仓库，然后一层一层往下分派到门店。但是在新零售下，既要根据门店的销售状况精准派送，也有消费者直接向品牌商下单，这是一种自下而上的逆向物流，对物流体系是非常大的考验。

离消费者最近的物流才是最好的物流。物流的本质不仅仅是比谁做得更快，而是要真正消灭库存，让库存管理得更好，让企业库存降到零。要做到这一点，就需要智慧物流系统，能做到订单的智能预测和补货，智能翻单和定价，才能使营销更精准，商品周转率更低。

如果没有智慧物流，新零售则无从做起。目前以亚马逊和京东为主的物流体系，已经初具智慧物流模型，假以时日，完全能满足新零售的需求。

11.2.3　业界说法

"你看不懂，就走对了。"阿里巴巴CEO张勇这样说。新零售是一个新概念，是一个新事物，大家都在摸着石头过河，都在实践中探索。作为发起者的马云，以及鼓吹者阿里巴巴CEO张勇，也还不能完整地说明这个新事物到底是什么东西。不过新事物发展总有一个过程，我们在判断一件事情是否值得去做，其实只要看看这件事情是否能给社会创造出新的价值，以及是否能提升社会效率。如果能，那么大方向明确，过程只能靠先行者去探索。

"世上本无新零售，我们正在走这条路"。阿里巴巴集团CEO张勇说："这个世界不存在新零售，是人创造出来的，今天我们正在走这条路。衡量新零售探索的结果不仅仅是强化原有的购物中心，让它们的运营更有效率，而是要看能不能发生化学反应。如果出现了很多大家都看不懂的业态，那这条路我们就走对了。"

百联集团现任董事长、总裁叶永明则认为，新零售则是为了"更好地满足消费者的需求"。他说："传统零售经营的是渠道，经营的是租赁、招商，不是商品。传统零售引入消费者关心的品牌，但经营品牌的是品牌商而不是零售商。在新的消费环境下，消费者更关注的是产品和体验。新零售就是要更好地满足消费者的需求。除了终端模式要想如何去适应消费者的需求，上游的产品也要不断快速满足消费者的需求，但如果没有供应链、没有会员系统等，是做不到的。

以下是其他电商界和互联网知名人士对"新零售"不同的说法。

京东 CEO 刘强东：京东一直就在做新零售，未来的零售无边无界，不分线上线下。

苏宁云商集团副董事长孙为民：零售业是一个非常古老的行业，只要存在生产分工和商品交换，零售业就仍将存在。几千年来零售业一直随着生产方式、运输工具、通信技术和货币形式发生变化，今天讲的新零售也许过不了多久又成为旧零售了，与其讲是新零售，还不如讲是互联网时代的零售。

国美控股集团 CEO 杜鹃：新零售就是以人为中心基于市场，消费者需要什么就做什么，能够给顾客提供更多更好的服务，而对国美而言就是不再做单纯的零售商。

小米科技创始人雷军：我觉得不管是电商，还是线下的连锁店、零售店，本质上要改善效率，只有改善效率，中国的产品才会越来越好，中国老百姓的购买需求才会极大地释放出来。

中国电子商务研究中国主任曹磊：在新零售时代，实体零售企业与电商不再是相互冲突、相互竞争、相互排斥，是相互包容、相互弥补，你中有我、我中有你的关系。

大润发中国董事长黄明端：未来的新零售一定要靠数据来驱动。线上线下打通是必然的，对零售商、品牌商、制造商的改造，对设计者的改变都是一个全面化的过程。

银泰商业 CEO 陈晓东：新零售的方向应该是，线下与线上零售深度结合，打通物流系统，供应商系统及商品系统再加上大数据等创新技术的利用，同时要做到三通："商品通""服务通""会员通"。

步步高董事长王填：对于新零售是线上和线下融合发展，线上线下再平衡。

五星电器总裁潘一清：新零售就是用互联网的思想和技术来改造我们的零售，核心是互联网开放的思想和零售技术。

新世界百货 CEO 牛伟：新零售是对传统商业的"升级版"，线上线下的融合改变了人们消费的物理特性与边界，但其商业逻辑和商业本质不会改变。

天虹商场总经理高书林：新零售本身不是一个新的概念，就是零售的本质要求。具体做法如下：一是体验化；二是互联网化；三是生活方式主题编辑。未来的零售一定是多业态发展，每个业态都有它独特的专业价值分工，零售的每一个门店都会更加聚焦到各自的细分市场，把细分市场目标顾客的体验做到极致。

本 章 小 结

新零售目前处于概念性阶段，但是布局的商家众多，特别是以阿里巴巴为主的线上电商平台牢牢把握住这一全新的趋势。无论是生产型企业，还是贸易型企业、零售业态都应值得去关注这一趋势。

很显然，旧零售向新零售转变的过程，其实就是由原先的销售商品向引导生产和创新生活方式的转变过程；也是由粗放式发展转向注重质量和效益的过程；同时也是由分散独立的竞争主体向融合协同的新的商业生态的转变过程。

很大程度上，一个国家的繁荣和稳定，就是靠着繁荣的市场和稳定的就业作为支持，旧零售向新零售这个过程的转变，对我国的国计民生都有着非同一般的意义。

第12章
新零售　新力量

本章导读

　　零售的本质是通过"商品"和"服务"（服务也是一种商品）更好地为消费者服务。新零售的重点在于重构供应链，从消费端倒逼商家和生产企业进行供应侧改革，通过降低成本、提升效率，以达到持续为消费者创造价值，这就是新的生产力。

12.1　线 上 告 急

12.1.1　小米的学费

　　小米曾经引以为豪的互联网营销模式，在 2016 年遭遇重大的挫折。受到华为、OPPO 和 VIVO 的强势挤压，2016 年小米中国市场份额下滑到 16.8%。小米手机出货量仅 6800 万部，大幅下降 23%，仅占中国所有手机出货量的 8.9%。

　　大家都知道，小米通过一手抓产品，一手抓运营，在短短的 4 年里迅速崛起，成为了独角兽企业。小米通过粉丝运营，一方面充分调动粉丝的"参与感"，另一方面通过互联网进行饥饿营销，做到了"众筹式"销售，几乎实现了零库存。

　　这是一种低成本的营销方式，也是小米手机能够有如此高的性价比的最主要原因。当然这也是小米能够在短短的 4 年时间迅速完成跑马圈地，并进行生态布局的主要原因，即通过低价的硬件来获得用户，然后基于 MIUI 进行生态布局，通过物联网关联智能家居产品，深挖用户的价值。

　　小米模式曾被华为等手机企业所学习，但是目前学生超过了老师。其原因虽然很多，如华为的资本实力、渠道布局、供应链、专利技术、人才积累、执行力、行业影响力，等等，都是小米所不能望其项背的，但最重要的原因主要有以下七点：

一是小米渠道单一。小米只是通过互联网进行销售，覆盖的人群有限，忽视线下市场。2016年手机这个品类在网络销售额占比只有20%。小米只抓住了芝麻大的小市场，而忽视了线下80%的大市场。

二是小米饥饿营销造成大量的客户流失。供应链成了小米快速发展的绊脚石，虽然饥饿营销能让库存风险降到最低，但是也伤透了粉丝的心，有钱买不到，靠抢的手段无疑成为刻舟求剑的笑话。2012年前后，小米的竞争对手还没出现，但是时过境迁，OV、魅族等手机厂商快速崛起，小米腹背受敌；而高端手机市场上则遭到苹果、三星和华为的阻击，从而陷入进退两难的窘境，成为国内外手机厂商群殴的对象。

三是小米布局物联网生态，力图让小米成为"智能家居百货商店"。从电商、电饭煲、插座、路由器、电动单车，到空气净化器、净水器、无人机、扫地机器人、手表、血压计、耳机、电源、音箱等智能家居产品，不再专注手机业务。这和雷军想把小米做成中国版的"好市多"的理念有关。雷军曾经说过："我们想做什么？就是想做互联网思维的无印良品，科技界的无印良品。"

四是小米品牌定位与我国经济发展速度不相吻合，错失了第一波消费升级。当初购买小米的主要人群即在校大学生已经毕业，收入水平再也不是四年前的水准。

五是竞争对手学会了小米的套路。小米故步自封，过于自信，成为了过去成功的囚徒，认为互联网这一招鲜，便可以吃遍天，不去学习竞争对手的打法。另外，国内智能手机一、二线市场出现了饱和状态也是原因之一。

六是小米线下实体店的缺失，导致售后、维修等问题频繁，严重影响了小米的口碑，很多人由粉转黑。

七是小米的产品性价比虽然不错，但是设计、做工方面非常一般。小米通过低价"以量取胜"夺取市场，低价势必粗制滥造，如用塑料外壳代替金属外壳、和主流机型设计相悖、手感不好，等等，严重影响了用户体验。

以上七点就是导致小米手机在2016年会被挤出国产手机排名前五的原因，因为这和雷军早期提出的互联网思维——专注、口碑、极致、快"七字诀"已经严重背离。毕竟小米赖以发家的粉丝很实在，不再只是讲情怀。

当然小米手机市场份额降低，并不意味着小米的市值就会被低估，不可小看小米在物联网这个增量市场所做的布局。小米在手机这个存量市场虽然落伍了，但是在物联网和智能家居却取得了斐然的成就。

小米最初的设想是以手机为中心，连接一切设备。但在当时，小米还是一个初创公司，打破连接之间的鸿沟非常困难。小米后来推出一个"舰队模式"：用生态链模式，用投资＋孵化的模式，进行智能设备的连接，推进产业的进步。

三年时间，小米生态链一共投资、孵化了 77 家公司，这些企业多是从零开始孵化；目前已经有 30 家生态链企业向社会发布了产品，还有 40 多家企业的产品在研发阶段；生态链上有 4 家企业估值超过 10 亿美元，成为独角兽；16 家生态链企业年收入超过 1 亿元；3 家生态链企业年收入超过 10 亿元。更让业界惊讶的是，截至 2016 年底，小米生态链智能硬件的收入超过 150 亿元，小米已经连接激活了超过 5000 万台设备（不包含手机）。

但是，作为赖以发家的小米手机，雷军当然不甘落伍，小米调整了战略部署，计划在 2017 年先开 200 家"小米之家"，并在未来 3 年在国内布局 1000 家，销售策略开始全线转移到线下。很显然，随着一、二线城市的智能手机市场饱和，雷军开始将目光投向三、四线及以下市场。雷军此举是为了反击华为、OPPO 和 VIVO 线下实体店。雷军曾经在 2016 年年底做了一次总结，他说：

"原来我们的初衷是高效，所以我们选择了做电商。小米前三四年以超高的速度增长，可现在问题来了，只做电商已经不够，电商目前只占社会零售总额的 10%，虽然手机市场要好一些，也才 20%。

后来发现，我们要做的不是电商，是新零售。所以，我们经过去年一年的尝试，小米之家的销售成本仅次于电商，这是很夸张的。厂商的连锁店绝大部分都是挂牌子的店，全世界的店只有苹果的是自营的，今天小米之家也是自营的，只有自营，效率才是最高的。"

小米从来都认为自己是互联网公司而不是硬件公司。诚然，在 2011–2015 年，小米是最具互联网思维的，小米的胜利是模式创新的结果，通过与粉丝的互动，再造了产品与消费者之间的冰冷关系，把移动互联网的第一波势能红利转化为销售的能力，并取得了骄人的成绩。但是，随着互联网成为中国商业社会的基础设施，移动互联网启蒙时代终结，势能发生转移，小米只在线上营销的做法，依然避免不了触及天花板，其他线上电商就更不用说了。

12.1.2　丑陋的屁股

目前线上的获客成本一点不比线下的便宜。北京时间 2017 年 1 月 24 日晚间，阿里巴巴发布了截至 2016 年 12 月 31 日的 2017 财年第三季度财报（即 10 月 1 日–12 月 31 日），营收为 532.48 亿元（约合 76.69 亿美元），同比增长 54%。核心电商业务收入同比增长 45%，达 465.76 亿元。净利润为 171.57 亿元（约合 24.71 亿美元），较上年同期的 124.56 亿元增长 38%。可见，电商业务一直是阿里巴巴的第一大业务。

阿里巴巴的核心电商部分就是通过出售直通车、钻展等广告位置给商家，从中获得收益，其实就是流量的"二道贩子"，和百度靠广告的收入模式几乎一致。因为阿里巴巴的电商平台，无论是 1688、淘宝、天猫三个电商平台都不直接销售商品，只是搭建了一个线上的虚拟商场出租给商家而已，和线下实体商场的运营模式并没有区别，收入就是靠场地租金和广告收入，以及成交抽点。在阿里巴巴的三个电商平台，场地租金被称为技术服务费或者年费，广告被称为直通车和钻展等，抽点称为佣金，换个名称包装一下而已。

很显然，阿里巴巴核心第四季度一个季度收入，即核心电商部分收入高达 465.76 亿元，其中技术服务费、年费和佣金只是一小部分，大部分都属于广告收入。市场研究公司 eMarketer 在 2016 年上半年就预测，阿里巴巴的 2016 年在线广告收入将超越百度。就在 2017 年 2 月 24 日，百度公布了 2016 财年全年总营收为 705.49 亿元。阿里巴巴毫无悬念超过百度成为中国广告市场收入的第一名，在全球排行榜上，阿里巴巴和百度分列第三和第四位，仅次于 Google 和 Facebook。

阿里巴巴的广告收入越高，意味线上电商的日子越不好过，主要有三方面的原因。

第一，阿里巴巴三大平台的商品数量高达 10 亿以上，只有排在前面的商品才有可能被消费者看到，才有可能成交，阿里巴巴平台规则只能维系相对的排名公平，当商家愿意花钱争夺广告位置的时候，这样的规则立刻荡然无存。这也能理解，阿里巴巴不卖货，靠什么来支撑那么高的市值，支付几万个员工的工资？

第二，中国人口众多，每年毕业的大学生高达 700 万以上，就业人口众多，就业形势不容乐观，导致大量的人口选择网上开店，从事电子商务，妄图通过低投入获得高回报，因为淘宝免费开店宣传深入人心，导致很多人以为在淘宝开店不用花费多少就能赚到钱。

第三，我国产能过剩，企业库存积压严重，线下渠道无法处理，只能另辟蹊径选择在网上渠道进行销售。

也就是说，商品数量、开店的商家、生产企业三者都面临着激烈的竞争，导致商家或者生产企业不得不在网上开店，为了把商品销售出去，不得不饮鸩止渴，不断地向阿里巴巴、百度、腾讯等企业购买线上流量。通过购买大量的流量来获得概率转化，很显然，这是一条不归路，BAT 三大互联网平台目前牢牢把握住线上流量的入口；资本的力量促使三大平台像黑洞一样，不断吞噬着商家的利润，最终导致众多线上商家和企业血本无归，成为 BAT 三大巨头向资本称臣纳贡的祭品。

据可靠的数据，只有不到 3% 的电商企业盈利，大部分是自带流量的头部商家和原来线下的知名品牌；5% 的电商企业只能勉强保持盈亏平衡，其他 92% 的商家成了牺牲品。坚果电商百草味 2016 年销售额为 27 亿元，净利润率仅为 2.9%，也就是 6500 万左右。看似如火如荼、攻城略地的电商，其实只是一只开屏的孔雀，从正面看非常漂亮，但其实电商商家已经完全沦为电商平台的打工仔。

当然，我们不能否认电子商务对中国经济的促进作用。虽然很多人把互联网当做电子商务，认为互联网就是电商；把马云当做是线下实体店倒闭的罪魁祸首，认为今天的实体店不赚钱、关门都是淘宝害的。这只是财富快速集中到一小部分人身上，带有仇富心态的人无力抵抗，过过嘴瘾而已。青山遮不住，毕竟东流去，历史已经走到这个当口，就算不是出现马云，也会出现牛云、羊云、猪云，任何人也不能与趋势为敌。事实上，马云也在不同的场合对此进行多次还击，他说：

> "很多人讲'互联网在冲击各行各业''电子商务打击、摧毁或者冲击了传统商业'。我认为，电子商务没有冲击传统的商业，更没有打击传统商业，电子商务只是把握了互联网的技术、互联网的思想，知道未来的经济将完全基于互联网。我们抓住了互联网的技术，在这个上面创造出一个适应未来的商业模式，那就是电子商务。真正冲击各行各业、冲击就业、冲击传统思想和传统行业的，是我们昨天的思想，是对未来的无知、是对未来的不拥抱。"

拥抱变化，创变未来。迎接新零售的到来，才是最明智的做法。

12.1.3　巨头布局

正因为线上商家有如此之痛，阿里巴巴赖以生存的根基开始动摇。为了避免唇亡齿寒的事情发生，近三年来，阿里巴巴不断赋能商家，妄图通过开放平台和共建生态系统让商家的营销成本降低，可事实上，这是一个悖论。只要资本贪婪的属性没有改变，只要市场竞争的格局不变，商家永远只能是阿里巴巴棋局上的一颗棋子。

不过，利益大于一切，商家也不是傻瓜，如果一直不赚钱甚至亏钱，还有谁愿意一直在淘宝、天猫和京东上开店？因此，不管是阿里巴巴，还是京东，最终还是要想办法让开店的商家生存下去，布局线下，走线上和线下相结合的新零售，也许是一条出路。因此，各大巨头也不得不纷纷通过投资并购，和线下零售实体共同探索一条未来生存发展之路。

除了阿里巴巴急切通过布局线下来实现新零售的构思之外，京东在这方面也早有动作。用刘强东的话说，新零售本来就是京东一直在做的事情。

诚然，京东的模式和阿里巴巴完全不同，京东模式就像是线下的国美搬到线上，通过自建仓库物流，自营部分自己进货卖货。特别是京东在各地自建的物流和仓库，是京东目前敢叫板阿里巴巴的核心武器。除了能降低成本和给客户提供良好的体验之外，自营部分对商品的监控比起阿里巴巴对第三方把控有效得多，这也是京东能获得良好的用户口碑，在阿里巴巴重压之下依然能够崛起的重要原因。

当然，当初马云鄙视刘强东自建物流，成了马云今天的心头之患。刘强东也在紧紧咬着阿里巴巴不放，淘宝京东化，京东淘宝化，是近年来两大电商平台发展的趋势；不做物流的阿里巴巴也做菜鸟物流了，原来只自己进货卖货的京东也让第三方商家入驻了。

我们来了解一下京东如何进行线下布局。

2017 年 4 月 10 日，刘强东宣布，万京东便利店计划正式出炉，未来五年，京东将在全国开设超过一百万家京东便利店，其中一半在农村，每个村都有。这是继一万家京东家电专卖店计划后的第三个线下合作项目。随后，刘强东做了进一步解析，京东百万便利店主要解决的是购物并不"方便"的地区消费者二大痛点：一是价格高企，比如农村，农民赚钱不容易，买东西的时候还要付出比发达城市更贵的价格；二是付出高价后还是假冒伪劣商品。

早在 2015 年 8 月，京东以 43.1 亿元入股永辉超市，京东集团将持有永辉超市 10%的股份。京东入股永辉意在"联合采购、仓储物流、打通线上线下 O2O、金融、信息技术等方面探索合作"。在北京爱琴海和通州万达，京东线下实体店位于永辉超市内，名称为"京东·京选空间"，所展出的商品是京东最擅长、供应链最优化的 3C 和数码产品。可以通过线上扫码支付的方式下单，店员可以帮助完成操作。

京东在三、四线城市还有一种名为"京东帮"的实体店，但其品类和经营模式都与"京选空间"不同。2017 年 2 月，京东发布新一年家电战略，把"京东帮"从 1.0 升级为 2.0，将继续渠道下沉，开出 1 万家实体店，招募线下闲置空间开店，吸引传统经销商转型线上，从原来只负责最后一千米配送及安装工作，变成可以展示样机销售的门店。

在刘强东看来，渠道下沉、贴近服务客户、增强客户体验的才是新零售。品类上，"京东帮"以家电为主，"京选空间"是京东全品类。经营模式上，"京东帮"在三、四线城市，为客户做配送、维修等服务，"京选空间"在永辉超市的网点，主要是产品使用体验导购、宣传、客户维护等服务。无论是"京选空间"还是"京东帮"，都是京东"渠道下沉"战略实践的一种尝试。

就在阿里巴巴和百联就新零售进行联姻时，刘强东也发布了对"未来零售"的想象空间，他说："比如你在北京，飞机起飞之前可以在京东下一个订单，买一瓶香水。你飞到上海跟朋友去逛街，我们凭借人工智能技术就能够计算到什么时间，哪个最佳结合点，通过无人车把香水送给你。可能那时你正在跟朋友喝茶呢，无人车就悄无声息地跑到你身边，把香水给你了，甚至都不用支付。"刘强东认为未来的新零售其实就是人工智能、大数据、机器人、基因检测等，通过这些技术，让用户在京东购物的过程变得智能化，用刘强东的话来说：未来，京东的智能大数据比你更懂你。

另外，在 2016 年 12 月 16 日，京东宣布服务中小商家的"新通路"项目将在 2017年覆盖全国超过 50 万家中下门店，并将上线面向品牌商的大数据服务平台"慧眼"。京东"新通路"将依托京东丰富的商品和强大的供应链资源，服务全国百万家中小门店，依托自建的地勤团队和技术研发实力，为品牌厂商提供专业的终端服务和数据支持，助力品牌厂商打造透明可控、精准高效的销售新通路。京东新通路和品牌合作中采取自营为主的模式，京东采进销出。其目的是要解决品牌商代理层级过多的问题，使得原来3～5级分销渠道，缩短到1～2级，能大大降低运营成本，提高物流效率。

2016年6月，京东也向沃尔玛增发5%股份（估值95亿元）全资收购其手中的1号店。其目的有二，其一是沃尔玛在中国市场与京东合作，将线上线下资源交给京东，在中国市场阻击阿里巴巴；其二是沃尔玛在美国与京东合作，主要阻击亚马逊，同时阻击阿里巴巴在美国等市场的扩张。

苏宁也不甘落后，牵手天猫建"猫宁电商"，双方共计出资十亿元设立重庆猫宁电子商务有限公司，实现彼此间真正的体系共融、渠道共享和大数据价值挖掘。

国际方面，美国线上零售巨头亚马逊近期也动作很大，不久前推出了不必排队结账的实体零售店Amazon Go。在客户选购商品之后，穿过特别设立的"交易区"后，该系统会通过自动识别、自动学习等人工智能，实现让顾客不用排队，不用结账，看到想要的产品，直接拿回家就行。系统会自动计算出用户的花销并从亚马逊账户中扣款。

据悉，亚马逊Amazon Go的实体店扩张计划相当庞大，未来它们将在全美拥有超过2000家实体杂货店。

在线下零售巨头方面，实体店也加大对线上渗透。沃尔玛及永辉超市在2016年11月前就完成与京东集团的渗透。其中，沃尔玛全球官方旗舰店、山姆会员旗舰店均已进驻京东平台，并注资持股京东物流新达达。家乐福也在11月前与小米生态链企业之一的云米科技携手拉开智能家电一站式体验的帷幕，广州首家云米智能家电体验馆在广州家乐福营业，这是小米智能家电全线产品首次落地大型商超。

12.2　线下的危与机

12.2.1　线下的危机

我国目前线下实体零售主要有三种业态：百货业、大卖场、便利店。但不管是哪种业态，最近3年来的日子都非常难过，除了电商冲击这个外部因素之外，更多的是传统零售业态每个环节都有难以承受之重。

一是原材料采购环节。这个环节有三个问题，第一是采购过程中缺乏有效的信息沟通。在以往的采购工作中，采购部门作为一个单独的职能部门，相对独立地开展工作，与其他部门很少与销售人员、技术人员、生产人员和财务人员进行沟通，采购部门关心的是物料的制造和供应，采购人员只是在物料计划员和供应商之间起了一个中介人的作用，在两者之间传递信息。第二是采购工作缺少监督制衡机制。目前很多企业的物资采购往往掌握在一个部门或者几个人甚至一个人的手里，由一个人制订采购计划，由一个人去采购物资，缺乏有力的监督和制约机制，容易出现不正之风。第三是企业对供应商的管理有待加强。目前很多企业的采购工作都存在着一个误区，认为采购工作就是和供应商搞好关系，然后在这种关系基础上，与企业需求之间寻求磨合和平衡。

二是生产环节。近年来，工人难招，工资居高不下，企业的税负也原来越高。全球经济下行导致出口下滑，国内市场竞争更加激烈。产能过剩，导致企业现金流匮乏，银行对中小企业的贷款条件苛刻，民间融资成本过高，导致企业无力升级换代。

另外，国内企业同质化严重，品牌附加值低，大部分属于代工型，利润空间狭窄。由于实体经济获利难，导致资金流向金融、房地产、证券市场等高回报领域，实体企业特别是加工型企业生产空间进一步被压缩。

此外，三角债的问题一直困扰着生产企业。材料供应商、生产企业、贸易企业甚至零售终端环节，都普遍存在财务上的拉锯战，它们一荣俱荣，一损俱损，像是一根绳子上的蚂蚱，其中一个环节出问题，整个链条立刻像多米诺骨牌一样倒闭。

三是流通环节。传统企业的营销渠道就是层层代理，由于人力、仓储、物流、税务等成本年年高升，更可怕的是库存积压导致毛利被冲淡，各级代理的毛利至少要达到25%以上才能保持正常运营。终端零售商受上游层层代理所掣肘，妄图想通过降低成本，提高效率的做法几无可能。

以一件100元出厂价的小家电为例，到省级总代就变成125元，到市代就156元，到县级代理195元，到终端零售店245元，到消费者手上最少要翻一倍490元左右。代理商层层加价，最终为这种低效率、高成本的零售渠道买单的就是消费者。

但是，各个环节的代理商也在叫苦，因为25%的毛利要支付资金的占用成本（利息）、房租、仓储费用、水电、物流、人员、税负，等等，最可怕的是一旦无法动销，产品积压在仓库，那就一大笔资金压在那里流动不了。

业界有个说法，一整批货如果只卖出80%，剩下20%成为库存，那么这笔生意就白做了，因为把这20%部分打折促销后造成的亏损，足以吞噬掉前面80%卖出去的商品产生的毛利。

四是销售环节。店租贵，动销难，人流少是目前线下实体面临的三大问题。当然促销员难招，竞争激烈，电商冲击，空置率高，单店利润低下已经是常识了。

特别是店租贵，马云多次演讲认为，目前的线下实体店实际上就是地产模式，为房地产开发商打工。当然，动销难也是导致关店的重要原因之一，问题的根源在于产品同质化严重，上游工厂资金缺乏导致企业产品无法升级换代，而消费者的消费需求又上升到了一个新阶段，两者不同频，导致终端动销困难重重。动销难造成的恶性循环带来的线下实体关门潮。

人流少一部分原因是电商冲击，但是更多的原因是线下实体没有让客户有良好的体验，反观美日等国家，线下购物体验非常好，导致美日至今电商发展速度远远逊于中国。

当然，宏观经济下行、收入变窄、失业人群增多、重复项目多也是导致目前线下实体零售举步维艰的充分条件。

中国电商在发展初期，充分打破了上述各个因素，如渠道变扁平了，原来的 3 ～ 5 级代理缩减到 2 ～ 3 级，大大降低了流通环节的成本。移动互联网的出现，使得消费者在购买商品的场景、场所、时间、价格、品牌等信息不对称被打破，极大地丰富了购物选择。同时，80 后和 90 后年轻人逐渐成为消费主力人群。主流消费群体年轻化、富裕化使得消费特点也从高价格敏感度转向个性化需求。这些都是导致线下实体零售步履艰难的原因。

另外，目前我国实体经济不振除了国际原因之外，国内的主要原因之一就是死保房地产的结果。各地政府靠房地产作为主要收入，大量的资金涌向房地产，导致实体经济供血不足，只要一个环节出差错，中小企业随时都会倒闭。网上有段子说：

"七匹狼做地产，美的做地产，海尔做地产，雅戈尔做地产，苏宁做地产，国美做地产，苏泊尔做地产，格力做地产，格兰仕做地产，奥康做地产，娃哈哈做地产，喜之郎做地产，奥克斯做地产，长城床垫做地产，长虹电器做地产，五粮液、郎酒、水井坊、阿里巴巴都在做地产，神奇的地产啊，让 72 行最后都殊途同归！"

当大量的资金涌向房地产领域，赚快钱效应很快蔓延，炒房热度高烧不退，辛辛苦苦做实业一辈子赚的钱都没有炒房一年赚的多，一些从事制造业、服务业的企业家纷纷把钱转移到了炒房炒地皮，浮躁和泡沫让人放弃了在实体经济领域的投入，产品的研发、创新也就无从谈起。

实体经济不振必然导致消费萎缩，反过来，消费萎缩影响实体的收益，这是一种可怕的恶性循环。好在政府也意识到这一点，证监会与保监会对宝能和恒大的处罚就是一个很好的例子，足见政府保护和发展实体经济的决心，毕竟，实体经济才是立国之本。

五是同质化竞争。上海市场学会常务副会长陈信康认为，目前沪上的传统商业，特别是百货业，绝大多数仍然还是固守 20 世纪 90 年代就开始流行的经营模式——做引厂进店的"二房东"。每一座商场其实都是一个"二房东"，导致结果就是千店一面的"八胞胎"现象，热门品牌你抢我也抢，同质化竞争严重。甚至还有资深商场的老板这样说，开一个商场，根本无须向银行贷款，靠进驻商户缴纳的进场费就能足够维持商场的租金费用。

由于商场把自己当做"二房东"的角色，关注的焦点自然就是租金、扣点、进场费、上架费、堆头费、账期、广告费，等等，通过各种巧立名目，逼得入驻商户无利可图。

很多生产企业在著名商圈开设的柜台其实都是赔钱的，只是为了有一个形象店，在宣传的时候对外说，我们在杭州大厦、王府井百货这样的著名商圈都有终端店，其目的是给经销商或消费者一个信心，说明生产企业具有这样的实力而已，其实这些"商场店"或者柜台都是赔钱的，总部每个月都必须贴钱。

另外，大家都知道，商场里面很多营业员和促销员其实都是厂家派来的，或者由厂家支付工资，这必然导致素质参差不齐、流动性大等问题。对于国外很多新进中国的商品，比如能够"拉花"的咖啡机，能够 360 度转向的轻便型扫地机，特别需要营业员详细介绍。可是很多营业员是 90 后，在家不做饭不扫地，哪里有兴趣研究这些产品，怎么能向客户介绍产品呢？

12.2.2 线下的机会

线下实体零售点其实优势也非常明显，机会也非常多。零售史上，供销社、百货店、商超卖场、连锁店、折扣商店等零售业态都是先以低毛利、低价格作为竞争手段出现在市场上，并逐步占据主导地位。但是随着市场的成长，品类不断扩充，费用也逐步提高，导致商品价格也随之水涨船高，很快就失去了成本和价格优势，沦落为不具竞争力的业态。

例如，在沃尔玛等大卖场进入中国之前，中国的百货店如日中天，当时商场的毛利高达 60% ~ 80%，而沃尔玛等大卖场的成本更低、效率更高，只要有 15% 的毛利就能赚钱，因此，在与百货商店的竞争中一骑绝尘，中国的百货业从此走向不归路。

这一点和电商所走的路非常类似，早年在淘宝上开店，几乎不用什么费用，加上人口、经济发展和政策红利，那时候很多个人和商家都赚到很多钱。可是随着阿里巴巴的规模不断壮大，人员和其他费用急速攀升，加上资本需要回报，只能拿在淘宝上开店的商户开刀，淘宝设置了很多规则，其目的只有一个，就是让商家无序竞争，从而让阿里利益最大化。如直通车广告，就属于竞标性质的广告，价高者得。但是阿里巴巴为了掩人耳目，不得不设置一个虚伪的竞价规则，如商品的综合评分达不到一定水准，出价高也不一定排名靠前。

最近五年，阿里巴巴的收益越来越高，80% 以上的营收都来自出售广告（即流量），挤的是商家的血而不是奶。无独有偶，之前很多品牌商为了进线下实体商超争得头破血流，经过一段时间的经营，发现毛利几乎都被商超拿走，于是就出现了"进商超找死，不进商超等死"说法。而 2010 年前后，电商界也流行这样的一句话："做天猫找死，不做天猫等死"。时过境迁，这个问题没有得到缓解，而是变本加厉，90% 的线上开店的商家挣扎在垂死边缘。

我们在前面的章节也分析过，淘宝、天猫、1688 分别对应线下的是小市场、商城和批发城，马云只是把这三个实体零售批发业态搬到网上而已，该交的租金、进场费、堆头费、管理费、广告费、交易佣金，等等，一样都不会少，最近5年来，线上的费用甚至超过线下实体。马云当初的"让天下没有难做的生意"让国人眼睛发绿，如今看来已经成为21世纪以来最大的谎言。

不过，一将功成万骨枯，历朝历代如此。包括宗庆后在内的很多实体企业家始终认为，电子商务并没有为这个社会创造价值，只是从实体经济这边掠夺了资源，如果这样的说法成立，那也没有什么好奇怪，一个商业模式如果不能增值，为社会创造财富，如果财富只集中在一小部分人身上，就是一种掠夺行为。

国外有学者研究，假如牺牲一万个人的利益，如每个人损失100元，那就能造就一个百万富翁。事实上，现在发达的很多欧美国家，就是通过殖民或者战争、货币战争掠夺了世界的财富，如英国和美国。反过来，如果这些说法不成立，电子商务的的确确在商品的流通中产生价值，就像电力的发明，极大地改进了人类文明的进程。我们允许这两种观点都存在。

线上电商之殇，对线下是一个重新来过的好机会。线下实体本身就具有无可比拟的优势，关键是要做好市场定位。例如，美国的好市多（Costco）商品毛利率最高不超过14%，否则需要董事会的批准，那么低的毛利故能把商品价格做到最低。好市多平均的毛利率只有7%，而一般超市的毛利率会在15%～25%。雷军曾经在美国的好市多考察，他说："结果晚上回来大家说东西太好了，我就问怎么个好。其实就一件事，便宜。所有的东西都比国内便宜，只有十分之一，一堆东西在北京得人民币9000多，Costco只要900块钱。"

好市多一只4.99美元的烧鸡非常有名，为好市多吸引了大量的客流，每年销量达6000万只。好市多里，一款18寸的披萨只要60元，而在国内的商城里14寸的就得上百元。好市多说，美国有三亿人，我的目标只服务美国的5000万人，我要让这5000万人口袋里一半的钱都花在我这里。

只要拥有一张好市多的会员卡，你就能享受到好市多提供的最好的商品、最低的价格及最极致的服务，虽然2015年好市多在商品销售上亏损了1.6亿美元，会员费却收入了25个亿美元，好市多的全球会员达到8200万以上，续费率在美国达到了91%，全球平均水平也有87%。在过去的十年时间里，沃尔玛净利润的平均增长率为3%，而好市多则达到9%。

德国最大的连锁超市阿尔迪在德国、澳大利亚、美国等十多个国家拥有上万家门店，年营业收入超过300亿美元。阿尔迪的优势在于品项数非常精简，一般只有600～1500个商品，并且门店面积大都在500平方米左右，商品周转快速，最重要的是价格低廉，由于品类少，议价能力强，能从采购源头控制成本。另一方面，从门店终端（减少人力、房屋租金等）控制成本，最终让阿尔迪在低毛利和低成本下运转。凭借这些优势，阿尔迪让沃尔玛无法在德国市场生存，在亏损多年后沃尔玛全部退出德国。虽然阿尔迪在美国仅有 1600 家店，只占美国杂货市场份额的 1.5%，但其高达 15% 的年增长率已经让沃尔玛坐立不安了。沃尔玛最近也不得不下调商品价格，和阿尔迪进行价格战。

国外的线下实体商超的日子之所以比较好过，在于自有品牌的比重非常高，如阿尔迪自有品牌比例高达 90%，好市多的自有品牌比例也达到 40%，沃尔玛自有品牌惠宜品项总数接近 53%。自有品牌让商超具备独一无二性，可以做到人无我有。此外，省却中间环节后的自有品牌产品毛利高，售价同比低 15 到 20 个百分点，这也可能是未来国内零售商超的发展大趋势。

另外，国外的"买手制"对于锁定自己的目标客户群也非常有帮助，能帮助线下实体构筑壁垒，形成差异化竞争。

我们在前面的章节也分析过，线上电商平台如淘宝、天猫和京东等的快速崛起，其实和 15 年前中国的经济水平有很大关系，那时候大家的收入还比较低，对商品价格比较敏感，到线上电商平台购物就是为了价格便宜，对品质要求倒是退而求其次。而那时候线下百货等实体零售由于层层的渠道加价，导致商品价格奇高，价格因素致使线下实体店被电商打击得没有还手之力。

以成年男性西装为例，2008 年前后，一般品牌在电商的价格为 150 ~ 250 元，同款的西装，在线下实体店的价格为 500 ~ 800 元。而且，很多线下实体店根本不明码实价，胡乱出价，同款西装，有人以 500 元成交，有人以 800 元成交，导致客户体验极差。

另外，线下退换货也非常麻烦，甚至不给予退换。而电商商家由于平台规则的要求，主动或者被动在售后退换货等方面做得比线下好很多；加上近年来城市道路拥挤，在实体店购买哪怕可以退换货，也要到市中心去，来回花 4 ~ 5 个小时的时间是家常便饭，时间成本非常高昂，不像网上购物，可以一个电话就让快递上门取货退换货。

线上电商对线下实体的绝杀，其实源于二者完全不同维度的竞争。互联网技术的发展，让线上电商的低成本和高效率成为打击线下的超级武器。在 2003-2008 年，线上和线下实体开店相比，渠道成本最少能降低 30% ~ 50%，而物流成本能节约 60%，物流效率却能提高 70% 以上。还有一点经常被忽略的是，线上的现金回笼非常快，而线下的实体零售则需 1 ~ 3 个月的账期，很多生产型企业迫于三角债的压力，宁可在线上卖低价以图快速现金流，也不愿意把产品分销给线下实体。

因此，线下实体零售把大面积亏损或关店归罪于电商冲击，其实是不想进步，抱残守缺的结果，要反思的恰恰是自己。特别是移动互联网的出现，人和商品之间的信息不对称完全被打破了，以前靠欺骗、忽悠消费者的做法已经完全行不通了。现在消费者只要用手机一搜索，一款商品有几百家甚至上千家在卖，如果你的价格太离谱，性价比不高，消费者也不会那么傻。

另外，我们目前的收入比 15 年前好多了，对商品品质和体验的要求甚至高于对价格的要求，消费升级了，大家需要买到好一点的东西。如果还是像以前那样，提供的是劣质低价的产品，那肯定就没有市场。所以，现在再也不是拼价格的时候了，而是拼产品的质量和服务，如何在各个环节降低成本的同时，提供给客户品质最高、价格最优、服务做到极致，才是线下实体店的唯一出路。就像好市多和阿尔迪一样，谁说除了服务和品质之外，价格因素不是客户良好体验的因素之一呢？在全球经济下行的情况下，大部分消费者还是比较在意产品的性价比，毕竟线下零售主要还是以生活消费为主。

12.2.3　合则多赢

天下大势，分久必合，合久必分。线上线下之争多年，没有赢家，是时候走在一起了。

我们来看华为。和小米不同的是，华为消费者业务也就是手机业务，主要是以线下实体店为主要销售渠道。小米主要是通过线上占领一、二线城市，而华为除了和小米等手机企业抢占一、二线城市之外，还通过渠道下沉策略，逐步补齐四、五、六线的城乡线下渠道短板。2016 年华为网点覆盖全国地级市 500 个左右，县级市 2100 多个，乡镇 4 万多个，而华为 2016 年的目标只是覆盖了县级市的一半。华为与第三方合作拥有网点已经超过 140000 家。2017 年华为还将计划覆盖中国将近 2000 个县城，2017 年的销售目标是在 2016 年 1.39 亿部销量的基础上增长到 1.8 亿部。

苹果在线下实体布局也毫不逊色，苹果目前在中国除了拥有 40 家门店以外，还通过与运营商和大型商场等合作，拥有 4 万多个销售网点。

再来看 OPPO 和 VIVO。据 OPPO 副总裁吴强透露，截至 2015 年，OPPO 线下门店已经有 20 多万家。这个数字远超华为，也是魅族的 10 倍。紧挨着 OPPO 门店的 VIVO 也完成了 2016 年渠道的密集织网。目前 VIVO 线下零售店数量已经达到 25 万家，售后服务中心已达 430 余家。

面对竞争对手这样的数字，小米当然也坐不住了，一改以电商渠道为主的策略，准备在三年内开 1000 家"小米之家"，当然，为了避免和上述竞争对手正面交锋，小米之家主要还是开在一、二线城市。小米销售策略的大逆转，说明目前我国的线下渠道的市场份额仍然非常强大，以至于任何手机厂商都不能坐视不理。事实上，2016 年线上零售占比只占全国零售总额的 12.6%，作为手机这种比较适合在网上销售的品类，也只有 20%的占比，所以，任何手机厂家都无法忽略线下这块大肥肉。

导致这样的原因有两个方面：

一方面是互联网人口红利告别野蛮增长期，随着移动互联网的发展，线上的商业之争也进入了下半场，颠覆式的技术和创新正日益发展，传统 PC 互联网时代以流量为王，但是移动互联网的特征是去中心化和内容导向，靠流量获客的概率性做法已经行不通了。

另一方面，当线上电商大肆开疆拓土，抢占线下零售的市场份额时，传统零售商无不大呼狼来了，于是慌慌张张纷纷触网拥抱电商，可是经过一段时间忙活交完学费之后，发现电商其实是一种新技术，一种先进的生产力，更是一种全新的思维方式。线下实体的基因不适及时间窗口已经关闭，任尔有三头六臂也无济于事。

最典型的代表莫过于 2014 年 8 月 29 日万达、百度、腾讯宣布共同出资在中国香港注册成立万达电子商务公司，总投资 50 亿元。万达持股 70%，腾讯和百度分别持股 15%。三方宣告，计划 5 年投资 200 亿元，打造全球最大的 O2O 电商公司。一段时间，风头无两，舆论甚至在等着看阿里巴巴的笑话。可是不到两年时间，在经历了一再换帅风波等一系列问题之后，腾讯、百度已选择低调退出，只有万达还不甘心，继续啃着这块鸡肋。

打败淘宝的不是再建一个淘宝，而是应该采用降维或升维的打法，否则时机错过，哪怕"腾百万"三家实力再强盛，终究还是无法撼动阿里巴巴在电商的霸主地位。

除了"腾百万"，其他传统线下零售实体拥抱互联网也纷纷宣告失败或成为"僵尸"。从 2013 年开始，天虹商场、友阿股份、银泰百货和王府井、家乐福、沃尔玛、国美、苏宁等多家百货企业均宣布进军 O2O 领域参战电商。妄图通过进军 O2O 抵抗电商的侵袭，走出一条自我救赎的道路，但这依然无法有效地再造一个淘宝、天猫或京东，并与之抗衡，进而减少线下卖场的客流衰减。

线上电商的日子难过，线下的实体也几乎无法存活，唯一的办法就是"结婚"了。线下的实体零售虽然也缺少流量，但是它天生就自带流量，给客户的体验是线上所不具备的。线上虽然缺流量，但是引流方面的优势大大超过了线下，在服务、支付、物流方面的优势也是线下不能比拟的。更重要的是，线上通过多年的积累，已经累积了海量的客户数据，具备了对客户进行精准营销和对生产企业提供个性化定制的推荐能力。因此，线上电商完全有能力成为消费者和线下零售实体之间，以及生产厂家实体零售之间的数据提供者、营销方案和生产方案的参与者。而线下实体和生产厂家最缺的就是数据这一环，有了电商的数据，就能形成完整的闭环，如图 12-1 所示。

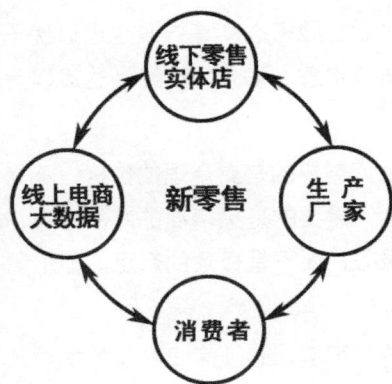

图 12-1

因此，有了线上电商大数据的参与，线下零售实体可以避免无目的的进货造成滞销，生产厂家则可以避免无目的、拍脑袋的生产决策导致库存积压。反过来，线上电商也多了线下的渠道，顾客可以在网上下单，线下体验、提货，甚至退换货、维修保养等售后服务等。消费者也能得到个性化的产品和实惠。也就是说，只有线上电商和线下实体、生产厂家三者一起合作，结合新技术和大数据，才能更好地为消费者服务，达到各方多赢的局面，也能极大地节约社会资源，提高社会生产力，也使线上线下商家的全渠道营销成为可能。

任何事物遭遇困境，内因永远大于外因，对于线下零售实体来说，与其说是被电商所冲击，其实是自己本身不行了。除了高房价带来的高店租，低效、粗放的经营模式其实才是实体零售陷入困境的最重要原因。目前实体零售的盈利模式无非就是引厂进店和出租柜台两种，这种模式不是在做零售，而是当二房东，吃商业地产的租金差价，靠柜台租金、销售额扣点、进场费、上架费、堆头费、账期和广告位来赢利。在前些年客流比较充裕、商业地产租金差价比较可观的情况下，多少还有点赚头。现在电商把客流分流了一大部分，商业地产租金又随着高房价水涨船高。让底下的商户成了接盘侠，把租金等上涨的成本传导下去，导致商户也无法生存。

百联集团现任董事长、总裁叶永明认为："目前的传统商业，实际上经营的不是商品，而是在经营商业地产、商业渠道和商业空间。这就是所谓的引厂进店，联营联销。不仅是百联，全球不少商业巨头都是如此。而'新零售'的核心是聚焦于商品本身，聚焦于消费者的需求，这是在回归商业的本源。"

我们在前面的章节也分析了电商平台的经营模式，和线下实体零售的运营模式几乎一致，只是一个在线上，一个在线上。以淘宝、天猫为代表的电商平台其实就是一个线上出租柜台的集市或者商场，在线上，柜台租金被称为平台使用费或者技术年费，销售额扣点被称为佣金，品牌入驻费被称为保证金，广告位被称为直通车或者钻石展位，等等。

但是，电商在流量、供应链、物流、覆盖人群和区域、人工效益等方面有很大的优势，大大降低了运营成本。另外，电商在退换货、售中、售后、服务态度等方面也远远优于线下实体。因此，在各种因素的叠加下，导致线下实体成本急剧攀升，已经到达难以为继的地步。

对于大多数消费者来说，其实他们要的并不多。他们需要的是更合理的价格，不是更便宜。他们需要的是更适合的品质，而不是品牌。他们需要的是更精准的商品推荐，而不是多如牛毛，让其无从选择。他们需要是合适的服务，而不是极致的满足。他们需要的是真诚的温度，而不是标准的职业微笑。

无论是线上电商，还是线下实体零售，要走出当前的困境，必须回归商业的本质。2016 年 11 月 11 日，国务院办公厅发布了《关于推动实体零售创新转型的意见》，其中明确提出，鼓励企业加快商业模式创新，强化市场需求研究，改变引厂进店、出租柜台等传统经营模式，建立商品渠道，重塑内部结构和工作流程。

新零售的实质就是重塑了供应链、会员体系和流量三者之间的关系，是对生产流程、商家与消费者关系、消费体验进行重构，目的是打破线上和线下之间的藩篱。目前的线上款和线下款之分，线上价和线下价之分必将走进历史。新零售下，线上线下最终只能融合成一体，成为服务消费者的双通道。新零售让线上电商和线下实体零售重新回到一个起跑线上，线上和线下犹如左右两匹马，齐驱并驾，共同拉动零售业向前发展。

2017年3月4日下午，由中国连锁经营协会主办的2016年度"中国特许经营奖"现场，小米之家荣获新锐奖。雷军表示：新零售，就是用互联网方式做线下零售，改善用户体验，提升流通效率。小米之家，能在线下以电商价零售，这就是新零售的力量。

在2017年的"两会"媒体沟通会上，雷军认为各家对新零售的表述有所不同，但是观点都是一致的，可能每家路径不一样。例如，阿里巴巴用的是收购实体的零售业，帮助自身转型，而小米则是自营。

在雷军看来，华为是以渠道模型为主的，OPPO和VIVO是以零售店、促销员为主，小米与之是三种不同的商业模式。他在"两会"上说，"李克强总理在今天的报告中提到，要结合实体销售和电商，推动消费的需求。我认为新零售的核心是结合线上线下，用互联网的思维来帮助实体销售转型升级，提高用户体验改善效率。"

"大家谈到实体零售业就觉得房租很高，人工很贵，所以东西卖得很贵，我觉得我们完全有可能做到跟电商一样的效率和一样的成本。"雷军同时表示，"我认为小米不会固守电商，小米会把电商演化成新零售。我甚至认为电商就是新零售的一款。新零售的特点是高效，怎么改善客户体验。所以我们在中国市场上实践的成功经验也会用在国际市场上，所以现在也在国际市场上试点怎么做新零售，除了电商之外怎么做新零售。"

新零售虽然前景看好，但也要防止走向传统线下零售实体和电商的老路。实际上，电商走到今天，大部分商家无利可图，最根本的原因在于平台的贪婪，和线下实体超市、卖场、百货商厦一样，保证金、平台使用费、广告费、佣金等各种费用名目繁多，平台还利用市场主导地位行使霸王条款，任意拖延账期等。线下实体零售也是如此，充当"二房东"的角色，任意收取租金、扣点、进场费、上架费、堆头费、账期、广告费等费用，通过巧立名目，逼得入驻商户处于垂死挣扎的边缘。

本 章 小 结

目前线上电商和线下零售实体已经到了杀敌八千，自损八百的严重地步，只有线上线下融合，结合现代物流和新技术，才能让包括生产厂家和消费者在内的各方都能受益。新零售势在必行，线上电商和线下实体殊途同归，是竞争的结果，也是互联网进入下半场即移动互联网的必然产物。

第13章
新零售　新驱动

　　以大数据和新技术作为新零售主要驱动，将极大地促进和加快新零售的进程。新零售成为了新实体经济的一部分，成为了新实体经济新动能。

13.1　新零售与大数据

13.1.1　大数据是新能源

　　马云2016年在云栖大会上提出决定未来30年经济发展的"五新"，分别是"新零售，新制造，新金融，新技术，新能源"，其中"新能源"指的就是大数据（DT），而且大数据将主导其他"四新"。他认为，石油煤炭是越用越少，而大数据则是取之不尽，用之不竭，而且越用越有价值。

　　大数据作为"新能源"极大地推进了商业的发展，早在PC互联网时代，亚马逊就把大数据应用在用户的阅读兴趣推荐上。淘宝、天猫也在前几年的双十一，开始启用"千人千面"的推荐模式，每个消费者登录后都会看到不同的商品和页面。百度的广告也是基于用户的搜索习惯进行个性化推荐。

　　进入移动互联网时代，以Uber、今日头条为代表的APP，也是应用大数据及移动互联网技术对用户进行精准的个性化推荐。如Uber会根据顾客所在的区域自动进行派单，还会根据高峰期或者雨天用车剧增的情况进行自动调节。今日头条可以根据用户点击、阅读习惯、时长、收藏与否进行个性化推荐，让每个人只看到自己喜欢的文章或者视频。

　　事实上，随着互联网及计算机处理技术的逐渐成熟，大数据开始应用到各行各业，美国互联网数据中心指出，互联网上的数据每年增长 50%，且增速仍处于逐渐升高状态。

目前我国正大力提倡发展数字经济，大数据作为数字经济的新能源，对于加速中国经济转型升级，对供给侧结构性改革有巨大的助力。目前中国经济发展呈现出消费升级、服务驱动的新特征，加速传统产业与互联网新技术的融合是发展趋势；如果传统金融、教育、医疗等产业，与大数据、移动互联网、云计算等新技术进行了深度融合，即将爆发出全新的生命力。

大数据作为"新能源"，还能对政府的决策起到决定性作用。埃隆·马斯克（Elon Musk）曾经利用大数据对中国的人口进行计算，如果继续推行独生子女政策的话，几十年后，中国的人口会有一个断崖式的下跌，这将会是一场可怕的灾难。他通过计算，中国至少要有二胎才能保持人口上的平稳，结果中国还真放开二胎政策了。

马云在 2016 年的浙商大会上，对新能源做了进一步的阐述，他说：有人说阿里巴巴怎么到处都在，一会儿是电商，一会儿是云计算，一会儿是零售，一会儿又是汽车。对，我们就是要到处都在。这是一场技术革命，我们认为技术必须是普惠的。什么是互联网？你把它比作 20 世纪的电，电是没有边际的，所有行业都要用到电，所有行业都需要有互联网。

很显然，马云把大数据作为未来 30 年的电。如果时间回到 20 世纪，电刚刚被发明时，估计那时候也没有人能想到电会成为一种能源，而且无处不在。同理，如果现在拒绝大数据，那就像现在拒绝电和互联网一样。

在零售方面，紧接着传统电商遭遇天花板，移动电商流量红利也逐渐结束，大数据将成为新的零售模式的驱动力。大数据能精准匹配供求信息，进行个性化推荐，对用户偏好进行预测及页面优化建议，等等，能进一步提升零售业的运营效率。而这些，恰恰是新零售最需要的技术，也是新零售的主要特征。新零售是大数据的产物，大数据是新零售的基础，没有大数据，就不会有新零售。对传统实体零售企业而言，需要基于互联网、大数据和新技术，完成自内而外的全方位商业重构。

零售的核心是成本和效率，物流是零售业特别是线上电商的重要组成链条，阿里巴巴CEO张勇认为："在物流上，不仅要追求送得快，更要考虑用大数据让货物的运转更有效率。"

京东 2016 年以 81.3％ 的复合增长率领跑全球增速最快零售商，最重要的原因就是京东自建物流，减少物品搬运次数，大大降低了成本，不惜投入重金对物流技术的研发，全面提升物流的效率。而这背后，正是对大数据的深度挖掘。低成本和高效率让京东能以低价与其他竞争对手抗衡。"低价""配送快""正品行货"等标签则提升了用户体验，才实现了远超行业平均增速的高增长。

如果说大数据是未来公司的核心竞争力，那么任何一家零售企业，如果拥有大数据资源，就等于拥有一座巨大的金矿。大数据能极大地提升零售业的营销和运营效率，势必成为驱动新零售的新能源。

阿里巴巴 CEO 张勇在一次演讲中表示，随着新技术的发展，未来的新零售将更好地了解人类，赋予他们享受、满足发现的乐趣，给他们带去从未梦想过的快乐和需求。未来每一家公司都应该是互联网公司，每一家公司都需要用数据武装自己。

13.1.2　大数据的商业价值

最近几年，数据对商业的价值愈发显得重要，特别是对零售业的影响更是明显。美国哥伦比亚大学、斯坦福大学共同进行的研究表明：选项愈多反而可能造成负面结果。

实验是在加州斯坦福大学附近的一个以食品种类繁多闻名的超市进行的。工作人员在超市里设置了两个吃摊，一个有 6 种口味，另一个有 24 种口味。结果显示有 24 种口味的摊位吸引的顾客较多：242 位经过的客人中，60% 会停下试吃；而 260 个经过 6 种口味的摊位的客人中，停下试吃的只有 40%。不过最终的结果却是出乎意料：在有 6 种口味的摊位前停下的顾客 30% 都至少买了一瓶果酱，而在有 24 种口味摊前的试吃者中只有 3% 的人购买东西。

很显然，很多人犯有选择困难症，太多的选择反而让人游移不定，拿不定主意，在心理学上，一个名词叫“多即是少”，过多的选择已成为一种负担。

因为上面实验的对象是人，每个人都会有学识、出身环境、收入、情绪等影响判断，特别是人会感到疲劳，一旦进入疲劳状态，就有可能做出错误的判断，导致进行错误的选择。

而机器不一样，永远不知道疲倦，像围棋大战中的阿尔法狗（AlphaGo），就是利用人工智能进行深度学习，对人类几千年来的棋局进行穷举分析。在与李世石对阵之前，谷歌首先用人类对弈的近 3000 万种走法来训练“阿尔法狗”的神经网络，让它学会预测人类专业棋手怎么落子。然后更进一步，让 AlphaGo 自己跟自己下棋，从而又产生规模庞大的全新的棋谱。

谷歌工程师曾宣称 AlphaGo 每天可以尝试百万量级的走法。当然，这背后必然是大数据的支持，之前人机大战几乎都是人和国际象棋之争。直到这次围棋大战，机器才首次战胜人类，其原因在于围棋的复杂程度完全不是象棋可以比拟的，因为最近两年人工智能和大数据的飞速发展，才有这次机器的胜利。因此，对于机器来说，探索的数据量越大，就越有可能靠近事实本身。

未来的大数据具有极高的商业价值，特别是对零售业的影响将是颠覆性的，主要有以下十一点：

①**对顾客群体细分**。对客户群体进行精准划分，从而实现精准营销和服务。

②**建立用户模型**。云计算和“大数据”分析技术使得商家可以在成本效率较高的情

况下，实时把交易过程、交易行为、产品使用和人类行为进行数据化存储和分析。通过模型模拟来判断不同变量的情况下何种方案投入回报最高。例如，根据不同地区和不同的销售习惯，采用不同促销方案。

③ **管理客户关系**。通过大数据对客户的自然属性和行为属性进行管理，从各种角度分析和了解客户，提高客户的忠诚度和黏性，减少流失率，深度挖掘客户边界价值，提高客单价，培养新客户，等等。

④ **个性化精准推荐**。通过用户画像，对用户喜好和行为进行精准分析，从而实现个性化推荐。很多广告对非目标人群投放，从而造成浪费，如很多不喜欢游戏的人，却经常看到游戏的广告。

⑤ **提高投入产出比**。通过对大数据进行分析，可以提高企业管理链条和产业链条的投入回报率。如某企业的物流配送环节投入产出比和同行相比有较大差异，那就必须优化管理链条。

⑥ **诞生新的商业模型**。零售策略与大数据结合，必将诞生新的商业模型，即新零售。为了确保销售计划的实现，必须最大限度地编制前置性的零售策略。

⑦ **及时的应对策略**。在销售过程中，必须主动在业务数据产生的同时，做出相应的策略应对，从而为企业赢得更多的营销时间，以及调整市场策略的空间。这好比长江的洪峰预警，上游出现什么状况，下游要做什么样的工作进行应对。

⑧ **成为企业的核心资产**。随着互联网的发展，很多传统企业对互联网、大数据、云计算抱有积极的心态，应用大数据成功转型的案例不断涌现，越来越多的企业从战略高度，把大数据当做企业的核心资产。这有利于加快大数据商业化进程。

⑨ **移动互联网的基础是大数据**。移动互联网加剧了消费者消费的需求、时间和地点的碎片化，发现并预先知道消费者的有效需求，大数据分析对未来零售愈发显得重要，与传统实体零售不同的是，新零售的发展是基于全新的移动技术的发展及用户行为模式的变化。要对消费者进行深刻的洞察，有且只有通过对大数据的采集和分析。

⑩ **数据的采集和存储越来越便利**。智能手机在消费者中的愈发普及，使用的时长也越来越久，这使得实体零售店中实现人机交互变得容易。另外，物联网和云计算的崛起，让数据的采集和存储上升到一个新的量级。这对于数据的分析，有非常正向的意义，理论上，数据量越大，用同一模型得出的结果也将更加精准。

⑪ **大数据已经有了解决方案和应用**。2016 年是令人激动的一年，大数据不再只是一个热门概念或者流行词语。因为大数据公司已经开发了实际的解决方案和应用。中小企业或者零售企业没有能力采集和分析大数据也变得不再重要，完全可以通过合作或者购买来获得。

13.1.3　大数据在零售的应用

大数据在零售上的应用，亚马逊始终走在前面。在实际零售中，数据驱动提高了许多事情的效率，比如店铺选址，包括选择店铺的地理位置和产品类别（如食品或服装）。亚马逊通过使用大数据对消费者的深刻洞察，用于提高用户的使用频次和转化率，以获得更高市场份额。

亚马逊早在 2013 年就切入实体，亚马逊在网上卖了 20 多年书，积累了无数读者数据，在线下书店，它既不需要参照其他媒体的诸如十大畅销书榜，也不需要顾及出版社的推荐意愿，甚至不需要考虑库存。用负责书店项目的副总裁珍妮佛·卡斯特的话说，这些都是依靠"走心的数据"（data with heart）。

亚马逊刚开始在机场、商圈和一些大型活动上摆放一些售卖 Kindle 和 Kindle Fire 的自动贩售机。后来在加州的一些大型商场开了几家临时店铺出售这些电子产品，想像苹果一样，让消费者在购买之前有一些真实的体验，这当然只有线下体验店才能做得到。之后，亚马逊在西雅图总部开了第一家线下实体书店 Amazon Books。这在当时引发了很多争论，不管是纸质书籍还是电子书，亚马逊在线上几乎垄断了美国的图书市场，为什么贝佐斯还要坚持在线下开一家几乎不可能盈利的实体书店呢？

走进这家书店的读者，第一感觉是图书并不多，但是这些都是成千上万读者阅读并点赞过的。和一般的书店侧面陈列不一样，亚马逊书店里面的图书全部以图书的封面正面展示，但是书店的面积并不大，这样做要想和传统的书店一样陈列很多图书，显然是不可能的，只能以质取胜而不是靠拼数量。这一点和好市多对商品精挑细选的选品模式，以及网易的严选类似，只不过亚马逊是通过线上长期积累的大数据把最畅销的图书推荐给线下的读者罢了。

Amazon Books 在图书的陈列方面非常有特色，比如"高评分：4.8 星及其以上"的推荐书架，还有诸如"战争类读者阅读最多的图书""烹饪类读者阅读最多的图书"等推荐书架，还有被加入心愿最多的图书推荐、猜你喜欢等，活脱脱的线上版陈列模式，习惯在线上购物的读者肯定会感觉非常走心，根本无须在多如牛毛的图书里面反复寻找。每本书的下方都贴有一张特别精致的卡片，上面会精选一条最佳的读者评论，右下角还有这本书的星级、总评价和统计截止时间，这些卡片还会定时进行更新。

当然，贝佐斯还不忘在书店的一个角落售卖他的 Kindle 和 Kindle Fire。

不过让人感到奇怪的是，Amazon Books 店里的书居然全部不标价，读者只能在店里的价格查询机或者用手机在亚马逊 APP 进行查询。很显然，这样做的目的就是不想让读者完全离开线上亚马逊，而是为了从线下给线上导流，和我们前几年的 O2O 有点类似。

不过在试运营半年之后，亚马逊调整了原来线上线下价格一致的策略，而是让

Prime 会员享有官网价格，非会员只能按目录价格，根据图书类目不同，会员享有比非会员低 5% ~ 40% 的优惠。很明显，贝佐斯就是想通过线下，把线下的读者转化为收费的 Prime 会员。毕竟，Prime 会员比非会员的忠诚度和消费力更高，Prime 会员每年在亚马逊的消费高达 1200 美元，是非会员的 2.4 倍。

今天的亚马逊 Prime 会员几乎打通了线上线下购物、物流、影视音乐、电子书、云存储等众多需求。贝佐斯说："我们要把对 Prime 会员的优惠做得更加丰富和有价值，要让大家觉得不成为会员都对不起自己。"这一点是不是有点像我们前面所说的"降维打法"？不靠赚取商品的差价而是靠会员费来盈利。

当然，Amazon Books 之所以能做到这一点，和亚马逊 20 多年的数据积累密不可分，如果没有这些大数据的支撑，就根本无法做到这一点。

亚马逊在零售方面的创新，历来都备受零售市场的瞩目。随着内容、硬件、数据、技术的不断进步，传统的互联网流量模式正在迅速让位于更个性化和更注重消费者体验的体验式消费。在尝试 Amazon Books 之后，亚马逊又于 2016 年 12 月底推出的新型零售商店 Amazon Go，让零售界为之一振，免排队、不用结账的模式一下吸引了全球媒体的目光。

Amazon Go 这种"拿完直接走人"购物模式的背后，首先是大数据的支持，还要用到计算机视觉、深度学习算法、无线射频识别、图像分析和感测融合等技术。消费者在离开 Amazon Go 零售店的瞬间，购物的费用便会从你的手机 APP 中扣除。

很显然，这样的投入是十分巨大的。就在作者写作本书的同时，传来了 Amazon Go 因为技术原因，推迟了原定于 3 月底正式营业的计划。不过，对于亚马逊这样的零售巨头，资金倒不是主要压力，亚马逊目前的市值已经超过美国前八大传统零售商市值的总和，而在 10 年前亚马逊的市值还不及它们的 5%。

资本市场之所以给亚马逊如此高的估值，其原因正是基于亚马逊坚持不懈的创新。除了这次 Amazon Go 在零售业引发外界关注之外，亚马逊一直以来在智能硬件、大数据、云计算、流媒体、人工智能等领域不断开拓。在食杂等零售业方面，市场研究机构 Cowen&Co 测算，亚马逊在美国 8000 亿美元食品杂货的市场份额仅有 1%，如果 Amazon Go 实验取得成功，五年后亚马逊将跻身全美十大食品杂货商，甚至有可能超越沃尔玛在美国排名第一，成长的空间十分巨大。

事实上，零售环境和消费需求不断的变化，一方面是技术的进步，零售企业需要通过新技术来改进供应链流程；另一方面是消费者的需求不断地变化，需要更实时、及时的体验与服务。单一的渠道已经很难满足消费者的需求，线上渠道覆盖的人群毕竟有限，线下还有大量的消费者也有线上消费者同样的需求。

因此，作为线上零售平台或者线下实体零售，对消费者保持足够和及时的洞察，就显得格外重要。毕竟，数据和技术的创新，已经累积到一个量变可以引起质变的关键节点，顺势而为迎合消费者的需求，类似 Amazon Go、阿里巴巴新零售、京东超级物种等这些新模式的创新，也是水到渠成的好事。因为一切有利于降低生产成本、提高流通效率，能让消费者得到价廉物美的商品，同时又能带给消费者好的购物体验，这样的尝试都是值得我们期待和尊重的。

2016 年 12 月 28 日，阿里巴巴集团 CEO 张勇在"2016 新网商峰会"上解读新零售的未来时这样表示：

> "走向新零售非常重要的标志，是要完成消费者的可识别、可触达、可洞察、可服务。每个企业都要走向数据公司，才有可能走向新零售。"

13.2　新零售与新技术

13.2.1　新技术

从蒸汽机到电力，再到互联网，每一次新技术的发展，都会给行业带来革命性的颠覆。大家熟知的互联网技术，在电子商务方面的应用，就让中国的线下零售实体感到过从所未有的寒意。其实，互联网能做的事情还很多，如对金融、医疗、教育的影响，也让相关行业受到了巨大的冲击。

这一次，移动互联网、大数据、云计算、人工智能、AR 和 VR、物联网、生物识别（如刷脸）、可穿戴设备等新技术，对各行各业的冲击，将远远大于 PC 互联网带给各行业的冲击。腾讯 CEO 马化腾曾表示，"只有保持技术进步，才能保证战略制高点。中国互联网行业过去有很多人口、流量和内容方面的红利，但最终技术才是一个不可逾越的因素。"

例如，目前的 VR 和 AR 等人机交互技术，通过影响终端带给用户体验感，经历了从PC 到手机的过程，未来可能到眼镜或者视网膜，甚至通过脑电波、皮肤的电流产生互动，可能会催生很多新的应用甚至新的产业。

新的技术会给零售行业带来什么样的冲击呢？目前，线上线下融合已经成为大势所趋，款式、价格和服务，都应该是线上线下一致。在传统 PC 时代，"在线"和"离线"是区分线上线下的标准；而进入移动互联网时代，所有的人、企业和设备都会永远在线，不同的渠道覆盖的只是人群不一样而已，他们不应该被区别对待。技术的便利，可以改变因为渠道的不同造成的鸿沟。

京东 CEO 刘强东在 2017 年会上公布京东集团未来十二年战略时说：

"时代正在发生快速、剧烈的变化，未来十年科技的进步速度将超过之前的100年，在以人工智能为代表的第四次商业革命来临之际，京东集团将坚定地朝着技术转型，用技术将第一个十二年建立的所有商业模式进行改造，打造一个包括智能商业、智能金融、智能保险业务在内的全球领先的智能商业体。"

刘强东表示，想要在未来几年蓬勃发展的关键概念就是"智能"：

"我们认为未来所有商品都是智能的，都是联网的，随着智能商品的不断发展，它对人们的生活、工作、商业，整个社会的治理其实都会发生巨大的改变。"

很显然，刘强东所说的智能，其实就是以新技术为基础的大数据、人工智能等技术，从而实现智能物流、智能零售、智能金融等，没有新技术的支持，这一切都不可能发生。

我们在上文中提到的 Amazon Books、Amazon Go，以及亚马逊 Outfit compare 刚刚推出一项只针对亚马逊的 Prime 会员提供的穿衣搭配建议服务，这些都是基于新技术而诞生的服务。

亚马逊推出的这项新的服务，消费者只要上传两张自己穿着不同风格衣服的照片到亚马逊最新的程序上，等待一分钟左右，就会有专业的设计师为消费者的穿着风格提出建议，并且为消费者提供适合的服装并添加当前的流行因素。这项服务可以解决很多消费者的苦恼，如不知道哪一款服装适合自己，网上购买没办法试穿，上身效果只能通过想象，线下购买又没有时间，更多人根本不知道自己适合什么样的风格，不敢去尝试新款的潮流服饰，等等。

天猫也在这方面做了努力，天猫新风尚与 AI 科技公司好买衣达成合作，共同搭建了一个智能虚拟试衣互动会场。该技术通过智能重建三维真实身材，与实测的误差值仅为1 ～ 1.5 厘米，还能利用免尺测量身材重建技术、个性化人脸三维重建技术、个性化尺码推荐技术、镜像级虚拟试穿技术，只需 20 秒就能为用户重建一个五官样貌与身材的仿真虚拟形象，为消费者构建了一个虚拟的穿衣场景，体验如照镜子般的虚拟试衣，消费者不需试穿真衣就能感受到服饰是否合适。

沃尔玛国际业务总裁兼首席执行官董明伦在谈到"面对未来的挑战"时表示："科技和互联网是让消费者做到一切他们真正想做的事情。"

很显然，技术改变零售一定是大趋势。对于零售业来说，线上线下融合，能给消费者带来确确实实的便利和实惠，特别是线下的用户体验，一定会是未来消费者特别看重的事情。通过线下体验，把用户引导到线上去购物，像 Amazon Books、Amazon Go 、Outfit compare，以及天猫的虚拟试衣间，就是对未来新的零售方式的一种勇敢探索。

对于目前火热的新零售来说，线上线下融合，并不是简单地把线下复制到线上，也不是线下照搬到线上，而是面对不同渠道的消费者，或者消费者不同的阶段需求，分别要扮演不同的角色。

亚马逊 CEO 杰夫·贝佐斯说过：一开始我们就是以消费者为出发点，现今只是回到起点，为了服务好消费者，我们学习所有需要的技巧，开发和建造所有需要的技术。

不管是亚马逊从书店 Amazon Books 到食杂零售店 Amazon Go，再到试衣技术 Outfit compare，还是天猫的虚拟试衣间，都是为了找到对的消费者，以及通过最新技术为这些消费者提供最优质的服务，让消费者的体验更加个性化、精准化、人性化。反过来，商家也会因此受益。

其实商业的规律很简单，对于零售业而言，虽然消费在升级，但零售的本质和基本规律并不会变，技术的升级只是提升零售效率的各种形式和手段而已。无论技术如何发展，数据如何发达，只是改变零售的效率而已，并不能改变零售的本质。消费者永远都是新零售的核心，只有始终围绕消费者这个中心，提升零售业各个环节的效率，才能真正为消费者创造价值，为社会创造财富。从这个角度说，新零售的"新"其实就是新技术的新，就是通过新的技术手段提升消费体验而已。

当然，技术只是一种手段，更重要的是，面对新技术来袭，我们能否转换思路，更新自己的思维方式，探索出一条全新的零售模式，这才是新零售带给我们的思考。

阿里巴巴首席战略官曾鸣教授在前不久的一次演讲中指出：

"未来的世界将是一个万物互联、人工智能无所不在的世界。商业智能化是未来最重要的一个趋势。随着技术的进一步普及，应用成本的进一步下降，越来越多的行业都会快速形成智能化演变。技术本身不是最大的障碍，真正的挑战是大家能不能用智能商业的思路来重新审视自己所有的业务、所有的流程，甚至进行全面的改造和创新。"

13.2.2　新旧零售之争

有新零售，就必然有与之对应的旧零售，很多人认为新零售只不过是 O2O 重新换个概念，旧酒换新瓶而已。甚至杭州一家百货公司的前总经理厉玲女士，就对马云提出的新零售特别不以为然，她认为根本没有什么新零售。她说：今天阿里巴巴所干的事情，和我当年在百货公司当总经理所干的事情有什么区别呢？我们都在招商、营销、处理投诉、抽成、促销、卖广告位，如果说有什么不同，就是业态不同。

当然，还有人认为，顺丰两年前在很多城市小区门口开的嘿客店，也就是马云所说的线下线上相结合的新零售没有什么差别。嘿客店里极少有实物商品，只是一张张商品的照片贴在墙上，每张照片下面有一个二维码，顾客只要拿起手机扫一下二维码既可以购买,顺丰就可以把通过其方便的物流把商品送到顾客指定的地方去。

但是顺丰却因此亏损了 16 亿元之后,不得不宣布该项目失败。转而做起了以"优选商品,服务到家"为宗旨,依托线上电商平台与线下社区门店,为用户提供日常所需的全球优质美食的"顺丰优选",目前该项目发展形势还是比较喜人的。

很显然,顺丰"嘿客"和马云此次提出的新零售,有着本质的区别。顺丰"嘿客"败北的原因很多,其中之一就是顺丰并不具有互联网基因,只是简单地把线上和线下进行叠加。

其次是对用户定位不精准,嘿客采用的 O2O 模式,对其覆盖的客户人群来看,未必能吸引或者是培育出适合 O2O 的细分客户群体,小区门口很多都是老年人。年轻人都在使用手机,可以很方便地购物,小区门口的"嘿客"店对这些年轻人来说,只适合他们寄快递和收快递。

再一个就是盈利模式不明确,费用太高,仅靠收取上架的商家产品的手续费,以及部分广告费用,并无其他稳定的赢利点。

另外,商品品质和价格方面也没有优势,不足以吸引消费者。还有,顺丰用做传统物流的方式在做这个项目,项目推进需要跨公司跨部门沟通,有想法的同事想改进产品体验,需要经历复杂的流程,导致项目实施效率极低,与互联网公司高效的工作方式形成鲜明对比,等产品迭代上线后市场早已变天。

很显然,厉玲女士和顺丰嘿客都没有正确理解新零售这个概念,那怎么来区分零售的新旧呢?任何一个事物的新旧之分,最重要的是能不能带来效率的提升,或者是否能促进社会的进步。

人类社会从饮血茹毛到学会自然采摘,再到旧石器时代、新石器时代学会使用石制工具的自然经济时代,一直到后来学会使用陶器、铜器、铁器,以及使用蓄力、风力、水力的旧农业时代,到以煤炭为主要能源驱动的蒸汽机的旧工业时代,再到现代以水力和石油为主要能源的电力工业时代,再到目前的互联网时代,以及紧接着马上要进入的,以大数据为驱动力的人工智能时代。每一次人类使用新的技术和工具,都极大地促进了生产力的发展,从而提升了生产效率,大大地促进了人类文明和进步。

新零售能否降低成本,提升生产和交易效率,以及能否给消费者带来实际的利益和良好的体验,成为衡量新旧零售的标准。归纳起来,主要有以下八点:

① **新技术驱动**。新零售是基于互联网、大数据、云计算、人工智能、物联网、AR、VR 等新技术驱动的产物。历史的经验告诉我们,新生事物往往有巨大的生命力,必将淘汰已经过时的生产力,这些新技术的产生和发展势必迅速被应用到各行各业,并对各行业产生巨大而又积极的影响。

② **旧模式过时**。旧的零售模式（包括电子商务和线下实体零售），已经造成了严重的资源浪费，从生产者到经销商再到消费者这种单向性的产销模式，即 B2C 模式造成了大量的库存。而新零售的 C2B 模式恰好和 B2C 相反，是一种按需定制的模式，可以避免库存积压造成的资源浪费。另外，从消费端倒逼供应端，促使供应端进一步提升效益，能够大大降低成本。对零售商来说，也能通过预测消费数据，把控生产，达到零售升级。

③ **消费升级加速**。随着消费进一步升级，以前千人一面的商品，以及旧的零售模式已经难以满足未来消费者的个性化需求及体验。随着社会经济的发展，消费者对品质及体验的追求，已经远远大于对商品功用和价格的追求。只有通过精准化推荐、体验为主新零售的模式，去洞察、满足并引导消费者的需求，才能真正实现消费升级。

④ **零供矛盾加剧**。旧零售（包括电子商务和线下实体零售）靠出租场地及出售流量的二房东模式造成了严重的零供矛盾，这些零售实体和电商平台本身不卖货，而只是场地和流量的二道贩子，对商家和消费者利益置若罔闻，只顾自身的利益，严重伤害了商家和消费者的切身利益。

⑤ **零售核心发生根本变化**。以商品为核心的旧零售必将被以人为核心的新零售模式所替代。在以前，一切生产和销售，都是围绕着商品在运转，在物资匮乏的年代，消费者选择余地非常有限，消费者只能被动地接受。而如今，生产企业高度发达，产品供大于求，消费者除了要求更高的品质之外，对商品背后的文化内涵及服务更加关注。新零售将重构生产流程、重构商家与消费者的关系、重构消费体验等。

⑥ **旧零售难以为继**。之前线上线下势不两立已经让双方各损八百，甚至彼此难以为继，也严重伤害了消费者合法、合理的要求和利益。线上线下各有优点和缺点，两者都无法单独带给消费者最佳的体验和服务。分久必合，新零售提供的则是一种全渠道、全时段、全品类、全体验的，面向全客群，以人为核心的新型商业模式，线上、线下及消费者三方都能共赢。

⑦ **物流促进零售升级**。我国高铁、飞机、高速公路的发展日新月异，物流已经发生了翻天覆地的变化。特别是基于大数据的现代物流系统，朝发夕至早已经不是梦；"最后一千米"问题也得到了根本性的解决，当日达、2 小时送达、30 分钟内 5 千米内送达已经能满足大部分城镇居民的要求。购物零距离，即购即到已经成为物流常态，距离已经不再是购物的壁垒，新零售有了基础性的保障。

⑧ **场景化体验化将成趋势**。旧零售实际上就是打造空间（包括线上的虚拟空间），然后通过出租招商，再通过管理或者通过出售广告盈利，这样做根本无法满足快速变化的消费市场需求。只有以消费者为核心，通过构建新型产业链生态，才能满足不同的消费者对场景化、体验化、差异化的不同需求。才能由原来销售商品转向创新生活方式，由粗放式管理转向注重质量和效益的精细化运作，由分散独立的竞争主体转向融合协同的新生态。

事实上，无论是新零售还是旧零售，零售的本质从来都不会改变。对生产者和零售商来说，降低成本和提升效率是永恒的主题，新零售通过新的技术手段，改变的只是业务模式、销售模式、渠道模式、物流模式及交易场景等。而对于消费者来说，更高的品质、更具性价比的商品，以及更高的体验和服务，从来都是消费者孜孜不倦的追求。

生产企业和零售商家要做的，就是如何更加有效地利用现有的新技术，转变思维方式，让生产流程优化，让交易成本降低、效率提升，让商品具有更高的性价比，让消费者体验最佳，服务让消费者更加满意，这就是新零售要做的事情，也是新旧零售之间的最大区别。不管是新零售还是旧零售，能给消费者带来好处的就是好零售，就是新零售。所以，从这个角度看，新旧零售之争毫无意义。

13.2.3　新实体经济

新旧零售之争甚至还引发了虚拟经济与实体经济之争，虚实经济之争也在2017年"两会"期间达到前所未有的高潮。

自2016年年底在央视《对话》节目中，主持人提到马云的最新观点"新零售、新金融、新制造、新资源、新技术"时，娃哈哈集团董事长宗庆后当场直接回应说，我认为除了新技术以外，其他都是胡说八道的。"比如新制造，马云本身就不是从事实体经济，他制造什么东西啊？如果是新技术，我倒认为对实体经济而言，确实要追求新的技术来提高制造业。从低端制造业走向高端制造业"。

在场的董明珠则附和说，90后不去实体企业工作，在淘宝开个小店一个月就赚个2000元不用受约束，不用打考勤，是"国家经济隐患"。她说："这一代人对我们国家经济的发展是有隐患的，不仅仅是网店模式给实体经济带来冲击，它给整个社会都带来了冲击。"

但宗庆后随后又表示，并没有觉得互联网电子商务对实体造成了冲击，最多是冲击了零售行业，对于制造业，互联网无法造成冲击。

隔天马云对此只是低调回应，他强调了电商其实是为实体企业服务的，一如前不久提出的新零售概念，强调线上线下和现代物流相结合。不过，过了4天，即12月29日，马云以浙商总会会长的身份出席了"江苏省浙江商会十周年大会"，貌似心有不甘的马云忍不住"炮轰"了宗庆后和董明珠一番：

> "不是技术让你淘汰，而是落后思想让你淘汰，不是互联网冲击了你，是保守的思想、昨天的思想、不愿意学习的懒性淘汰了你，自以为是淘汰了你。"

而在刚刚开始的2017年"两会"上，宗庆后坚持认为"电商花钱买流量破坏实体经济的价格体系"，言外之意就是电商搞乱了实体经济的销售渠道。他说：

"互联网对实体经济来说是一把双刃剑，一方面帮助实体经济发展，另一方面，很多电商花钱买流量的做法却把实体经济的价格体系搞乱了。现在有些电商花钱买流量，他从你企业里 100 块东西买去，再贴 20 块，给你 80 块钱卖掉，把你实体经济的价格体系全部破坏，最后他垄断了市场以后，再抬价，这点对实体经济是比较有冲击的。"

　　马可·波罗瓷砖董事长黄建平的一番话，更让实体与虚拟之争达到高峰，他说："实体经济搞不好，马云有功劳"，直指马云的阿里巴巴对实体经济的"损害"。

　　淘宝官方随即对此做出回应，坚称淘宝网是百分之一百的实体经济，实体经济搞得好有我们的"功劳"，淘宝认为：

　　实体经济和虚拟经济的冲突目前是舆论的热点。但我们首先要搞清楚实体经济到底是什么？实体经济的定义是人类通过思想、财富、工具，在地球上创造的生产和流通的商业等经济活动——生产制造是实体的一部分，而以淘宝为代表的流通，则更是实体经济的一部分。

　　2017 年 1 月 4 日，李克强总理在国务院常务会议上提醒参会人员要正确认识"实体经济"的内涵："'实体经济'是一个相对于'虚拟经济'的概念，不是仅仅包含制造业，而是涵盖着一、二、三产业。网店是'新经济'，但直接带动了实体工厂的销售；快递业作为'新经济'的代表，同样既拉动了消费也促进了生产。这些典型的新经济行业，实际上都是'生产性服务业'，都是在为实体经济服务，也是实体经济的一部分。"

　　在 2017 年 1 月 4 日的国务院常务会议上，李克强总理说："人类历史上曾经发生过不少'流通带动生产'的革命性变化。现在，很多网店直接向工厂下订单、定制化生产，同样带动了大量制造业工厂的发展。"

　　"培育壮大新经济、发展新动能，不仅是打造经济发展的'新引擎'，也是在改造提升传统动能，促进实体经济蓬勃发展。新动能与传统动能是不可分割的！新经济、新动能不仅催生了新技术、新业态，也在推动着传统产业改造升级、焕发生机。"

　　截至 2016 年 12 月 31 日，阿里巴巴累计投资传统产业超过 1000 亿元，其中重大投资项目超过 20 个，阿里巴巴与苏宁、银泰、三江等进行了深度合作，近期与中国最大的商贸集团百联达成战略合作。只有抓住机遇创新，才有可能以全新的形态创造未来。

　　阿里巴巴的回应确实有理有据，也能自圆其说。马云也在多个场合表示：

　　"现代都市里面，很多传统零售行业受到了电商或者互联网巨大的冲击，我个人觉得是他们没有把握未来的技术，没有看未来，只看到昨天，如何适应这个新的技术，如何和互联网公司进行合作，如何和现代物流进行合作，如何利用好大数据。必须打造新零售，原来的房地产模式为主的零售行业一定会受到冲击，今天不冲击，你活得时间也不会太长，新零售的诞生，对纯线下也会带来冲击。"

诚然，在国家大力倡导发展实体经济的同时，虚拟经济的确成为新经济的一部分，以线上零售为主的电商确实成为了拉动和促进实体经济发展的新动能。但是以宗庆后、董明珠、黄建平等实体经济的杰出代表，对实体经济的理解更多仅限于看得见摸得着的生产型企业和产品，如饮料、空调和瓷砖。实际上，李克强总理所说的"流通带动生产"就是指贸易带动生产。如果把线上电商也看做一种销售渠道，那和实体店、电视购物、网红直播，或者摆地摊有什么区别呢？

为什么还会有那么多人对电商进行"炮轰"，甚至前几年还有人在网上大量散布"淘宝不死，中国不富"的过激言论呢？其原因只有一个，那就是以阿里巴巴为主的电商平台，有意无意构筑了一个不平等的竞争平台，导致很多人的利益遭受严重的冲击。主要表现在两个方面：

一是税收。阿里巴巴赖以发家的淘宝，以C2C也就是个人卖家直接卖货给个人买家，还有很多人其实是以公司或者机构在运营，但却以个人身份在淘宝开店。这些个人卖家从各种渠道进货，却不用纳税，导致线上价格比线下便宜很多，当然实体店店租高、人工等成本也是原因，但是不用纳税确实是导致网货价格低的最主要原因。作为竞争对手的刘强东，就多次提案，希望国家能对个人网商征税，让线上线下的经营者站在公平的起跑线上。

截至目前，用个人身份在淘宝上开店还不用纳税。天猫商家是需要纳税的，按照目前税法规定，年交易额80万元以下的算小规模纳税人，按照3%增值税、25%企业所得税纳税。但是大部分天猫商家只是按照固定额度纳税，即使超过80万元也不会主动去申报，目前各地国税都是采取抽查询问制，没抽到就没什么事情。而在京东上购物，自营部分京东则主动提供发票。京东商家入驻部分和天猫商家一样，如果消费者不索取发票，一般是不会主动提供给消费者的。从这个角度来讲，淘宝、天猫、京东商家入驻部分确实钻了政策的漏洞，占了政策的红利。

就在2017年3月31日刚刚结束的国家税务局和全国工商联共同召开的关于"深化税收改革 助力民营企业发展"座谈会上，马云和刘强东就小微企业是否应该纳税表达了完全不同的看法，马云呼吁为小微企业减税，称："线上线下不公平"是一个伪命题，如何让小企业活下去、活得好，才是国家税收杠杆调节真正应该考虑的地方，主张对小微企业放水养鱼，开设网店不应征税。刘强东则认为部分企业机构以个人名义开店以达到逃税的行为，既造成了线上线下的税收不公平，也冲击了实体经济，需要规范小微企业开设网店征税。

很明显，马云和刘强东的表态或多或少暗藏打击对手的私心。因为在阿里巴巴平台上开店的卖家达到1000万以上，而京东主要是自营，入驻的第三方商家只有12万，显然不是一个量级的。刘强东最近几年多次在不同场合反复提及的税负公平，明显是针对阿里巴巴而来，向网店征税无疑将加重小微网店的经营负担，可以达到间接打击阿里巴巴的目的。反过来就很容易理解，马云为何极力反对向这些小微网店纳税。

马云和刘强东的争议也引起网友的极大关注。刘强东曾向李克强总理建议，把对个人网店免税额提高到每年100万元，但是对已经成规模的以公司化运作的网店征税。

而马云则历来打着苦大仇深的幌子要替小微企业说话，他认为：

> "大企业享受很多资源优势，力量越大责任越大，理应是纳税主力；而小企业每天考虑的是生死存亡问题，如何让小企业活下去、活得好，才是国家税收杠杆调节真正应该考虑的地方。""减负养鱼，就会有大量的创业者、小微企业依托平台发展起来，因为税收的最终目的，就是促进社会经济发展和促进社会公平。"

有很多网友针对马云这段话表示异议，其实减税并不能给目前在阿里巴巴平台上开店的商家带来实际的利益，因为事实上这些商户和个人目前大多数并没有纳税。但是他们的日子依然过得非常艰难，据金融界的报道，天猫上80%的店铺都处于亏损状态，盈利的仅有10%，剩下的10%则处于微盈利或不盈利状态。其原因在于阿里巴巴平台上的各种费用实在是太高了，特别是流量费用几乎占据了销售额的一半以上。阿里巴巴2016全年盈利为427.41亿元，在BAT中遥遥领先，相对于百度的116亿元和腾讯的414.47亿元，马云刻意避开阿里巴巴平台上昂贵的费用不谈，反而要求国家免税减负，实在让人感到歆歆。

如果再和同为"电商平台"的亚马逊和京东比较一下，你就会发现阿里巴巴赚钱赚得真的有点狠。亚马逊2016年全年的净利润只有24亿美元，还不如阿里巴巴2017财年第三季度一个季度的净利润（即10月1日-12月31日），该季度阿里巴巴的净利润为171.57亿元（约合24.71亿美元）。而2016年全年，京东只有10亿元的净利润。

二是假货。假货问题的原因很多，确实不能全部怪罪阿里巴巴。但是阿里巴巴却负有不可推卸的责任，而且阿里巴巴还有可能促进假货的泛滥。其原因很简单，阿里巴巴平台的流量机制看似公平，其实是一种无序的竞争，完全推行的是丛林法则，价高者得，让商户弱肉强食，阿里巴巴坐收渔翁之利。另外，阿里巴巴巧设名目，雁过拔毛，对商户过度的盘剥，导致大量个人卖家无法盈利，只有通过出售假冒伪劣产品才能存活。

假货的泛滥，不仅伤害到消费者的切身利益，最终会冲击到传统生产型企业。这才是上述宗庆后、董明珠、黄建平等企业家之所以有虚拟之争、怒怼马云的真实原因。

虚拟经济与实体经济之争随着2017年3月19日《人民日报》的头版头条发布一篇

题为《浙江 实体经济正质变》的报道暂时落下帷幕，报道极力点赞了阿里巴巴：以阿里巴巴为代表的新实体经济正在迅速崛起。"浙江不遗余力扶持新实体经济。以阿里巴巴为代表的新实体经济正在迅速崛起，集团去年合计纳税 238 亿元，带动平台纳税至少2000 亿元，相当于 4000 家大型商场的销售体量，创造了超过 3000 万个就业机会"。

这样看来，马云提出的新零售确实是新实体经济。那什么是新实体经济？新实体经济新在哪里？华夏新供给经济学研究院院长王广宇认为，所谓新实体经济，有三个主要特征：

一是新实体经济与虚拟经济不是对立的，与新业态也不是对立的。新实体经济不仅包括传统制造业，也涵盖了传统一、二、三产业，特别是新生产型服务业。

二是新实体经济回归到经济主体的本原意义。即增加优质产品和服务的供给，容纳足够的就业。

三是新实体经济是面向未来，与先进技术结合的制造业或者服务业，新实体经济一定要与新技术和新科技结合。

的确，时代在变，技术在变，消费者的需求也在变，作为零售业，有什么理由不变呢？如果抱残守缺，不转变思维方式，不积极主动拥抱变化，创变未来，只能被历史的洪流所淘汰。马云在这方面有非常精彩的演讲：

很多人讲"互联网在冲击各行各业""电子商务打击、摧毁或者冲击了传统商业"。我认为，电子商务没有冲击传统的商业，更没有打击传统商业，电子商务只是把握了互联网的技术、互联网的思想，知道未来的经济将完全基于互联网。我们抓住了互联网的技术，在这个上面创造出一个适应未来的商业模式，那就是电子商务。真正冲击各行各业、冲击就业、冲击传统思想和传统行业的，是我们昨天的思想，是对未来的无知、是对未来的不拥抱。

不管是新旧零售之争、虚拟与现实之争，还是马刘税收之争，都属于正常的现象。因为每个人站的角度和高度不一样，所代表的利益也不一样，看法自然就不一样。真理越辩越明，也会越靠近事实本身。

本 章 小 结

大数据和新技术成为新零售的核心驱动力。新零售对实体经济有极大的促进作用，新零售作为新实体经济发展的新动能，不仅能改造和提升传统零售，还能促进实体经济的进一步发展，反过来，新实体经济的发展也能进一步催生新技术和新的商业业态，这是一种正向的良性循环。

第 14 章
新零售 新价值

本章导读

客户和用户，属于完全不同的两个概念，用户具有核心价值，特别是缴费的会员，那是对企业价值观的认同，是最有价值的用户。亚马逊、阿里巴巴、京东、好市多、星巴克、小米、沃尔玛等企业，在新零售来袭之际，它们是如何对待自己的用户？对各自的核心价值如何进行取舍？

14.1 用户创造价值

14.1.1 一字之差

不管是线上还是线下的销售，都离不开消费者，消费者可以简单分成两种，即客户和用户，虽然只有一字之差，但是却有天壤之别。

客户和用户有什么区别？传统的商店，顾客买完东西就走就叫客户，商家也没留住客户什么有效的信息，如联系方式、喜好等，客户一走出店门，和商户就没什么关系，是一种陌生的关系，是一种主客关系，消费者在这里就是一个"客"。

而互联网特别是移动互联网时代，顾客的每一笔交易都被记录，姓名、地址、电话、消费金额、频次，以及采购商品的品类，喜好的颜色、尺码、材质，物流方式、消费记录、客单价、支付习惯（如是否喜欢选择使用信用卡、是否喜欢使用优惠券，等等），甚至可以从顾客开始进店到下单的时长来判断客户的性格特征，是干净利落型还是拖泥带水的。这些消费特征一旦被商户所掌握，商户就有可能对顾客进行二次营销，从而把"客户"转化为多次购买、忠诚度较高的"用户"。

简单来说，客户就是单位时间内只光顾一次或者几次，不具备黏性和忠诚度。用户则是不断复购，不断采购和使用同一个商户提供的商品，有很高的忠诚度。例如，一个新的客户进到一个商家线上店铺采购孕妇奶粉，并采购孕妇相关产品，而且连续采购多次。商家完全有理由通过大数据分析，预测出孕妇的大概生产时间，并根据生产时间推送相关的优惠券促使该客户进行购买，如和孕妇相关的服装、营养品，新生儿的奶粉、纸尿裤、奶瓶、服饰，等等，让客户产生黏性，不断复购，客户就变成了用户。

如果还不明白客户和用户之间的区别，那我就编一个真实的故事，看完应该就会明白。

在杭州有一个聪明人叫马云，建了一个漂浮在半空中的大房子，刚开始只建了一层，刚开始主要是想搞服装鞋帽批发。马云告诉大家说，在我这边开批发店吧，全世界的人都可以找到你，我可以帮你们把商品卖到全世界去，这就是阿里巴巴，现在叫1688。开店当然要交店租了，但是一番折腾下来，在上面开店的个体工商户并不怎么赚钱，很多人的生意都是半死不活的。马云也赚不了什么钱，这样继续下去可不行，那就加盖一层吧，做零售，这就是淘宝。

于是马云继续鼓吹说，来我这边卖衣服吧，保证你能赚很多钱，那时候没人相信，很多人把马云当做骗子，没人来开店怎么办？免费，国人最喜欢免费了，于是一下来了很多人来开店，反正大家都抱着死马当活马医的态度试试看，因为在半空中开店，不用交税，再加上很多中间环节被省略，服装的价格便宜很多，比线下实体店便宜很多，那时候改革开放虽然有些年头，但大多数消费者都还没什么钱，有便宜的东西那肯定大家一窝蜂疯抢。但是，消费者说了，你在天上飘，我把钱给你，你不给我衣服我找谁去？马云想了个办法，我这个房东来做担保，钱你先放我这，你收到衣服，满意了你再告诉我，我再把钱给卖衣服的人，这就是支付宝。

卖着卖着，越来越多人来开店，鱼龙混杂，有些人开始卖起假冒伪劣的产品，投诉到马云那边的人也越来越多。马云一想，这样可不行，那就再加盖一层吧，这次要求严格一点，个人不行，要注册公司才可以来我这开店。除了交店租，还要交几万元的保证金，你敢卖假货，我就把保证金给你没收了。另外，你每卖出100元，我要提成5块钱，这就是淘宝商城，现在叫天猫。这和西湖边银泰百货的经营模式没有什么不同，只不过一个是在空中，一个是在地上。

随着开店的个体工商户、个人卖家、公司卖家越快越多，大家放在马云这个空中店里的东西也越来越多，达到10亿件以上，把谁的商品放在前面呢？那只有卖广告了，谁出的钱多，马云就把谁的商品摆在入口的地方，顾客一进来，就让他先看得见。这就是直通车和钻展。

通过收取房租、保证金、广告费、提点、年费等，马云赚得盆满钵满。另外，还有买家先压在马云那边的货款（客户备付金），因为只有买家确认收货后，卖家才可以提现，这期间沉淀下来的钱一年的利息可是几十亿甚至上百亿元。不过，央妈也不是省油的灯，去年底宣布，这些客户备付金以后不能放你支付宝那，统统交给我，而且没有利息。美其名曰叫规避风险，马云也没办法，民不与官斗。

所有在马云这三层楼做生意的交易总销售额，就叫做 GMV，GMV 很有意思，只要消费者支付完，不管最后是不是退货，或者取消订单，还是买家拒收，都算进去。事实上，GMV 的数字往往大于实际成交额。

假设有三个人，分别在马云这个空中三层楼里卖衣服，个体工商户叫小里，个人卖家叫小宝，公司的叫杭州小天贸易公司，他们分别在阿里巴巴的三大零售平台（1688、淘宝、天猫）上开店，一整年下来，他们的流水分别为 100 万元、300 万元、1000 万元，他们三个加起来 1400 万元就是 GMV，扣除成本以后，他们分别赚了 10 万元、-30 万元、120 万元，但是，这和马云有关系吗？除了小天贸易公司要被马云提点 50 万之外，好像还真没多大关系，对马云来说，该收的店租、广告费、保证金、技术服务费等该收的照样收，你们在我这开店，赚钱也好，亏钱也好，跟马云没有半点关系，这和线下的批发市场、街边店、商城其实是一样的。

那么问题来了，普通的顾客，是不是马云的用户？肯定不是。如果你不是用上述三种身份在马云的三层楼里开店，作为一个普通消费者，只是在上面买衣服和吃的，和马云真的没有太大关系，只是通过这些开店的人和马云发生关系。真正和马云有关系的就是上述在这三层楼里开店的三种人——个体工商户、个人卖家、公司卖家。这些人才是马云的衣食父母，向马云交店租、广告费、保证金等，是其利润的主要贡献者。打个比方，假设你是房东，把店面出租给小王开服装店，小王按时把店租交给你，小王有没有顾客，有没有生意，不赚钱或者赚几百万元，和你有关系吗？所以，对于马云来说，普通消费者只是他的客户，对他没有直接的利润贡献，对他来说，就像到小王店里买衣服的客人而已，只能算一个过客。

但是，在他那边租店面，开店的这些个体工商户、个人卖家、公司卖家，却是他真正的用户。阿里巴巴 2016 年第四季度公布的财报显示"移动月度活跃用户数增长至 4.93 亿名"，其实是模棱两可的描述。很显然，这 4.93 亿名是普通的消费者，或者叫买家，其中当然也可能包含在上面开店的卖家。但是阿里巴巴从来不公布在其三大平台上开店的个体工商户、个人卖家、公司卖家具体数量有多少。

简单来说，对利润有直接贡献的，就是用户，否则只能算是客户。至于"消费者"这个名词，只是对顾客的统称，"顾客"就是光顾你生意的客人，如果在一定的时间内光顾次数非常少，如一年只来一两次，对商家的利润贡献极小，只能称为客户。如果一直重复消费，不断在用你的产品，忠诚度和黏度非常高，对你的利润有直接的影响，这样的顾客，称为"用户"。如果这些"用户"愿意交会员费，变成付费会员，那么这些会员对你而言，就是最有价值的"用户"。

在英语中，消费者和客户都叫"Customer"，词根 Custom 是习惯、海关、习惯性的意思；而用户则叫做"User"，是使用者的意思。两者明显是有一定区分的。如果阿里巴巴下次财报把"用户"改成"消费者"或者"顾客"，那应该就比较接近事实的描述。当然，如果只是把这些消费者当做使用支付宝的顾客来说，那他们确实是支付宝的用户，因为在阿里巴巴的中国三大零售平台上，必须使用支付宝进行交易。但问题是，消费者使用支付宝交易，并没有给阿里巴巴三大零售平台直接带来利润。

接下来我们要谈到的亚马逊和京东，是自营的，自己卖东西，和顾客直接发生关系，顾客对其利润有直接的影响，对于这两大平台来说，这些顾客才是真正意义上的用户。

14.1.2　亚马逊和阿里巴巴

通过对比亚马逊和阿里巴巴的用户和客户，便可知道用户的价值所在。

阿里巴巴 2014 年 9 月 19 日在美国上市，被承销商包装成"中国的亚马逊"。阿里巴巴的开盘报价 68 美元，而收盘价为 93.89 美元，上涨 38.07%，总市值为 2314 亿美元。可是过了不到半年，精明的美国人发现阿里巴巴和亚马逊完全是两回事，最大的区别在于亚马逊拥有的是"用户"，而阿里巴巴拥有的是"客户"。于是阿里巴巴的股价一路下滑，在上市近一年的 8 月 24 日，甚至一度跌破发行价，报收 65.80 美元。

原因在哪里？表面看是盈利未达到预期，真正的原因在于美国人看懂了亚马逊和阿里巴巴之间的区别。亚马逊是自己进货卖货，自己建物流，自己做售后，和沃尔玛、好市多等美国超市差不多。但阿里巴巴不是，它没有一件自己的商品，所有的商品都是入驻阿里巴巴平台上的商户所有，阿里巴巴平台只是一个线上的商城而已，靠出租柜台、收取佣金、广告费等来盈利。

那么阿里巴巴的真正用户是谁？就是入驻阿里巴巴平台（1688、淘宝、天猫、速卖通）的商户、个人开店者和个体工商户，这些人会给阿里巴巴带来直接的收益，交给阿里巴巴年费、广告费、佣金等。对于普通消费者来说，只在阿里巴巴上述几个平台上购买商品，并没有直接给阿里巴巴带来利润，真正能给阿里巴巴带来利润的是那些在其平台上开店的商户和个人，也就是说，阿里巴巴其实不是卖货的，是卖流量的，是流量的二道贩子。我们在百度、微博、新浪、论坛等网上所有地方，都可以看到淘宝和天猫的广告，这些广告都是淘宝向这些入口商家用批发价购买的，然后高价卖给入驻阿里巴巴平台的这些商户和个人开店者。

在阿里巴巴平台上开店的商户和个人预计超过一千万家（阿里巴巴从未公布），一个商户平均发布 100 个商品，就有 10 亿个商品，这么多商品，阿里巴巴凭什么让你的商品排在前面，首先出现在顾客面前呢？只有向阿里巴巴购买广告这一条路走得通。

而根据亚马逊 2016 年财报，截至 2016 年 12 月底，亚马逊年活跃用户约为 4.5 亿，全年完成销售额 1360 亿美元，而这一庞大的销售数据，均与用户直接相关。亚马逊 2016 全年广告收入仅为 12 亿美元，虽然同比增长 60%，但是和谷歌 800 亿美元的广告收入相比，这点钱微不足道。

再来看阿里巴巴。阿里巴巴 2016 年第四季财报中"截至 2016 年 12 月 31 日，中国零售平台的移动月度活跃用户数增长至 4.93 亿名"，这里所说的用户数，准确地说，应该是由卖家和买家组成的，是用户数及客户数总和。卖家使用阿里巴巴平台，依靠阿里巴巴提供的技术和服务从事网上经营活动，能直接给阿里巴巴创造效益，是阿里巴巴真正的"用户"。

而美国著名财经杂志《巴伦周刊》近日发表来自独立投行 Evercore ISI 的研究文章，虽然将亚马逊和阿里巴巴列为 2017 年最值得投资的两家互联网公司。但是却一针见血地指出，"虽然中国经济面临逆风，但人口规模和技术渗透不足，意味着它是一个投资者不能忽视的市场。阿里巴巴有 4.4 亿活跃买家，他们总不会错"。很显然这里的"活跃买家"指的是客户，而不是用户，因为这些买家并没有直接和阿里巴巴发生关系，只是通过在阿里巴巴零售平台开店的商家间接和阿里巴巴发生关系，虽然这些买家的数据都掌握在阿里巴巴手中，也是阿里巴巴平台最重要的资产。

而亚马逊则不然，亚马逊的 4.5 亿顾客都是直接和亚马逊发生关系，是亚马逊真正的用户。特别是亚马逊 Prime 会员①，总数达到 8000 万，仅美国国内就达到 6300 万，全美成年人口大约为 2.46 亿，金牌会员用户数已经达到成年人口的两成，这意味着金牌会员服务已经覆盖了全美 46% 的家庭（夫妻共用一个会员）。会员年均开支达 1200 美元，高于非会员的 500 美元年均开支。

亚马逊的用户就是会员和非会员的总和。美国著名的市场调研机构 Consumer Intelligence Research Partners（CIRP）在 2016 年 8 月公布了亚马逊消费者分析报告称，截至 2016 年 6 月 30 日，亚马逊 52% 的美国消费者是 Prime 会员，首次超过半数，如图 14-1 所示。

如果对比一下，好市多的会员费收入一年竟然能达到 25 亿美元，再加上亚马逊广告份额只占全球的 0.75%（2014 年数据，最近两年无数据），你就能想象到亚马逊为什么不赚钱，但是市值却一直在飞涨的原因。亚马逊的市值 10 年来涨了 1934%，达到了惊人

---

① Prime 会员是亚马逊推出的一种收费服务，年费为 99 美元，除了提供免费配送和两日达服务，亚马逊还为其增加了不少附加服务，包括观看视频、下载音乐、存储照片等。目前，亚马逊 Prime 会员在国内的年费为 388 元，用户在购买会员资格之前可以先进行 30 天的免费试用，而在 2017 年 2 月 28 日前加入试用 Prime 会员的消费者还可享受 188 元的年费优惠价。

的 4022.81 亿美元，股价为 846.61（美东时间 2017 年 3 月 6 日数据，下同）。亚马逊的财报显示，虽然亚马逊 2016 年全年营收 1360 亿美元，电商部分还是处于亏损，亚马逊全年的净利润只有 24 亿美元，真正替亚马逊盈利做出贡献的却是亚马逊云 AWS。

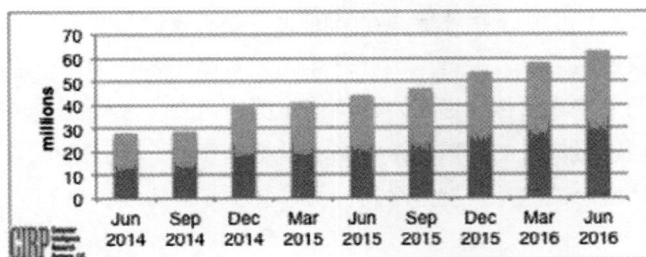

美国亚马逊 Prime 会员人数增长情况

图 14-1 （图片来源：CIRP）

再来看阿里巴巴，北京时间 2017 年 1 月 24 日晚间，阿里巴巴发布了截至 2016 年 12 月 31 日的 2017 财年第三季度财报（即 10 月 1 日 –12 月 31 日），营收为人民币 532.48 亿元（约合 76.69 亿美元），同比增长 54%。核心电商业务收入同比增长 45%，达 465.76 亿元人民币。净利润为人民币 171.57 亿元（约合 24.71 亿美元）。也就是说，阿里巴巴一个季度的净利润就超过了亚马逊全年，但是阿里巴巴的股价却在 86 ~ 96 美元之间浮动，市值 2553.15 亿美元，股价 102.31 美元（美东时间 2017 年 3 月 6 日数据）。

对于亚马逊本身来说，相对于接近指数级增长的营收，盈利却一直趋近于零，但这并不妨碍亚马逊受到资本市场的热捧，如图 14-2 所示。

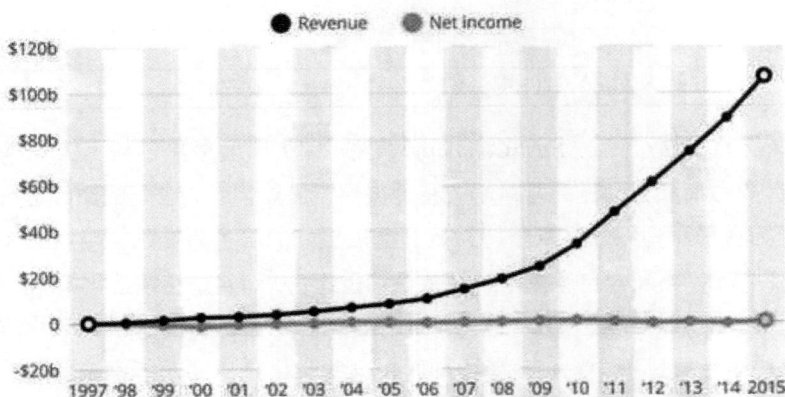

图 14-2 （图片来源：CIRP）

我们都明白，股价不代表公司的实际潜力，但它反映了外界对它的评价和预期。通过对比得知，赚大钱的阿里巴巴市值不温不火，在经历了超过 20 个月跌破发行价的艰难历程后，阿里巴巴今天的股价达到 102 美元，对比两年半前开盘的时候仅仅上涨了10.37%，表现并不乐观。实际上，如果没有阿里云的强势拉抬，阿里巴巴的股价会更令人担忧，其原因就是核心收入部分即电商收入增长乏力。

而连续亏损 19 年，2015 年才赚点小钱的亚马逊的股价则噌噌往上涨。除了亚马逊云计算的增长势头迅猛之外，关键原因就是美国人看懂了客户和用户的区别，因为用户能持续不断给亚马逊带来价值，而客户却不能。抓住用户，才能抓住未来。未来的新零售一定是品牌商通过最扁平的渠道直接把商品卖给消费者，而且这个消费者一定是用户而不是客户。当然最忠诚的用户就是缴费会员，会员一旦缴费，其利益就会与商家或者平台捆绑在一起。

表 14-1 是最近十年亚马逊和美国十大传统零售商的市值变化比较，从中可以看出，包括西尔斯百货(Sears)、梅西百货(Macy's)、塔吉特(Target)在内的众多传统零售商纷纷下滑，唯独亚马逊逆势大幅上扬。一个重视用户，能给用户持续创造价值的企业，才是未来最具价值的企业。数据来源，2006 年 YAHOO 金融，谷歌金融（2016 年 12 月 30 日股价）。

表 14-1

公司名称	2006 年市值（十亿美元）	2016 年市值（十亿美元）	增幅 %
SEARS	27.8	1.1	−96
JCPenney	18.1	2.6	−86
NORDATROM	12.4	8.3	−33
KOHL'S	24.2	8.8	−64
MACYS	24.2	11.0	−55
BESTBUY	28.4	13.2	−54
TARGET	51.3	40.6	−21
WALMART	214.0	212.4	−1
AMAZON	17.5	355.9	1934

2017 年 2 月《快公司》(Fast Company) 发布 2017 年度最具创新力公司榜单。亚马逊高居榜首，贝佐斯和亚马逊高管对于亚马逊被评为最具创新力公司的原因进行了分析，他们认为原因在于亚马逊始终以坚持为用户提供更好的服务为准则，推行三大策略，以Prime 会员为核心，不断对自有体系进行摧毁和重建，从而实施持续进化策略。与此同时，亚马逊利用线下实体店对线上服务进行扩充和延伸，不断进行配送中心和物流体系的优化，并积极应对发展过程中出现的负面问题，这些都是让亚马逊当之无愧成为最具创新力公司的原因所在。

亚马逊是一家独一无二的企业，它之所以站在了最具创新力公司排行榜的榜首位置，就是因为它的体态虽然庞大，行动却仍然灵活敏捷。贝佐斯在销售规模和公司的敏捷性保持了完美的契合，除了关注亚马逊巨大的销售额（2016 年为 1360 亿美元）和持续增长的股价（最近 5 年涨幅超过 300%）之外，更应该关注的是推动亚马逊发展的三大举措：一是快速壮大的 Prime 会员体系，会员每年需支付 99 美元会费；二是改变长期对线下的抵触情绪，开设实体店，进入线下世界；三是不断反思、改善物流体系，在距西雅图一小时车程处新设配送中心，高科技机器人与人类工作者协作，俨然一种未来工厂的感觉。

贝佐斯在回复记者就美国总统选举造成的国内分歧有何看法时，贝佐斯却给出了一个模棱两可的回复，他说："我并不认为存在分歧或者分裂现象，因为每个人想要的都是交货快同时价格低的商品。我说的是认真的。我们的工作就是要为客户提供良好的体验，这也是世界各地用户的普遍需求。"

还有一件事情挺有意思，那就是前不久，美国权威杂志《STORES》与德勤（Deloitte）联合公布的 2017 年全球 250 强零售商排行榜，沃尔玛稳居榜首，亚马逊作为纯网络零售商首次闯入前十。中国排名最靠前的是京东集团，位列排行榜第 36 位，同时也位于电子销售商世界第二位、中国第一位。阿里巴巴却没有在这 250 强之内，这对于提出新零售的阿里巴巴来说，多少有点尴尬。

也许在美国人眼里，从严格意义上来讲，阿里巴巴和亚马逊、京东并不是同一类型的企业，在他们看来，阿里巴巴旗下的三大零售平台（1688、淘宝、天猫）只是一个中介平台，根本就算不上零售商。和亚马逊、京东靠供应链的优化来盈利，阿里巴巴和谷歌及 Facebook 一样，主要是靠广告作为主要收入。无独有偶，全球知名的市场研究机构 eMarketer 一份关于全球数字广告市场的数据显示，阿里巴巴在 2016 年底数字广告的收入，超过国内广告巨头百度公司，成为继谷歌和 Facebook 之后，排名世界第三的广告公司。

另外，阿里巴巴的三大零售平台的成交额（GMV），也并不能说明阿里巴巴本身盈利或亏损，仅仅只能显示平台上卖家买家的交易量而已，和阿里巴巴本身盈利与否没有直接关系。

不过阿里巴巴从 2016 年第四季度起再也不公布 GMV 了，马云、张勇等高管在多次场合也公开表示，阿里巴巴已经不是电子商务公司了，马云甚至说，电子商务只是阿里巴巴的摆渡船，言外之意就是阿里巴巴已经成功到达对岸了，接下来需要登陆作战的坦克、飞机和大炮。阿里巴巴极力去电商化，自称已经是数据公司了，从这个角度来说，德勤的这份报告其实也没有错。

14.1.3　星巴克的第三空间

在星巴克出现之前，我们要谈生意，一般只有到肯德基、麦当劳等场所，如果是在用餐时间那问题不大，如果在非用餐时间，也是比较尴尬。国内其他的咖啡厅貌似比较具有文艺范，更适合相亲或者约会，不适合谈生意，也不太适合商务人士谈话和约人谈话。星巴克提出"第三空间"理念，就是为了满足除了办公室和家庭之外的第三个供大家休息、畅谈甚至创业的场所。

我们来了解一下星巴克在和微信合作的过程中如何为用户创造价值。大家都在用微信，截至 2016 年底，微信和 WeChat 合并月活跃用户数达到 8.89 亿，但是，这些用户和我们上文所说的类似，只能叫客户，因为虽然每天都在使用微信，但是并没有给微信贡献什么利润。不过表面上是没有，但实际上，因为活跃用户多，广告主就会选择在微信上投放广告；另外，活跃用户越多，资本市场也会给腾讯更高的估值，目前腾讯的市值是 21570.21 亿港元（2017 年 3 月 29 日数据），超越阿里巴巴成为亚洲第一大股，这和微信庞大的用户是分不开的。

这些用户虽然直接使用微信，但是并没有直接给腾讯带来利润，充其量也只能称之为腾讯的客户而已。因此，腾讯挖空心思想在这些客户上挖掘价值，把客户转化成能为其带来利润的用户。大家都知道，微信属于社交软件，社交软件的属性就是很难把用户数转变成能带来真金白银的收益。因此，微信通过微信红包让客户把微信和银行卡绑定起来，然后通过线下的合作商家，让这些微信的用户把钱充值到微信中，商家交易的资金也可以沉淀在微信支付中，只要有支付行为产生，就能给腾讯带来收益，这样，原来这些只使用微信的客户，也就变成了能给腾讯带来直接利润的用户。

和星巴克的合作，正是基于这样的一个想法，进一步把线下的应用场景特别是支付场景进行拓宽。大家都知道，目前支付宝和微信支付正在全力抢夺线下支付市场。这次微信和星巴克合作，微信用户通过访问社交礼品体验"用星说"，可以在线购买礼品卡送给自己的微信朋友，受赠方收到的卡片自动存入卡包并可在门店兑换使用。

此次双方合作的意义在于，在连接线上用户、支付和线下门店的路径上，微信和星巴克探索出了一条新的路子。更重要的是，社交向商业化变现的路上，微信这款高频社交工具展示出的高超的平衡艺术。在这次活动中，最高明的是，活动的主角不是微信，也不是星巴克，而是用户。用户不仅不反感，反而感觉很爽，而且还乐此不疲地相互传播，消费者还能得到实惠和便利，合作双方和消费者实现了多赢。更重要的是，这种方式不会干扰用户，更多的是情感上的连接，这就是张小龙一直在倡导的"让商业化于无形"。很显然，这和传统的以商家为主体、通过干扰客户的营销方式有本质上的不同。

这次活动可以说是"咖啡版的微信红包"，完全是基于用户的驱动在传播，也就是在社交的趣味中带来了互动。比微信红包更好玩的是，"用星说"的形式更加多样，用户在购买"用星说"的同时，附带的祝福可以是文字、图片或者视频，用户可以自由发挥。此外，数字化带来的方便和快捷也让用户感动、惊喜，只要用户走到门店，卡片就会自动置顶，用户点完饮品，只要打开微信钱包，只需几秒即可完成支付，告别以往现金、刷卡签字等烦琐的方式。这种线上送礼，线下使用的礼品体验，能够加强用户与用户之间的互动，实现用户和品牌的连接，也能缩短用户和门店的距离。

"微信与星巴克的战略合作，将通过微信平台让我们把独一无二的星巴克零售体验无缝传递给数亿的中国微信用户"。腾讯高级执行副总裁张小龙说，"我们很开心能成为星巴克在数字创新领域的合作伙伴首选，并期待能进一步连接用户，为其提供各式优质服务。"

如何把客户转化成能直接并持续给企业带来利润的用户，是目前很多拥有庞大客户的企业正在研究的变现课题，如美图，坐拥 11 亿用户（其中海外 5 亿），目前也只能通过出售美图手机来变现，如何从这些用户身上掏出钱来，成了美图公司的头等大事。

中国的互联网有一个普遍现象，那就是通过免费把客户圈进来，然后再慢慢地过滤，把一部分客户转化成用户，BAT、360、陌陌、美图都是如此。实际上，这些公司都把客户故意当做用户，因为在资本市场，客户是不具有多少市场价值的，而用户则不同，特别是肯付费的用户，也就是付费会员，那就更具价值。

我们看到，阿里巴巴近两年来的股价在 86 ~ 103 美元之间徘徊，总市值也变化不大；再看到美图从最高 974 亿港元调整到目前的 542.19 亿港元（2017 年 3 月 29 日数据，下同）；再对比一下京东和亚马逊，京东上市时的市值是 297 亿美元，目前是 451.46 亿美元，亚马逊最近 5 年的市值增长了 300%，目前市值为 4114.39 亿美元；其原因就是京东和亚马逊的模式几乎是一致的，它们都是自营，它们的用户和它们盈利与否有直接关系，特别是亚马逊 Prime 会员，才是真正支撑亚马逊如此之高市值的真正原因。

小米目前估值为 3000 亿元，也是因为小米通过低价售卖手机，把这些客户圈进来。MIUI 目前拥有 2 亿用户，如果对这些用户价值进行深挖，潜力也是非常巨大的。MIUI 的用户虽然是通过购买小米手机成为小米的用户，如果这些用户不能持续为小米带来效益，那么这样的用户其实也没有多大的价值，和"客户"差不多。所以，雷军通过布局物联网，提供了包括小米电视、小米电饭煲、小米空气净化器、净水器等数十款价廉质美的产品，让这些 MIUI 用户持续不断地购买小米系列产品，为小米源源不断地贡献利润。

腾讯好像有点例外，因为微信的"客户"实在是太多了，而且目前腾讯构筑的社交壁垒，短时期内国内是没有其他公司可以超越的，假以时日，如果腾讯把 QQ 和微信的"用户"转变成"客户"，比如，向每个微信用户收取 10 元的年费，你愿意交吗？如果愿意交，那腾讯立刻多了 80 亿元的收入，如果一个月收 10 元呢，那有点不敢想象。事实上，腾讯现在已经在行动了，推出了企业微信，过段时间，通过使用微信直接向用户收费并非完全不可能。

14.2 新零售与好市多

14.2.1 好市多模式

虽然新零售是马云 2015 年底才提出来的，其实很多企业早就在做这件事情了。比如，刘强东就认为京东本来就一直在做这件事情。其实如果仔细分析一下京东布局的物流，以及 2015 年以来京东布局的京创空间和京东帮，其实还真是这么回事，就是马云所说的线上线下融合加上现代物流。

再来看亚马逊 GO，也是这么回事，应用大数据，客户进入线下实体店，拿完商品直接就走，账单自动由线上平台结算。但是无论线上线下怎么融合，人工智能技术如何强悍，物流如何智能，这些智能是必要条件，对一个电商平台而言，忠诚的用户也即付费的会员其实是最有价值的部分。因为这些会员能源源不断地给平台带来价值。

目前，无论线上还是线下，获取新客的成本那么高，老用户的维护成本几乎为零，特别是愿意支付会费的会员。收取会员费其实是对用户层级的过滤和筛选，愿意支付会员费的用户忠诚度一定比不愿意支付会费的高很多。以亚马逊的 Prime 会员为例，Prime 会员年消费在 1200 美元，而非会员只消费了 500 美元。

真正把会员玩得炉火纯青的是好市多（Costco）。2016 年，好市多净利润达到 26.46 亿美元，当年的会员费收入为 36.72 亿美元，会员费占比为 72.1%。低价精选的产品只是用来吸引客流的工具，会员费[①]才是真正提供利润的来源。通过对好市多最近 5 年财报的分析，发现好市多的会员费占净利润的四分之三，如表 14-2 所示。

表 14-2   单位：亿美元

年份	2016	2015	2014	2013	2012
会员费	26.46	25.33	24.28	22.86	20.75
净利润	36.72	36.24	32.20	30.53	27.59
占比	72.1%	69.9%	75.4%	74.9%	75.2%

好市多坚持认为，最好的生意不是面向所有人，而是只针对一群相近的人，做这群人所有的生意。这就是我们在前面讲的范围经济，或者叫社群经济、圈层经济，不要期望把东西卖给所有人，而是卖给需要并买得起的人。

如果企图把商品卖给所有人，这样做就是非精准营销，如传统的电视广告就面向所

---

① 好市多的会员分为两种，现在的年费分别是 60 美元和 120 美元，后者每年会有 2% 的消费返现。在提高会员年费后，2% 的返现金额将从 750 美元上调至 1000 美元。

有人，这是一种概率营销，不需要该商品的群体也能看到广告，就是一种浪费。一般的商超像沃尔玛，定位的就是做所有人的生意，但是这样的生意模式必然非常重，因为为了迎合所有人的需求，SKU 就必须非常多，但是 SKU 多，不代表商品就能卖得更多。以牙膏为例，好市多售卖的牙膏只有 4 种，而沃尔玛有 60 多种，多得让用户根本无法选择。好市多全部 SKU 只有 4000 个左右，沃尔玛超过了 10 万个 SKU，沃尔玛的商品是真正的大而全，覆盖低端和长尾用户。而好市多仅仅为中产阶层服务，有一定的门槛。

我们在研究好市多和社群经济的时候发现，好市多的运营模式其实就是社群经济，也可以认为是新零售的一种模式，和现在研究的新零售模式有非常多共同之处。

第一是范围。好市多的服务对象只针对收入为 8 万 ~ 10 万美元的中产阶级消费者和中小型的企业客户，为他们提供全品类的商品。这类客户的特点是时间成本较高，希望一站式购齐，追求高品质，追求性价比。典型的美国中产阶级家庭，可以在好市多完成所有家庭生活的相关采购。从食品到家电，从衣物到汽油，从电脑到汽车，现在好市多还提供了药店、汽车维修、验光配镜、健康检查、旅游服务，等等。图 14-3 所示为好市多在美国各个州的网点，可以看出，加州是美国中产阶层最多的州，好市多的网点也最多。

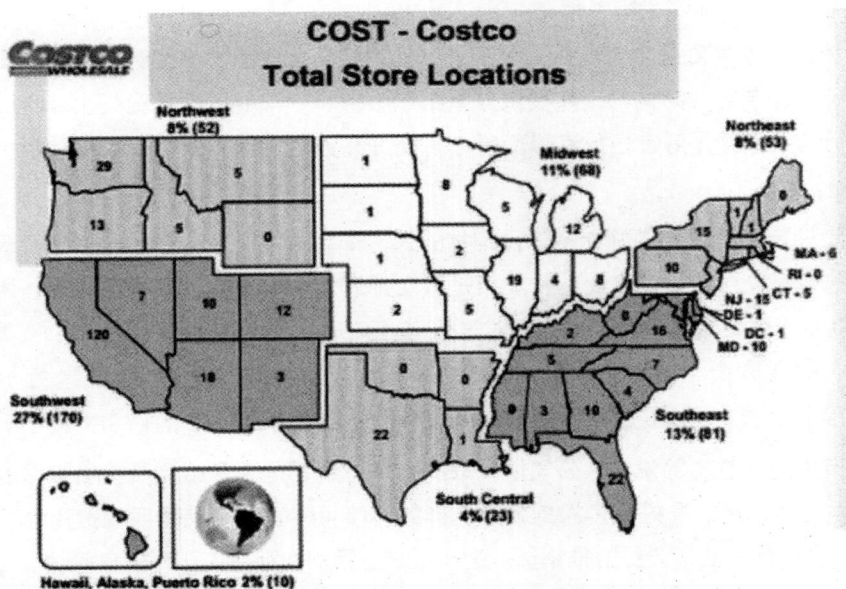

图 14-3　（图片来源：Business Insider）

第二是同好。好市多的用户都有高度相同的偏好，而且对商品的品质和价格区间的接受程度也非常一致，好市多只是提供这样的品质和价格区间的商品。这就类似社群里面的共同的价值观、共同的爱好、共同的需求、共同的消费能力。他们之间有最大的公约数，能接受同一层次商品的品质和价格。这群有共同喜好的中产阶级所需要的，就是可以标准化的商品和服务。

所以，好市多作为一个超市卖汽车、汽油就很好理解了，有什么东西不能卖呢？只要客户有这个需要，又能买得起，好市多又能通过规模采购让成本降到最低，这是双赢的局面，为何不呢？未来，好市多卖家庭保险、卖机器人、卖留学服务，也就没有什么可以感到奇怪了。这一点和我们在社群里面谈到的群成员互惠互利有高度的相似之处，加入好市多会员就是加入这个中产阶层的大社群。

第三是口碑传播。好市多以家庭为消费单位值得我们去关注。在互联网时代，人与人之间的交流被手机等移动设备所占据，面对面的时间越来越少，也只有线下的体验是最能挑战线上的利器。虽然线上购物给我们带来了很大的方便，但是作为一个家庭，一到周末，大家好不容易在一起，更愿意一起去购物、用餐、休闲，有情感的因素在里面，这也是互联网购物无法替代的。

好市多大部分商品是以家庭为单位的，并不是只对一个人，如好市多自由品牌柯克兰（Kirkland）的产品绝大多数是大包装的家庭装，一般都是400～500粒的，目的就是让利给消费者，让消费者以最经济的方式获得最高质量、最具性价比的产品。比如牙刷，并不是单独一把，而是一组6把。

虽然好市多主要是靠会员费，而不是靠出售商品赚取差价来盈利，但是好市多允许会员携带多位亲友一同购物，并提供分单结账服务。正常的思维是要禁止非会员进入好市多进行购买，可是好市多反其道而行之，允许和鼓励多带人来，依靠口碑相传来扩大会员数量。

因为只要被会员带进好市多进行购物的人，都会对好市多商品的性价比及极致的服务所震撼，都会愿意长期来此购物。但是每次都麻烦亲友一起前来也不现实，所以，他们很快就直接缴费成为会员，因为相对于60美元（个人或企业会员）或者110美元（精英会员）的会员费，只要在好市多购买3～5次商品就可以赚回来。目前好市多共有8103万全球会员，会员的续费率在美国和加拿大达到了91%，全球平均水平也有87%。

好市多的一位主管说："公司所采取的一切行动都是为了给会员提供更好的服务，为了扩大会员数量。"好市多靠的就是这样的口口相传，把拓展新客的费用也节约了下来，每个会员都是他们会员的推销员。这一点就是我们在社群中所说的自媒体、自商体，每个会员都是一个媒体，自带流量，具有自传播能力。靠群会员的口口传播去进行裂变，成本最低，忠诚度最高。当然，前提是商品足够好，性价比足够高，服务足够强悍，成员能获得最佳的体验和利益。

第四是无忧购物服务。这个甚至比电商七天无理由退货还更牛。会员在买完商品后，有任何感觉不满意，或者觉得价格太贵了，除电子产品外（电子产品90天免费退换），任何商品均无条件退换，吃了一半的水果、拆过包装的零食、穿破的衣服统统可以退，无须任何说明，也无须任何退货手续费，直接能获得全额退款，甚至可以在任何时候，无条件申请退出会员并获得全额的会员费。

第五是严选保证品质。好市多的商品都是经过严格筛选的，品质方面毋庸置疑，价格也是最优惠的。在"严选"模式，高品质、低 SKU，提供大而全的商品，已经是帮助用户做了一层选择，用户根本不用记忆和知道什么商品是哪个牌子最好，不用比价，不用挑选，不用犹豫，只需要知道自己想要买什么东西，走向货架上直接放进购物车即可，即是购物，也是一种娱乐。不像沃尔玛，商品太多反而无从选择，顾客经常被搞得晕头转向。

在逛沃尔玛、家乐福等大型商城时，要从如此多品牌、材质、颜色、规格和价格的商品中挑选出性价比最高或者最适合自己的，无疑要耗费很多选择的时间，而且还未必能够得到满意的结果。过去，生产力低下，物质匮乏，大家面临的是一种短缺经济，更多的选择是一件好事。但是现在，我们已经到了产能过剩、物质极大丰富的时候，太多的选择反而意味着巨大的交易成本。而且，很多消费者都患有"选择恐惧症"，太多的选择反而不知道从何下手。特别是对于线下实体商超来说，实体空间总是有限的，不像线上可以无限扩张，精挑细选的 SKU 实际上是帮助用户做商品的过滤，是在帮助用户节约了大量的时间成本。

好市多在客户体验上为会员做了很多考虑，会员从对商品和服务的信任，很容易就转化成对好市多的信任和忠诚度。这一点我们在社群中也讲过，由于有了信任感，才能产生归属感，从而有更高的忠诚度。

在第 13 章讲过，用户不需要最贵的商品，也不需要最大牌的商品，而是需要适合用户的消费层次的品质和价格，同时又是用户有能力消费得起的商品或服务。因此，不管是社群经济也好，新零售也好，能让用户感动和主动去传播的，一定是用户体验最佳和极致的服务。

目前，好市多也在尝试着通过和线上结合，意图给消费者带来更好的体验。根据互联网零售数据公司 Internet Retailer 的统计，好市多网站在美国访问量最多的零售网站中仅排名第 15 位，其网上的受欢迎程度远远落后于其实体店。这也从侧面反映了线下实体店对客户的购物体验影响的重要性。

好市多的策略就是通过收取会员费，精准锁定中产阶层消费群体，先服务好这部分群体，并不断向其提供价值和服务。好市多要留得住老会员，必须尽一切努力为会员争取最大化消费者剩余，以最低的运营成本，给会员提供最优质的商品、最低的价格和最好的服务。

如表 14-3 所示，好市多通过赚取会员费而不是靠商品差价来盈利，表面上是在卖商品，实际上是在出售服务和体验，商品其实只是连接好市多和消费者之间的媒介而已。

无论是线上还是线下成交，只是渠道不同而已，其零售的本质没有变化，那就是高品质的商品、极致的服务、最佳的客户体验。

表 14-3

零售业态	盈利模式
国外零售巨头（沃尔玛、家乐福等）	利润 = 商品价格 − 商品成本 − 运营费用
中国百货商超（如银泰、王府井、杭州大厦）	利润 = 场地租金 + 名目繁多的各种费用 + 提点 − 运营费用
电商平台（淘宝、天猫、京东非自营部分）	利润 = 平台使用费 + 保证金 + 广告费 + 提点 + 其他各种费用 − 运营费用
亚马逊自营部分、京东自营部分	利润 = 商品价格 − 商品成本 − 运营费用
好市多	利润 = 会员数量 × 会员费单价 + 少量商品差价 − 运营费用

与传统的零售商赚取商品差价，或者是电商平台赚取广告费等作为主要盈利方式相比，好市多通过预先收取定额会员费，盈利水平只与会员数相关，与销售商品、毛利水平没有直接关系。好市多不断思考的是如何主动降低差价，真正让利给消费者，将会员的续费率当成最重要的销售指标。与京东的"用户"相比，好市多会员的年消费额为 2439 美元，而京东只有 419 美元，是京东的六倍。而在会员费的调整上，只是根据通货膨胀及市场变化做调整，通常 6 年时间上调 5 美元，也算是非常良心的做法，真心让利给客户，如表 14-4 所示。

表 14-4

上调年份	2000	2006	2011	2017
上调后价格（美元）	45	50	55	60

好市多的商品品质越好、性价比越高，用户的体验就会越好，付费用户（会员）自然就会不断增加，会员费的收入越多，就能用更低的成本进行采购，这就会形成一个正向的良性循环。这就是在电商的持续冲击下，好市多依然能够保持强劲的增长势头的原因所在。

在 35 年的经验中，好市多坚持"品质出众、价格实惠、中产阶级"十二字方针，这和京东提出的"多快好省"的四字战略还更进一步。中产阶级，不是富裕阶层，处于社会中层，存在向高层晋升的社会压力，时间成本高，追求体验、品质，更追求性价比，中产阶级更加注重"好"和"省"。

麦肯锡研究所指出，中产阶层比其他阶层更注重性价比，他们愿意为优质设计、体验支付溢价，但前提一定是物有所值。这也是好市多把自己定位为仓储会员店，而非奢侈品店的原因。在当前我国消费升级的大背景下，消费者需求更加细分，满足一部分较高收入人群的需求无疑是一个非常精明的做法，因为这些人群才是消费的主力人群。

因此，如何把"客户"变成"用户"，再把"用户"转化为"付费会员"，通过高品质商品、实惠的价格、优质的服务，增强用户的黏性，通过收取会员费来盈利，而不是像线下零售实体靠赚取商品差价，电商平台靠收取使用费、广告费的方式，这也许是未来新零售的商业模式选项之一。事实上，只有将用户和商户的利益捆绑在一起，才能实现双赢，亚马逊、好市多的模式值得即将发力新零售的企业参考。

14.2.2　会员也有别

同样是会员制，山姆会员店和麦德龙却表现一般。好市多不仅能够在沃尔玛时代突破包围，而且能够在亚马逊为代表的电商崛起时代依然保持高速增长，除了上述的高品质、低价和严选，以及提供便捷的购物体验和极致服务之外，好市多通过严选 SKU，提高商品的周转率，使得运营成本大幅降低。好市多运营费用占比是 9%，而竞争对手沃尔玛是 19%，塔吉特（Target）是 21%。沃尔玛比好市多的两倍还多，这也不难理解沃尔玛频传全球关店的消息了。

相对于好市多，沃尔玛也很早就推出了山姆会员店（Sam's Club），而且到今天为止，山姆会员店的数量还比好市多多得多，但是其收入却远远不及好市多。主要原因有三：

①山姆会员店在品牌上没有真正做到和沃尔玛的剥离，两者差异化不明显。沃尔玛追求的是商品的大而全，主要是面向低端和长尾用户，而山姆会员店主要是沃尔玛一厢情愿想面向中产阶层，实则无法做到这一点。

②山姆会员店和好市多的会员层次差别非常大。在高度发达的资本主义国家美国，去山姆会员店购物的，就好比我们去沃尔玛、家乐福购物一样平常，这类人群的消费力有限，而好市多的用户则是标准的美国中产阶层，消费能力爆棚。

③山姆会员店虽然会员的年费只要 45 美元，比好市多的还便宜，但是它没有摆脱沃尔玛靠出售商品赚价差的基因，因此，山姆会员店不具备核心竞争力，只是把品质稍微好的产品集中在一个地方另行量售罢了。而且通过精明的消费者对比，好市多的商品性价比远远超过山姆会员店，原因在于好市多有柯克兰（Kirkland）这种著名的自主品牌。

柯克兰追求的是"人无我有，人有我优，人优我廉、人廉我转"。

柯克兰向每个商品领域中最具实力的公司定制其最有优势、最高质量的产品。因此，在美国和加拿大，柯克兰就代表了最低的价格、最优的商品。例如，2.26 斤的柯克兰盐焗综合坚果，在好市多天猫旗舰店的售价才 149 元人民币，如果折算成美元只有 21.5 美元，在美国巨无霸汉堡平均价格为 4.79 美元，2.26 斤上网坚果相当于 4 个巨无霸汉堡，性价比之高，的确令人咂舌。

14.2.3 用户才是核心竞争力

亚马逊以丰富的产品吸引来无数消费者，又用良好的购物体验来增加其黏性，引导他们成为 Prime 会员，同时不断为会员提供多样的附加增值服务，这已经形成了一个良好的循环。而且，亚马逊通过各种各样的增值服务，让这些会员用户留在了亚马逊构建的生态系统中，心甘情愿地为这位巨头的前进注入源源不断的动力。

同样是会员制，好市多虽然和亚马逊大而全的策略不同，好市多也是通过高品质性价比极高的商品和极致的服务来征服部分用户，但是好市多走的并不是小众模式，它不向所有人做同一个生意，而是向一群相近的人（即中产阶层）做所有的生意，为他们提供全品类的商品，一般的美国中产阶层家庭，完全能够在好市多完成所有家庭生活的相关采购。

其实，不管是亚马逊，还是好市多，强大的客户黏性是它们能在激烈的零售大战中最终胜出的唯一法宝。所以，在我国，不管是线上的电商，还是线下的实体，还是未来的新零售，零售的本质还是要回归到消费者本身，说到底，用户才是零售的核心竞争力。

小米董事长雷军对好市多模式推崇备至。小米之家目前走的也是好市多的模式，小米从原来的手机，扩展到目前几十个品类，如电饭煲、充电宝、插座、平衡车、电视、电脑、音箱、耳机、路由器、旅行箱、净水器、空气净化器、手环、折叠自行车、VR眼镜、血压计、行车记录仪、体重秤、手表、对讲机，等等。很显然，小米是希望通过为小米用户提供基于物联网家居的全品类产品。接下来，小米再推出小米空调、小米冰箱、小米洗衣机的话，一点也不会让人感到惊讶。

小米的产品性价比之高，与好市多如出一辙，雷军在多次场合反复表示，小米产品不卖高价。在央视财经频道播出的 2017 年《中国经济生活大调查数据发布之夜》，王健林、马云、董明珠、任正非、雷军被评为"百姓心中最具匠心企业家"。雷军还称：过去 30 年，中国制造给人形成了"便宜没好货"的固有印象，但如今互联网信息打通，人们不再信息不对称，就有机会把好的东西做便宜。雷军表示，全球伟大的企业，都是把好东西做得越来越便宜。小米会坚持把性价比这件事做到极致。小米始终坚持高品质、高性价比，做感动人心的产品。

小米和苹果完全不一样的套路，苹果是通过技术壁垒，打造一两款极致的爆款，然后高价卖给中产阶层（在中国的情况不太一样，中国很大一部分消费者并未达到购买苹果手机的消费水平）。2016 年第三季度，苹果推出了两款新手机，起步价为 649 美元。根据市场研究公司 IHS 的分析，苹果手机的零部件成本为 224.90 美元，这意味着卖出一台苹果手机就有 3000 元人民币以上的毛利润。

根据 Strategy Analytics 的一份报告，2016 年在整个全球智能手机市场产生的 537 亿美元的营业利润中，苹果就占据了其中的 449 亿美元，占整体的 79.2%。三星手机营业利润只有 83 亿美元，占整体比重为 14.6%。华为智能手机的营业利润为 9.29 亿美元，约占全球总量的 1.6%。OPPO 则占 1.5%，而 VIVO 占 1.3%，小米则榜上无名。

好的产品才能抓住用户的心，好产品自己会说话，自己会传播，如果小米继续做好产品，做良心企业，而且能在会员这方面继续深耕，持续为 2 亿的 MIUI 用户提供增值服务，那么小米的未来将更值得我们期待。

相对于亚马逊和好市多对用户的尊重和让利。国内几大电商平台对其用户，也就是对其衣食父母的商户无所不用其极的盘剥，简直到了无可复加的地步。

资本是嗜血的，国内电商平台迫于资本投资获利的压力，对平台上经营的商户收取了名目众多的费用。更可恶的是，平台方通过垄断地位，设立了表面上看似公平，实则为了加剧竞争的引流制度，价高者的无序竞标式广告让商家苦不堪言，赛马机制只能让个别的头部商户获利，其他商户毫无例外沦为替平台赚钱的工具。

过度的收割虽然一时间可以让平台方赚得盆满钵满，但平台上的商户却深受其害，最终还是要把成本转嫁到消费者身上，受伤的还是消费者。唇亡齿寒，当 95% 的线上商家都不赚钱或者亏钱的时候，最终也将促使平台方走向穷途末路，这实则是一种杀鸡取卵的短视行为。从这个角度上说，新零售实际上也是线上的电商平台，裹挟着这些伤残的商户，在走投无路下一种断尾求生的图谋。

线下实体零售商超百货对入驻的商户压榨和侵夺更令人发指。进场费、新品费、赞助费、花车费、专架费、陈列费、促销管理费、端头费、员工培训费 、租金、水电费、堆垛费、DM 费、年节费、店庆费、年底返利、账期（提前结账费）、保证金、毛利补偿费、生鲜产品还有补损费等名目众多的费用，这些七七八八的费用一整年下来根据商超的大小，少则 30 万元，多则上百万元，这还不算税负，供货商还需要替商超为这些费用缴纳增值税。

另外，如果想要占个好位置，还得给相关人员塞一个 2 万～5 万元的红包。随着市场竞争的日趋激烈，商户进入商超的门槛也越来越高，尤其是大卖场，由于其规模较大、影响力较强，收费也越来越高。商户签进场合同就像是签"卖身契"，随着被电商的冲击加深，线下的人流量越来越少，经常出现营业员比消费者还多的现象，如果商户的销量不达标，还要被"末位淘汰"。业界因此也有了"进商场找死，不进等死"的悲凉说法。

在美国凤凰城运营中心，亚马逊的高管却这样认为："我们的战略建立在用户需求之上，而不是建立在竞争对手之上。我们的理念是成为世界上最以用户为中心的公司。"

也正是因为这样的理念，亚马逊采取了更长期的方式来思考所有的经营问题。亚马逊认为，如果一个公司以短期得益为先，很多时候很难坚持为顾客做正确的事情。与此同时，亚马逊开始在可以提高顾客体验的不同方向上创新。

茅于轼先生说过，衡量财富的创造应该先看人和人的关系。人与人之间有四种关系：损人利己、损人损己、损己利人、利人利己。如果做一件事情，达到了利人利己，那么这个过程就创造了财富。其他三种关系都没有创造财富。诚然，如果一家电商平台或者线下实体商超，只为了自己的利益，不顾及入驻商户的利益，甚至以牺牲商户的利益来壮大自己，那么新零售又何从谈起？亚马逊和好市多一切以用户为中心的会员制模式，让利用户壮大自己的做法，的确值得我们借鉴和学习。

时代在变，消费习惯也在变，从 1995 年大卖场在中国生根发芽起，80 后、90 后已经成为了消费主力，随着消费升级意识的强烈崛起，消费新主张、个性需求、品牌认知已经成为中国成熟和理性消费者的标配。

这群中产阶级用更加挑剔的眼光在审视着商家和商品，和以前物质匮乏时期，贪图便宜的消费理念不同的是，新生代的消费者更加注重购物便利性、商品个性及自我价值的实现，也就是购物过程带来的体验。

显然，商品多如牛毛的线上电商平台和线下的大卖场已经不再受宠，像好市多这样能够提供全品类一站式会员制的购物模式，完全可以满足用户的日常需求，也更加符合现代消费者的消费心理。小而美垂直类的专卖店也将更加吃香。

本 章 小 结

客户和用户的价值完全不同，如何通过提供最佳体验和增值服务，深度挖掘用户的价值，是新零售的核心所在。拥有真正意义的用户，并持续为用户创造价值，这才是未来最值得尊重的公司。

第 15 章
新零售　新风口

本章导读

新零售无疑是一个新风口，尽管目前备受争议，但青山遮不住，毕竟东流去。无论是线上还是线下零售，中国的零售已经走到了拐点，向上还是向下，需要先行者来探索。新鲜、垂直、便利店也许是机会点。

15.1　新　风　口

15.1.1　零售业的机遇

近年来，随着全球经济下行加剧，包括发达经济体和新兴经济体同时面临增长下降的局面，一些发达经济体还出现了停滞。实体零售作为经济最活跃部分，目前有以下几个特点：

一是全球实体零售随之发展遭遇天花板。在 2015 财年，除了好市多和阿尔迪有较高的增长率之外，垂直类的沃博联和家得宝增长迅猛，亚马逊作为电商零售巨头首次晋级全球零售 10 强，而沃尔玛和乐购营收均为负增长，其中乐购负增长率达到不可思议的 12.7%。从图 15-1 中还可以看出，大卖场和超市这两种业态增长乏力表现明显。

全球250强零售商排行榜(2015财年)

- Amazon首次跻身全球TOP10
- 上榜中国零售品牌苏宁、华润万家、国美均位于40名以后

	企业名称	财年零售营收(亿美元)	增长率	主要经营模式
1	Wal-Mart Stores 沃尔玛	4821.3	-0.7%	超市、大卖场
2	Costco 好市多	1161.99	3.2%	现购自运
3	The Kroger Co. 克罗格	1098.3	1.3%	超市、大卖场
4	Schwarz 施瓦茨	944.48	8.1%	折扣店
5	Walgreens Boots Alliance 沃博联	896.31	17.3%	药店
6	The Home Depot 家得宝	885.19	6.4%	家居装修
7	Carrefour 家乐福	848.56	3.1%	大卖场、超市
8	ALDI 阿尔迪	821.64	11.5%	折扣店
9	Tesco PLC 乐购	810.19	-12.7%	大卖场、超市
10	Amazon.com 亚马逊	792.68	13.1%	电商

来源：美国零售行业杂志《STORES》&德勤、阿里研究院整理

图 15-1　（图片来源：阿里研究院）

二是中国零售增长强劲。2017 年 2 月，国家统计局发布的《2016 年国民经济和社会发展统计公报》最新数据显示，2016 年社会消费品零售总额为 332316 亿元，同比增长 10.4%，其中限额以上单位消费品零售额为 154286 亿元，同比增长 8.1%，如表 15-1所示。

表 15-1

时间	社会消费品零售总额（亿元）	同比增长（%）	限额以上单位 消费品零售额（亿元）	同比增长（%）
2012 年	207167	14.3	101129	14.6
2013 年	234380	13.1	118885	11.6
2014 年	262394	12.0	133179	9.3
2015 年	300931	10.7	142558	7.8
2016 年	332316	10.4	154286	8.1

中国社会消费品的快速增长得益于中国 GDP 快速增长这一背景，统计局最新数据显示，2016 年中国 GDP 为 744127 亿元，增速为 6.7%。2016 年中国社会消费品零售总额占GDP 比例为 44.7%，较上一年增长了 0.8 个百分点，2012 年来，该数据持续稳定增长，说明我国 GDP 的增长越来越依赖于社会消费，如表 15-2 所示。

表 15-2

时间	社会消费品零售总额（亿元）	GPD（亿元）	同比增长（%）	社会消费品零售总额占 GDP 比例(%)
2012 年	207167	540367.4	7.8	38.3
2013 年	234380	595244.4	7.8	39.4
2014 年	262394	643974	7.3	40.7
2015 年	300931	689052.1	6.9	43.9
2016 年	332316	744127	6.7	44.7

2016 年全年，全国网上零售额 51556 亿元，比上年增长 26.2%。其中，实物商品网上零售额 41944 亿元，增长 25.6%，占社会消费品零售总额的比重为 12.6%；在实物商品网上零售额中，吃、穿和用类商品分别增长 28.5%、18.1% 和 28.8%。[①] 快递业务量达312.8 亿件。

以阿里巴巴平台为例，截至 2016 年 3 月 31 日，阿里巴巴集团中国零售交易市场的交易总额（GMV）已经达到 3 万亿元人民币（约合 4758.9 亿美元），而沃尔玛用了 53 年达到才达到同样的数值。从国际零售巨头沃尔玛近年来的销售额来看，2010 年后增速明显放缓，特别是最近三年销售额几乎持平，如图 15-2 所示。

---

① 数据来源：国家统计局。

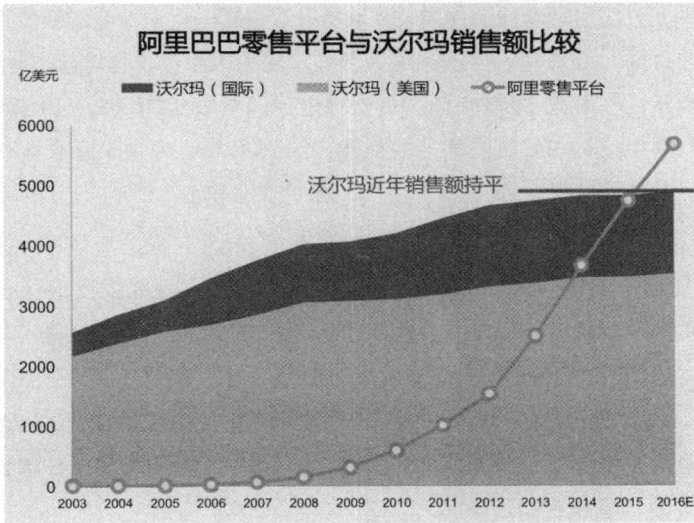

图 15-2　（图片来源：阿里研究院）

　　三是中国零售业虽然经过 30 多年的发展，但仍然处于初级阶段，发展不均衡，盈利模式自身存在问题。主要有四个特点：首先是相继出现百货、购物中心和连锁超市业态，实体零售处于追赶式发展的初级阶段，缺乏顶级零售品牌。其次是人均零售设施面积远不及发达国家，地区发展不均衡，超级城市供给过剩与低线城市供给不足并存，大量消费者无法享受高质量的零售服务，以购物中心为例，如图 15-3 所示。第三是"租赁柜台 + 商业地产"盈利模式偏离零售服务核心，不可持续，亟待寻找新的增长动力。第四是最近几年多元零售形态纷纷涌现，垂直类平台、快时尚连锁品牌和跨境电商发展迅猛。

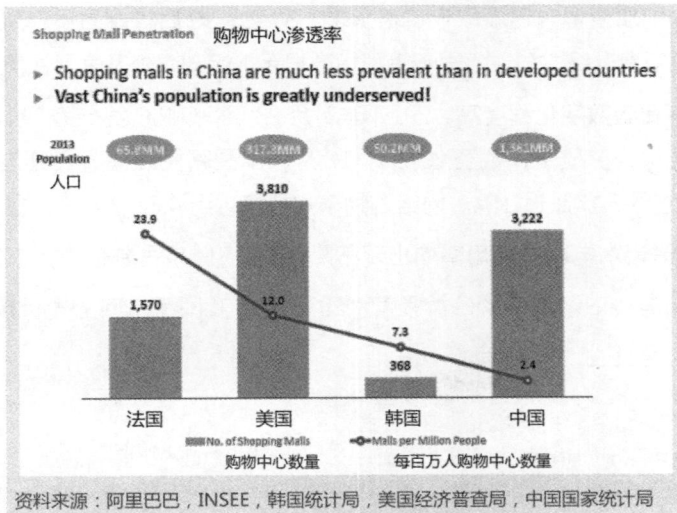

图 15-3　（图片来源：阿里研究院）

四是中国消费升级引领全球消费增长，消费升级是新一代消费者的新价值主张。根据国家统计局公布的数据，2016 年，中国最终消费支出对国内生产总值增长贡献率达到 66.4%。麦肯锡的报告显示，在未来 15 年，中国将贡献全球消费增量的 30%。中国消费者消费模式正在发生转变，消费结构与发达国家日益相像。到 2030 年，中国家庭全年在"必需品"食物上的支出占比将继续下降，而"可选品"[①] 和"次必需品"[②] 的支出将持续显著增加。

如表 15-3 所示，2016 年，我国恩格尔系数[③] 继续下降。全国居民恩格尔系数为 30.1%，比上年下降 0.5 个百分点，接近联合国划分的 20%～30% 的富足标准。随着收入的增加，恩格尔系数的下降，居民对服务的消费将会不断增加，2016 年居民人均交通通信、教育文化娱乐、医疗保健等服务消费支出比重分别为 13.7%、11.2% 和 7.6%，比上年分别提高 0.4、0.2 和 0.2 个百分点。居民耐用消费品拥有量也保持快速增长，全国居民每百户家用汽车拥有量为 27.7 辆，比上年增长 21.9%；空调拥有量为 90.9 台，增长 11.5%；电冰箱拥有量为 93.5 台，增长 5.0%。[④]

表 15-3

时间	城镇居民恩格尔系数（%）	农村居民恩格尔系数（%）	时间	城镇居民恩格尔系数（%）	农村居民恩格尔系数（%）
2007	36.3	43.1	2012	36.2	39.3
2008	37.9	43.7	2013	35.0	37.7
2009	36.5	41.0	2014	34.2	37.8
2010	35.7	41.1	2015	34.8	37.1
2011	36.3	40.4	2016	29.3	32.2

阿里研究院的研究也显示，目前我国高端消费群体消费特征接近日韩水平。新一代的消费者对商品的质量诉求逐渐取代价格诉求。80 后，90 后对高品质、高科技、个性化、小生活主义代表消费升级方向。阿里新消费指数显示，运动户外及家具品类升级意愿明显。

五是我国消费者数字化程度高。2017 年 1 月 22 日，CNNIC 发布第 39 次《中国互联网络发展状况统计报告》显示，截至 2016 年 12 月，中国网民规模达 7.31 亿，手机网民达 6.95 亿，增长率连续三年超过 10%。网络购物用户规模达到 4.67 亿，占网民比例为 63.8%。

台式电脑、笔记本电脑的使用率均出现下降，手机不断挤占其他个人上网设备的使用。

移动互联网与线下经济联系日益紧密，2016 年，我国手机网上支付用户规模增长迅

---

① 指个人物品、娱乐、教育、文化、交通和通信等支出。
② 指服装、医疗、家居用品、住房和公用事业方面的支出。
③ 恩格尔系数 (Engel's Coefficient) 是食品支出总额占个人消费支出总额的比重。根据联合国粮农组织的标准划分：恩格尔系数达 59% 以上为贫困，50%～59% 为温饱，40%～50% 为小康，30%～40% 为富裕，低于 30% 为最富裕。
④ 国家统计局《2016 年国民经济和社会发展统计公报》。

速，达到 4.69 亿，年增长率为 31.2%，使用手机在网上支付的用户比例由 57.7% 提升至 67.5%。手机支付向线下支付领域的快速渗透，极大地丰富了支付场景，有 50.3% 的网民在线下实体店购物时使用手机支付结算。网民花在手机上花的时间越来越多，2016 年，中国网民的人均周上网时长为 26.4 小时，与 2015 年基本持平。

报告还显示，网民在手机端最经常使用的 APP 应用是即时通信。79.6% 的网民最常使用的 APP 是微信；其次为 QQ，占比为 60.0%；淘宝、手机百度、支付宝分列 3、4、5 位，占比分别为 24.1%、15.3% 和 14.4%。

网民数量、上网方式、上网时长及支付习惯往移动端迁移，一方面这使得线下实体零售店中实现人机交互成为可能。另一方面，多点触达，使得消费者购物特征呈现全天候和全渠道化。这是新零售之所以能够发展壮大的肥沃土壤，成为制约新零售成败及规模大小的关键。另外，消费品部分品类已达到 50% 以上的线上渗透率，消费者购物独具全渠道特色。

普华永道调查认为，在中国，每天都在网络购物的消费者增长速度远高于其他国家，预计全球将跟从中国网络购物趋势。2016 年"双 11"阿里巴巴零售平台无线占比 82%，远超两周后美国"黑五"无线占比 36%。

六是技术和数据储备已经足够孕育新的零售业态。新商业基础设施初具规模。大数据、云计算、移动互联网、移动端，智慧物流、互联网金融等，依靠平台化统一了市场，已经成为了新零售的基础设施。这些新零售的基础设施经过多年的发展，已经具备了促使互联网商业化的进一步发展，并逐步释放经济与社会价值，推动全球化步入 3.0 进程。

15.1.2　新零售不是 O2O

新零售和 O2O 有很大的不同，主要体现在以下两个方面：

1. 本质不同

事实上，前面几年风起云涌的 O2O 给线下实体商家带来极大的心理创伤，在实践中，O2O 扮演的更多是一种流量"劫道"的角色，不仅没有实现线上下单线下体验，线上线下双向引流的初衷，反而让线下商家运营成本大幅提升。

例如，某家位于商务园区附近的餐馆，覆盖的人群主要是附近三千米的上班族，而且以午餐为主。这家餐馆如果自己开发 APP，费用和人工是一笔不菲的支出，而且还需长期维护，中小餐馆都不愿意这样做这样的投入，只能入驻第三方 O2O 平台如美团外卖、饿了么等。可是第三方平台需要推广费，如果不付推广费，消费者也没办法找到该餐馆，除了推广费，平台还需在商家成交金额中提成，还要加上每一份 3 ~ 5 元的配送成本，原本一份 20 元的套餐就要变成 25 ~ 28 元，自然就影响销量，商家不开心，消费者也不开心。

经过一段时间的实践，餐馆发现，什么 O2O 订餐，其实这个就是打个电话就能完成的事情。而且，到了中午，在附近工作的该吃饭的人一定要来吃饭，客流量自然没问题，距离超过 3 千米的上班族也不会过来，毕竟现在到处都有餐馆，午餐时间有限，即使是通过派送，距离太远自然造成配送时间延长，影响口感从而影响消费者体验。

另外，由于加入 O2O 平台的商户过多，商家之间竞争激烈，消费者也很乖巧，如果某个餐馆有什么优惠活动，自然会吸引一大批客流进来，可是活动一停，客户马上回落到原来的水平。时间一长，商户发现 O2O 其实是个吃力不讨好的事情，还不如在店里贴一个老板的微信号，或者建一个群，让附近过来吃饭的上班族扫一扫，慢慢把客户积累下来，成为自己的用户，有什么活动或者新品推出，群发一下效果还更好。

新零售与 O2O 有着本质的区别，线上线下融合不再是简单的线下复制线上，或者线上线下的简单叠加，而是基于大数据和现代物流的精准推荐和服务，是 OinO（Online integrated with Offline），是线上线下的协同与融合，是在不同的消费阶段扮演不同的角色，而且分工也不同。真正的线上线下融合是指线上线下数据统一、库存统一、内容统一、价格统一、服务统一，让每个人在不同的渠道看到的内容一致，所享受到的服务也是一致的。

新零售主要是从上、中、下游三个环节对零售业态进行重构。

一是对上游供应链进行重塑，C2B 模式会倒逼供应端，产生出新生产模式，催生出高效企业，能有效促使上游提升生产效率，从而达到降低成本。新零售将改变生产端以往的经验产品组合，推式供货和计划生产，改变以往线上线下割裂、渠道割裂的局面，转变成按需组合产品，通过最优供应链，做到智能制造。

二是对中游，这次即将到来的新零售更多是面向商超、百货和卖场以及连锁店、便利店等，并不是针对街边的小店。这些业态的企业主已经被电商狂虐多年，对新技术和大数据已经从原来的抗拒到现在渴望拥抱，越来越多的零售实体企业从战略高度把数据当成核心资本，这使得这次的新零售有非常强的自驱动性。

三是对下游消费者，新零售的出现和发展是基于全新的移动技术的发展，以及用户行为的变化。用户的消费行为取决于价值观，感性的成分居多，而消费者所处的社群和社会阶层决定了消费者的价值观。消费升级大势所趋，价值观成为了消费者选择品牌的重要因素。消费需求对商品的需求，也逐渐从以往的追求功能和性价比，转向更高的性价比、内容和服务，如图 15-4 所示。

很显然，新的消费诉求除了对商品提出了更高的要求之外，内容成为了制胜的法宝。文化和价值观的认同极大地影响了消费者的参与感，也决定了消费者的社交体验，以及决定了消费者是否愿意进行二次分享和交流的意愿。

另一方面，服务也成为了影响消费者体验的重要诉求。除了商品本身的服务属性之外，定向折扣、便捷的交易方式、消费者最喜欢的交易渠道、贴心个性化的服务、方便灵活的体验和交付方式、物流时间长短，都将极大地影响消费者购物体验。

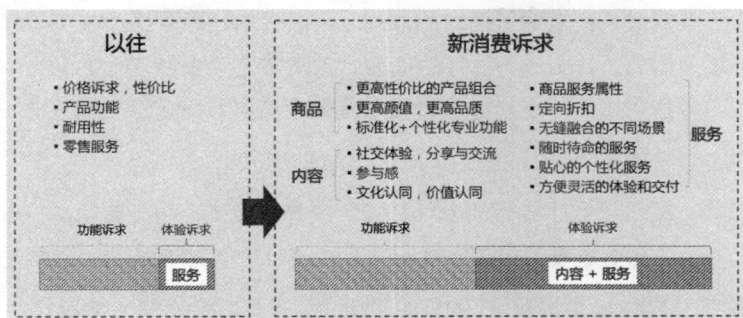

图 15-4　（图片来源：阿里研究院）

2. 场景不同

O2O 只是把线下的销售搬了一部分到线上，或者通过线上把线上不能完成的服务迁移到线下而已，并没有构建出新的消费场景。与 O2O 不同的是，新零售构建的是无处不在的消费场景，消费者通过线上线下随时随地都可以进行消费，零售即体验，零售即服务。

场景的构建一定要以消费者体验为核心。例如，看似简单的洗衣 O2O，仅从服务角度就可以看出 O2O 洗衣场景的构建只是一个伪命题。

首先，洗衣是一种半标准化服务，取、洗、熨、包、送等一系列工序，都有严格的标准要求。但在实际运作中，服务质量问题屡屡发生。

其次，为了提升服务质量，洗衣 O2O 一般采用"中央工厂"模式，但"中央工厂"大都在偏远的地段，既增加了取送件的流通成本，客户体验也不好。

最后，洗衣店 O2O 模式在非标服务中的品控短板明显，O2O 本质是体验经济，线上只是引流，线下体验才是关键，只有品质做好了，有回头客才有意义。类似的 O2O 如家政、洗车、美甲、按摩等项目也面临服务质量导致用户体验糟糕的问题。

而对于"新零售"应用比较好的例子，当属于近两年势头非常猛的互联网零食电商三只松鼠，2016 年双十一当天在天猫卖出了 5 亿的辉煌战绩。

除了天猫，三只松鼠的 APP 和线下体验店也都取得了骄人的成绩。支撑这辉煌战绩的背后，是从单一的线上走向线下，线上线下相结合。三只松鼠还自主研发了"松鼠云质量平台"，把用户的评价集中反馈，倒逼品质改善，从而对供应链实行优化管理。

另外，三只松鼠在广州、成都、北京、沈阳、济南等 8 个城市建立了近 10 万平方米的八大智慧化仓储物流基地，解决了"最后一千米的问题"。八大分仓同步发货，即使在双 11 期间，很多顾客也能早上下单，下午就能收到商品，极大地满足了零食类消费者的体验。

事实上，线上和线下的边界越来越模糊。就整个零售业来说，竞争不再来源于单纯线上或者单纯线下的模式，而是通过两者的双向互补。目前，中国线上电商零售和线下实体零售同时面临增速压力，线上线下全渠道的融合自然成了创造新增长的动力。新零售的本质实际上是回归零售的本质：更高效率地服务消费者，并持续为消费者创造价值。

新零售的新，在构建场景上主要体现在以下四个方面：

一是新市场。即基于数字经济的全球化、全渗透、全渠道统一市场。打破以往基于地域和营业时间的传统商业逻辑，即在任意场景下的任何两个主体都可以瞬时达成交易。

二是新营销。即以消费者运营为核心，通过全数据、全媒体、全链路、全渠道搭建品牌商和零售商与消费者的全域营销，彻底改变以往消费者链路数据不完整、粒度粗糙、数据可见性差、支撑不全面导致的窘境。通过数据打通消费者认知、兴趣、购买、忠诚及分享反馈的全链路，实现消费者链路数据完整化、可视化、可追踪、可优化，对品牌策略、品牌传播、品牌运营进行全方位精细支撑，如图 15-5 所示。

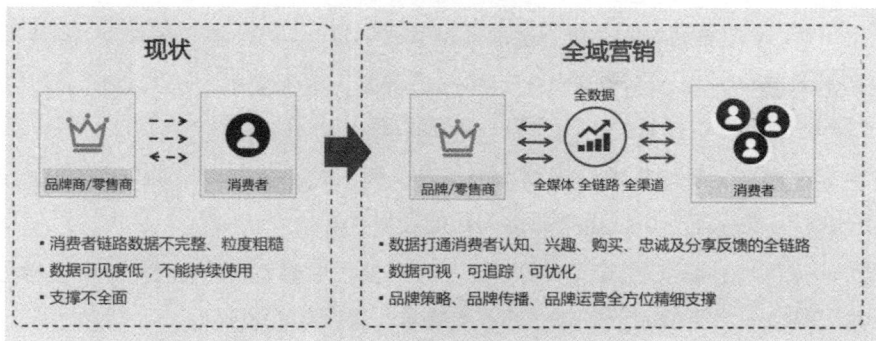

图 15-5

三是新流通链。新零售服务商重塑高效流通链。新流通链包含四个环节，即新生产服务（数字化生产、转型咨询、智能制造）、新金融服务（供应链新金融）、新供应链综合服务（智能物流、数字化供应链、电商服务商、产业园等），以及新门店经营服务（数字化服务培训、门店数字化陈列）。

四是新技术。数字经济基础设施、3D/4D 打印、VR/AR、传感器物联网和人工智能等新技术，将用于提高消费体验和商品生产方式。

也就是说，新零售通过大数据构建无处不在的消费场景、全息消费者画像、新需求和重构人货场。届时，新消费诉求更加丰富，将更注重个性化专业功能、社交体验、分享交流、参与感和方便灵活的体验交付等内容。

而且，通过新营销、新市场、新流通链和新生产模式，实现以消费者运营为核心的全域营销，消费者链路数据将更完整、可视化、可追踪、可优化。

总而言之，新零售是指通过各种大数据、新技术、新金融和智慧物流，实现人、货、场（场景）的重构，实现生产流程再造、流通环节再造、体验环节再造。线上线下由以往的竞争和冲突变成协同和融合，通过精细化营销、体验为主的消费模式，洞察消费者、引导并满足新的消费需求。同时，通过 C2B 模式，从后端倒逼前端，真正实现消费方式逆向牵引生产方式。

15.2　新零售的切入点

15.2.1　生鲜是首选

最近几年，受电商冲击最大的是大型卖场、超市和综合性购物中心。但不意味着新零售的首轮机会是给这两个业态，恰恰相反，生鲜、垂直类和便利店也许会成为新零售的首批弄潮儿。阿里巴巴作为新零售的发起者，从阿里巴巴的新零售战略布局即可见一斑，也可窥见新零售未来的大概走向。

阿里巴巴在 2016 年 3 月份分别投资了盒马鲜生和易果生鲜。生鲜类和水果类属于用户黏性高、复购率高的交易，是支付宝最好的落地方式。京东入股永辉超市，也是主打生鲜，双方抢夺中高端用户和高频消费入口的目的不言而喻。

我国每年生鲜消费量高达 9 亿吨以上，在零售额方面，2016 年我国全年社会消费品零售总额 33 万亿元，生鲜的零售总额接近 4 万亿元，占总体比例的 14%。随着人均收入水平的提高，这一规模还有进一步提升的空间。

盒马鲜生是一家支付宝会员生鲜体验店，只支持支付宝支付，主打"产地直采、门店尝鲜、新鲜到手"。通过 APP 和线下门店覆盖生鲜食品和餐饮服务，门店以体验服务为主导，分为肉禽蛋、水产冷藏、南北货杂粮米面、水果蔬菜、烘焙熟食、烧烤料理等，其中生鲜产品占比 20%，专注于为白领阶层提供专业、舒适的产品与服务。该模式是目前生鲜行业较为领先的全渠道型电商，具有新零售的雏形。

盒马鲜生作为阿里巴巴新零售的一号工程，集合了盒马餐饮、盒马超市、盒马生鲜、盒马外卖、盒马便利店，这些都是线下高频消费的超级入口。阿里巴巴明修栈道，暗度陈仓，表面上看盒马从线下往线上导流，对急需流量的阿里巴巴有巨大的助益；实际上，这些线下高频消费入口，对支付宝线下场景的应用才是阿里巴巴的真正目标，其阻止微信支付的目的也就昭然若揭。盒马作为阿里巴巴投资的第一家新零售试验田，有以下十个主要特点：

① 线下实体店与线上 APP 完全融合一体化的双店模式。盒马鲜生线下线上销售的商品及价格是一致的，没有丝毫差别，这样做的好处就是让客户在线下直接购买，不用再到线上比价；在线上购买，也不用再到线下看货，线上线下还可以智能拼单，共同配送。之前 O2O 的做法就是线上线下价格不一致，导致客户在线下看完商品，发现网上的价格更便宜，便在网上购买。

② 只支持支付宝支付。不支持现金支付（支持现金充值、支付宝代付），意味着把很多"大爷大妈"排除在外，但是大多数的白领都有支付宝，几乎没有影响。采用支付宝支付的好处就是有利于阿里巴巴对线下数据的采集。同时也节省时间和人力的隐形成本，提高资金周转率。

统一采用支付宝还有一个好处，盒马不需要再花钱独立开拓会员体系，每个支付宝会员就已经自动成为它的线下消费者；同时，每个线下购物者也可能被发展为支付宝用户，想在盒马购物，就必须使用支付宝。

③ 线上线下会员全面打通。之前很多 B2C 或者 O2O 不成功的原因在于线上和线下会员无法打通，线下商家往往不愿意对线上的合作方放开会员数据。而这次阿里巴巴和盒马鲜生合作的关系比较特殊，不存在这方面的障碍，线上线下消费数据完全可控。

④ 生鲜商品种类偏向中高档。比如进口三文鱼、生蚝、帝王蟹等，价格比国内同类产品贵 30 ~ 50%，其目的就是把客户定位在中产阶层和城市白领、金领。

⑤ 配送的时间短，客户体验好。盒马采用的是菜鸟网络和易果生鲜旗下的安鲜达，安鲜达具有多年的冷链物流配送经验。盒马鲜生免费配送范围在 5 千米以内，派送时间在 30 分钟内。而京东到家派送却是第三方物流众包平台达达配送，承诺 2 小时到达，实际上很难做到。

卡内基梅隆大学的乔治·洛温斯坦就专门研究了人们在等待快递时的烦恼程度，结果发现，在购买的商品遭到配送延误的情况下，顾客往往会索要赔偿或者退货，同时也会给客服业务带来巨大的压力。

事实上，派送时间的长短对消费者的体验影响巨大，极大地影响了客户的留存。这也是为什么电商和物流巨头想方设法要解决的"最后一千米问题"。

盒马能把大部分线下消费者转化成线上用户，因为是自营，配送非常及时，所以，用户留存率自然比较高。而与大卖场合作的京东到家、多点、闪电购等，因为它们不是自营，系统没有打通，商品比较难同步，对商品掌控能力弱，导致配送时效差，以至于用户流失率非常高。

⑥ 只覆盖一、二线消费能力强盛的城市。盒马鲜生首店开设在上海素有"东张扬、西古北"之称的张扬路，该区域是外国人和金领聚居地，具有非常强大的购买力。作为试点，

有一定的旗舰实验和指导意义。

⑦ **采用自营模式，构筑很高的壁垒。**自营的成本高昂，设备和货品采购成本不低，对现金流要求较高。这样的业态难以通过特许经营、加盟方式复制。京东的模式则是和永辉超市合作。

⑧ **零售与餐饮的跨界融合。**在超市内引入餐饮，用"吃"来吸引消费者，让消费者有了更多的逛店理由，同时延长顾客在店内停留时间，直接提升消费体验，增强顾客黏性。

盒马把海鲜作为主打的生鲜产品，店内加工方便消费者即时享用最新鲜的美食，同时也提升了转化率。餐饮高毛利率也可改善盒马鲜生零售的盈利结构（现场加工费为售价的30%）。

⑨ **以店做仓提升效率。**这是一种彻底颠覆传统电商的做法。传统电商用仓做配送，盒马选择用店做仓，店仓一体化。门店货架即为线上虚拟货架，让顾客对购物环境、商品品类和品质、服务质量有更真切的感受，增强客户的信任感。

⑩ **盒马鲜生商品多是按份销售。**按份销售有利于拣货、交接和配送，盒马鲜生在加工时已经考虑到。而大卖场商品大多散卖，不适合配送，体验差。大卖场的系统没有货位管理与拣货路线优化功能，造成拣货效率低，容易出错，出库交接流程复杂。

阿里巴巴投资盒马鲜生是对新零售进行的一次试验，接下来投资的易果生鲜也是出于这样的考量，只是从另外一种业态和品类做尝试而已。易果生鲜主营水果、肉、禽蛋、海鲜、酒水粮油、乳品速食等各种生鲜食材，全程冷链配送。其特点也是刚需和高频，而且易果面向的也是注重生活品质的都市中高端家庭，这也是阿里巴巴一直想要占据的中产阶级消费群体。

盒马鲜生模式的成功证明了在一些中高端收入区域，用线下引流、线上下单、及时配送，现场体验、提货的可行性。张扬路店的成功，让这个模式快速复制到上海其他区域，以及宁波和北京。所在区域的传统超市和大卖场必然会受到极大的影响，甚至有可能部分改变现有零售格局。

紧接着，阿里巴巴又收购了三江购物。三江购物为浙江省最大的连锁超市之一，拥有门店147家，覆盖宁波、舟山、杭州、金华、台州、丽水、湖州、嘉兴、绍兴等三十多个城市和地区。自2010年后，三江购物开始重点布局生鲜品类，使生鲜商品占总销售额的1/3，投资2亿元设立生鲜配送中心，配套约1400多万元的冷链车集中配送。

从阿里巴巴频频布局来看，生鲜的确是新零售的首选。线上有天猫超市、喵鲜生和易果生鲜，线下有盒马鲜生支撑。与三江购物合作的新公司负责鲜生店的建店服务和日常线上运营。可以将盒马鲜生的业务与新公司业务贯通开展，也将推动盒马鲜生线下的布局，以最快的速度开展更多的门店。

作为另一电商巨头，京东 2016 年以来也是动作频繁，2016 年 3 月，京东成立生鲜事业部。4 月，京东到家与达达进行了合并，京东以"业务资源 +2 亿美元现金"的方式，取得了新公司约 47.4% 的股份，成为单一最大股东。合并后，达达与京东到家独立运营，分别为众包物流平台及超市生鲜 O2O 平台。6 月，沃尔玛入股京东，将 1 号店并入京东，两个月后，1 号店 10 亿元补贴狙击天猫超市。而在 2015 年 8 月，京东 43.1 亿元入股永辉超市，持有永辉超市 10% 的股份，旨在发展生鲜 O2O，支持京东到家项目。

为了抵抗阿里巴巴新零售的进攻，京东也推出了对标盒马鲜生的"超级物种"，超级物种也以餐饮带动超市，在餐饮的占比上，比盒马鲜生更加全面，不止于到店消费，还可以提供生鲜加工并外送到家。两者都是以吃为主题，吸引顾客到店，并试图让顾客停留在店内更长的时间。

另外一方面，从日本的发展经验来看，当家庭冰箱保有率出现饱和以后，城镇居民对生鲜的需求将快速崛起。日本生鲜量快速增长的拐点出现在 1979 年，从人均 GDP 来看，中国目前生鲜的平均消费水平和日本 1979 年相当，如表 15-4 所示。

表 15-4

比较项	日本	中国
人均 GDP	1979 年 9000 美元	2014 年 7600 美元
家庭冰箱保有率	1979 年 98.6%	2012 年 98.5%

我国目前生鲜的主要零售渠道是"农贸市场等渠道、超市社区、电商"三个渠道，渠道占比大约为 55%、38%、7%。超市、电商渠道相比农贸市场更加干净、标准化，产品品质更高，更符合中产阶层，未来这两个渠道会逐步取代农贸市场及街边摊。2016 年社会消费品零售中，粮油食品为 3.45 万亿元，生鲜为 1.36 万亿元（电商 950 亿元，占比 7%）。第三方机构预测 2020 年生鲜将达到 2.31 万亿元（电商 3470 亿元，占比 15%），复合增速 14.16%。假定超市渠道占比 50%，2020 年超市生鲜销售额 1.15 万亿元，市场增长空间巨大。

前不久，阿里巴巴利用旗下的盒马鲜生进军北京，携金桥第一店胜利打法，犹如小卒过河，横冲直闯，直捣京东老巢，挑战意味浓厚。对于阿里巴巴兵临城下，京东方面也不得不以祭以"超级物种"仓促迎战。阿里巴巴向来以战略取胜，这次新零售的在生鲜类的战略布局，目前阿里巴巴略胜一筹。

2016 年 11 月底，苏宁与易果生鲜签署战略合作协议，易果成为苏宁超市"苏鲜生"的核心供应商。近日，苏宁超市旗下"苏鲜生"在全国 113 个城市推出"春享春味"尝鲜活动，1000 多种国外美味 24 小时内送货上门，让消费者能便捷地享用到新鲜、新品类的美食。易果生鲜作为苏鲜生的独家运营商，全方位提供供应链和冷链等服务。

生鲜作为商超最能捕获用户的秘密武器，已经成为新零售战局中参战者必争之地，真可谓是得生鲜者得用户。新零售鼓吹以用户为核心，生鲜被当做阿里巴巴、京东实现新零售或超级物种的实验弹也就不足为奇了。从这个角度说，新零售是带着生鲜这个基因诞生的。

15.2.2　其次是垂直类

在 2016 年 6 月之后，阿里巴巴斥资 300 多亿元分别投资并购了苏宁云商、如涵电商。

很显然，阿里巴巴投资苏宁云商，首先看中的是苏宁庞大的物流体系。菜鸟作为一个平台不参与实际线下物流服务，苏宁物流体系的加入将补齐菜鸟的短板。2015 年 8 月阿里巴巴和苏宁牵手时，苏宁物流就拥有 452 万平方米仓储面积、4 个航空枢纽、12 个自动化分拣中心、660 个城市配送中心、10000 个快递点。两家相互参股后，苏宁物流将成为菜鸟网络的合作伙伴，合作后的物流几乎覆盖全国所有 2800 个区县，服务阿里巴巴和苏宁，未来也有望向第三方开放。

其次，合作后苏宁云商全国所有门店与阿里巴巴体系全面打通。阿里巴巴的主要服务对象是商户，而非消费者。阿里巴巴本身的体系也注定了没有办法和消费者进行直接交流，但苏宁恰恰能够补足阿里巴巴这一短板。据苏宁云商集团副总裁田睿介绍，截至 2016 年底，苏宁拥有各类门店 3500 多家，基本实现从一级到六级市场，从核心商圈到小区用户身边，苏宁实现了全渠道，全客群覆盖。苏宁的门店更多，消费者层次更广泛，对阿里巴巴的终端用户短板也是一个极大的补充。

春江水暖鸭先知，事实上，作为线上电商巨头和线下电器零售巨头，势必最先感觉到市场的寒意。虽然在一年半以前，还没有"新零售"这个概念，但是线上与线下融合已是一种趋势。张近东表示，阿里巴巴和苏宁，一个从线上走向线下，一个从线下走向线上，都走到"互联网+"的十字路口，历史关口，要么彼此冲撞，此消彼长；要么彼此融通，相得益彰。马云则多次表示，很多人在抱怨传统行业过得不好，认为是电子商务造成的，其实互联网企业活得也不是很好。既然都活得不好，那就结合在一起才能活得好；阿里巴巴如果不与线下结合，一定没有未来。甚至连房地产开发商万达集团董事长王健林都表示，纯粹发展线上找不到出路，五年后不会有纯粹的互联网公司，因为都融合在一起了。

最后，作为 3C 电器类，苏宁是最有资格向京东发起挑战，敌人的敌人就是朋友，京东和苏宁曾经是最大的线上和线下零售平台，势同水火。阿里巴巴合纵连横投资苏宁也就不足为奇，这也再次验证了那句永恒的真理：商场上没有永恒的敌人，只有永远的利益。

如涵电商则是围绕网红和直播为核心业务,通过在服饰从设计到生产到销售的各个环节设置不同的交互功能,将用户、品牌和生产厂商紧密结合起来,KOL通过直播等方式提供内容吸引粉丝,从而最终影响用户的购买决策,为公司所需推广的新零售品牌创造价值。

"内容"作为近年来的引爆点,是阿里巴巴在新零售概念中,强调除了商品和服务之外,"内容"成为消费者诉求的第三要素。毕竟在消费升级的趋势下,消费者除了对商品和服务提出了更高的要求之外,内容成为了制胜的法宝,因为内容极大地影响了客户体验。而内容制作和传播恰恰是垂直类专业店的优势,这就是阿里巴巴为什么布局垂直类的原因。

15.2.3　第三是便利店

如果说生鲜是新零售致命的炮弹,那么每一个便利店便是一个作战据点。阿里巴巴和百联的战略合作,原因之一就是阿里巴巴看中的是百联具有百货、卖场、商超、购物中心等全业态零售,百联在全国拥有7000多家网点。这些网点70%在上海,阿里巴巴与之合作,一下就拥有那么齐全的零售业态可供新零售进行试验。

另外一个重要的原因,就是百联旗下有4700家便利店,如联华超市、华联超市、世纪联华、华联吉买盛、快客便利等,这些便利店密密麻麻分布地在上海成熟的居民区,像毛细血管一样对每个居民区进行渗透。阿里巴巴新零售要落地,要直面终端消费者,这些便利店是最佳的选择。对于上海这个中国经济最发达的金融之都,其实验成功的可能性无疑是比较高的,而且其示范目也是非常明显的。

另外,阿里巴巴还为这些便利店配置了一个"闪电购"。闪电购是一个线上便利店平台,将各个分区的便利店接入,用户可以基于LBS购买1千米以内的便利店产品,1小时免费送达。很显然,阿里巴巴看中的是闪电购抢占社区的O2O入口,其目的在于对社区的渗透,引导消费者从线上贴近线下,以及解决"最后一千米问题"。

如果再通过易果生鲜为联华超市、华联超市、世纪联华、华联吉买盛、快客便利等便利店提供供应链和配送服务,阿里巴巴就可以打通供应链直达这些便利店,再由安鲜达配送到顾客手中。从供应端到消费者的无缝衔接,在商品品质和服务上都能得到足够提升,如果再结合线上的大数据,对用户进行精准画像,数据就变成了生产力。线上的购物体验好了,线下的服务也跟得上,新零售的雏形就隐隐约约地呈现在我们眼前。

而在和百联合作之前,阿里巴巴通过易果生鲜间接控股的联华超市,其目的也是想利用联华线下的优势,引导消费者从线下向线上融合。

2017年3月17日,京东O2O大会启动,宣布与上海、北京、哈尔滨、温州、西安、乌鲁木齐、东莞等15座城市的1万多家便利店全面进行合作,合作的便利店有快客、好邻居、良友、每日每夜、人本、美宜佳等；这些便利店将在信息系统、会员体系、消费信贷体系及服务体系等方面与京东进行深度整合,实现全渠道销售过程中的交易、结算、物流、售后服务等环节可视化,并支持京东电子会员卡和手机支付功能。

在"最后一千米问题"上,京东有一定的优势,京东是自营物流,采用本地化物流配送服务＋自提相结合,在一线城市京东具备近2万人的配送队伍,如果加便利店辐射,这样对最后一千米整合在速度方面会有很大的提升。而阿里巴巴的配送菜鸟物流基本都是第三方,虽然安鲜达在冷链物流有成熟的经验,但是目前也从易果生鲜分离出来独立发展,和京东的物流及冷链配送体系,差距还是非常巨大。

京东物流不仅对一、二、三线城市有极强的覆盖能力,对四、五、六线地区的渗透力也引人侧目。截至2016年底,京东在全国范围内拥有7大物流中心,运营着254个大型仓库,通过渠道下沉的策略,更是打造了6780个配送站和自提点,覆盖了全国范围内的2646个区县。

当然,阿里巴巴如果拥有上述百联的便利店,以及闪电购合作的第三方便利店,让消费者在便利店自提,还有利用苏宁的网点及物流,以及把便利店变成快递配送和投递点,那么两者之间的差异就会变得不明显。

另外,由庄辰超投资的便利蜂,也试图在新零售这个新风口上抢先试水,目前已经在北京中关村开了5家店。便利蜂店内的陈设和与全家、罗森等其他便利店并没有多大的不同,独立的用餐区是其一大特点,顾客可以到店购买或者在线上下单,由店员亲自配送或者到店自提,但是只限在300米范围之内,主要是为了满足上班族的午餐。据庄辰超透露,计划在2017年把店铺数量扩张到1000家。

日本作为世界上便利店最发达的国家之一,即使在大型商超和大卖场纷纷业绩大幅下滑甚至屡屡关张的形势下,便利店依然保持着较为高速的发展。据日本媒体报道,日本特许经营连锁店协会日前发布的数据显示,2016年日本主要便利店销售总额与前一年相比增长3.6%,达到10.5722万亿日元,连续两年突破10万亿日元。

便利店之所以成为新零售的新宠,其原因在于解决了"最后一千米问题",配送的问题解决了,解决的就是用户的黏性问题,这正是号称以人为核心的新零售,必须首先解决的客户体验问题。试想,如果一个顾客在线上买了一只龙虾,等了2天才送到,那还谈什么新零售?很显然,在不久的将来,便利店很快就会成为提货点和快递配送、投递点,顾客在网上下单,回到小区门口的便利店把龙虾提回家;或者便利店的快递员,在30分钟内把龙虾送到顾客指定的5千米范围内的任何地方。

在不久的将来,迎接我们的将是具有"互联网＋传统基因的便利店"。线上和线下的会员打通、积分打通、商品信息打通,可以通过网上支付,或者支付宝微信等APP扫码等支付方式,并通过小区快递迅速把商品送到顾客指定的地点;或者顾客可以在下班前购买，回到小区门口指定的便利店，就把商品带回家。

之前线上恨不得颠覆线下，线下恨不得咬死线上，相互斗殴的日子很快就会一去不复返了，越来越多的连锁便利店会被阿里巴巴、京东等巨头收归麾下。另外一些新兴的零售企业，想蹭一蹭新零售这一新风口，也会通过股权或者战略合作等各种手段，把一些散落在大街小巷的夫妻店、街边店，慢慢收编整改。从供应端到消费端，重新把流程理顺，让这些便利店的效率和效益都得到提高，这也许就是新零售下便利店最好的出路。

作为新零售的发起者，阿里不仅对生鲜志在必得，对便利店也是胜券在握，当然，对商超也不会放过，对银泰的投资就是想在阿里巴巴大本营杭州，率先打造一个线上线下结合的新零售商超样板。

和上海国企百联的战略合作，虽然未涉及资本层面的合作，但这是国企混改的实验。阿里巴巴作为民营企业代表参与国企混改，其目的在于打造上海市政府期待的样板工程。2017年作为混合所有制改革的落地之年，阿里巴巴和百联的战略合作，非常耐人寻味。

百联集团旗下的零售业态有主题百货、购物中心、奥特莱斯，大型卖场、标准超市、便利店；还有各种专业店和交易市场拍卖行（如上海第一医药商店、亨得利亨达利钟表、茂昌吴良材眼镜、金亚珠宝、上海旧机动车交易市场、上海有色金属交易中心，上海拍卖行、上海国际商品拍卖行等），还有百联E城、百联物流、百联物业、百联电器、上海外供等一大批享誉沪上、闻名全国的商贸流通企业，是真正的零售全业态。

阿里巴巴和百联联姻，可以把这些业态一网打尽，极大地扩张了阿里巴巴的生态系统，让阿里巴巴的"水电煤"战略在上海率先落地。一旦实验成功，将成为全国其他城市国企混改的样板，先发制人压制京东超级物种在各地的扩张，同时也给支付宝提供最全的线下应用场景拓开了广阔的空间。

总而言之，阿里巴巴目前对新零售也是处于探索阶段，无论是业态的选择还是品类的选择，都是基于一个思路，那就是尽可能地接近消费者，尽可能地接近中产阶层，尽可能提供快捷的配送和最佳的体验。阿里巴巴意图通过线下实体店驱动线上消费，是一种全新商品组合和服务创新。

当然，这就必须有线上的布局和服务优势，才能使用户体验实现闭环。线上和线下的协同和融合，可以实现会员、商品、物流和交易数据的一体化，通过这一系列环节的大数据，倒逼供应链和生产端提升效率，从而降低整个链条的运营成本，提升线上线下一体的"大零售"的运营效率，这也就是我们所说的新零售。

另外，线下交易场景的多样化，也能反哺支付宝，为支付宝带来新的流量支持，为对抗微信支付的攻城略地，构建了一道坚固的壁垒。

上述三种业态都是阿里巴巴拓荒线下传统实体零售的先驱部队，如果阿里巴巴新零售试水线下零售实体的实验取得成功，势必以横扫之势对传统零售进行降维攻击，传统零售业的固化思维几无可能与之进行对抗。

本 章 小 结

通过对阿里巴巴对新零售的布局，我们可以发现新零售业态的雏形：高频、高复购、中产阶层、高效配送、追求最佳体验、无限接近消费者、打通线上线下所有数据。

新零售对于线上和线下实体零售，都是一个挑战和机遇，能否把握这一轮消费升级的大势，很大程度上取决于零售者的思维，是坐以待毙还是拥抱未来迎接变革，这恐怕是每个零售者都要关注的事。

第 16 章
新消费　新体验

　　零供关系严重错位，直接导致线上和线下零售步履维艰，结果只能是消费者买单。这是一个消费者主导话语权的时代，新的消费需求倒逼线上和线下零售，必须走出一条全新的零售之路，才能满足未来消费者的新体验、新需求。

16.1　新　消　费

16.1.1　零供严重错位

　　旧金山发现金矿的时候，大量掘金人员涌入旧金山淘金，最终只有少数人成了亿万富翁，大多数人两手空空，甚至负债累累，但是有一种人赚得盆满钵满，那就是卖水和卖铁锹的。

　　目前，我国线下实体零售业如百货商超等，实际上就是二房东的角色，租个场地，稍微装修一下，包装一下，打个广告，然后就把商户招募进来，收场地费、堆头费、广告费、押金，等等。有人统计过，一般的商超，对商户各种各样的收费多达 67 种。商超自己不卖货，把风险降到最低，入驻的商户赚不赚钱，和商超关系不大。

　　线上的呢？以淘宝、天猫为代表的电商平台，也是只干着卖水和铁锹不挖金子的事。事实上，国内电商平台的做法和线下的商超没有任何区别，主要收入就是通过收取入驻商户的场地费、广告费、押金、堆头费等，只不过换了个叫法，美其名曰服务年费、技术服务费、保证金、直通车、钻展，等等。

　　商户一旦进驻平台，卖得动卖不动那是商户的事情，和电商平台没有一点关系。如果卖不动，电商平台就告诉你，竞争那么激烈，你不购买广告，客户怎么能发现你的产品呢？买了广告，还是没有转化。平台又告诉你，这是你的产品没优化好，你看某某某店，转化率有多高。你没转化是你不行，是产品没做好，照片没拍好，运营没做好，活动没做好，广告买得太少。反正所有的错都是商户的错。万一成交了，成交额 5% ~ 10% 的提成，平台方马上扣走。

国内电商平台深谙人性的赌徒心理——所有商户都认为自己是全世界最聪明的人，没有一个赌徒认为自己会输。平台时不时推一两个典型，榜样的力量是无穷的，所有商户都紧盯住那几个成功商户，他们一年能卖 10 亿元，我卖一千万元就够了。殊不知，一将功成万骨枯，没有人愿意去看那 95% 血本无归的商户，也没有人会去想会成为那 95%。

在平台的蛊惑下和个别成功榜样的诱惑下，商户通过无序的竞争，购买电商平台的竞价广告，一窝蜂斗得头破血流，鹬蚌相争，电商平台最终渔翁得利。用一句很多线上卖家的土话叫做"饱换饿"——不断购买流量，获得可怜的转化，然后再购买流量，再获得更可怜的转化，商户完全沦为电商平台打工的奴隶。

不购买广告，立刻没有流量，就没有成交；购买广告，卖 1 万元的产品，花掉 5000 元的广告费用，加上商品成本 5000 元，还有员工费用、水电、房租，等等。商户无序的竞争，为了盈利，只能通过出售假冒伪劣商品来获利，严重伤害了消费者的体验。这就是目前线上电商的态势。

天下乌鸦一般黑，微商也一样，微商之所以屡被诟病，其实和电商平台及线下的实体零售（百货、商场）的做法极其类似，只不过微商的组织者搭建了一个以人拉人的平台而已。微商其实玩的就是击鼓传花的游戏，上级不断为下线编织一个发财的美梦，不断往下线压货，至于下线能否把商品卖掉，那是下线自己的事，卖得掉是你有本事，卖不掉那是你没本事。上级会告诉下线，你看人家谁谁谁去年做了一年的微商，买了一辆玛莎拉蒂和几套房子。

这就是中国零售业的现状，不管是线上电商平台，还是线下的实体商超，还是以拉人为主的微商，都没有人愿意承担售货过程中最关键部分，即存货压货的风险，却想得到甘蔗中最甜最好咬的部分。

从本质上讲，电商只是从技术上改善了商品的流通过程，把原来人们买东西必须到线下实体店去买，自己提回来，变成可以在电脑和手机上购买，快递帮你送过来而已，其零售的本质根本就没有发生任何变化。

零售的本质应该是通过提高商品交易和流通环节的效率，从而达到降低成本，让消费者得到性价比最高的商品和服务，从而给消费者带来最佳的消费体验。电商虽然在交易环节和派送环节提高了部分效率，但是在这两个环节实践中，因为平台的贪婪，特别是交易环节的广告费用，导致了交易成本的大幅上升，最终到达消费者手上，商品的价格反而上升了不少，假冒伪劣商品却进一步伤害了消费者体验。

京东自营部分还好一点，自己进货、自己建仓库、自己建物流配送，并且通过对数据分析，从最靠近消费者的仓库发货，从而降低派送成本，也愿意对用户承担零售相应的责任和义务。

可是，京东开放商户入驻部分，和天猫没有任何区别。而且，京东和线下实体如国美、苏宁、沃尔玛等零售商一样，供应商的账期长达 50 ～ 100 天，有的甚至长达 180 天，而且完全没有利息。大家都知道，任何资金都需要成本的，这不就是拿着商户或者供应商的资金在做自己的生意吗？庞大的资金池，一整年下来，所得利息甚至超过卖货的净利。

在第 15 章分析过好市多、亚马逊、阿尔迪等国外零售实体。首先它们是自营的，零售的主体很明确，就是好市多、亚马逊和阿尔迪自己，它们选择直接面向终端消费者，对消费者负责。而且自有品牌的占比非常高，承担着非常重要的商誉，虽然商品大多数是委托供应商生产，价格非常低，但是由于订单量大，供应商还是有利可图。

其次，它们是直接卖商品和服务（服务也是一种商品），是真正意义上的零售商。不像国内的电商平台和很多线下商场，是卖场地费、广告费和其他费用，不卖具体商品。其角色只不过是把商户召集在一起来卖货的中介而已，只收取高额的中介费，至于商户和消费者之间的利益，和它没有任何关系。

比如电商平台上的假货问题，一直被消费者所诟病，这次在"两会"上，也有多位人大代表提及此事，可是平台方总是能把皮球踢向执法部门。诚然，假货问题的根源不能全部怪罪于平台方，但是平台方完全负有传播假货的责任。为什么好市多、阿尔迪不会出现假货呢？原因只有一个，因为好市多、阿尔迪自己直接卖货，事关它们的切身利益。

最后，它们面对的是直接的消费者，消费者是它们的直接用户。而国内平台的用户则是在平台上开店的商户，或者是入驻实体商场的商户，对象完全不同。国内电商平台或线下实体商超，完全是通过技术或者资本优势构建壁垒，进而用无所不用其极的手段来盘剥这些商户。

目前国内线下实体商场百货，纯粹只是一个雁过拔毛的"二房东"的角色而已，其本质就是坐收地租。而线上的电商平台，充其量只是一个广告公司，一个流量的二道贩子，也就是一个坐收地租的平台而已，二者从来就不是一个真正的零售主体。

综上所述，不管是线上的电商平台，还是线下的零售实体，国内零售业最大的问题就是零售主体不明确，零供关系完全错位，如果这个问题不解决，还奢谈什么新零售？

零售就是卖货，卖货是零售商的事情，而现在却是"广告公司"和"二房东"在干这事。《论语》云："不在其位，不谋其政"。《朱子治家格言》亦有"德不配位，必有灾殃"之说。角色的错位必然导致矛盾的加剧。

举个简单的例子，杭州某个在天猫开店的生产女包的企业，既是生产商、品牌商，同时又是中间商、物流商和零售商。从采购、设计、生产到拍照、上线、购买流量、售前、售中、打包、发货、退换货等售后服务，整个链条全部由该企业来承担。在分工越来越专业化的今天，这样的做法显然是泛专业化的，其结果就是每个环节都不能做到最好。

而天猫在这个环节中，充当的就是一个靠出租场地和卖广告的"网上地产商＋广告公司"的角色。这必然导致专业零售商错位，迫使生产企业担负着零售商的职能，从而加剧了零供矛盾，导致了效率低下、成本上升。新零售就是要让主体归位，让专业的人去做专业的事情。

很显然，国内很多线上电商平台、线下的零售实体及微商等零售模式，由于零供关系错位，导致零售失去了原来的本意，沦为各类平台和实体零售薅羊毛的工具。这些零售模式已经完全无法满足新的时代、新的消费者、新的消费需求。因为它们最终都把成本通过各式各样的办法转嫁到消费者头上，也就是所谓的羊毛出在猪身上，狗来买单。最终只会加剧消费者和零售商之间的矛盾，导致两者之间的关系进一步恶化。

16.1.2　细节决定成败

线上零售在中国风起云涌，而在美、日、西欧等发达国家却不是这幅风景。根据法国 Lengow 的报告显示，截至 2016 年，电商营业额最高的五个国家为中国、美国、英国、日本和法国，如表 16-1 所示。

表 16-1

国家	电商销售额（亿美元）	移动端占比	国家	电商销售额（亿美元）	移动端占比
中国	9750	50%	日本	1240	14%
美国	6480	20%	法国	760	15%
英国	1860	20%			

从上表可以看出，日本电商销售额只有中国的八分之一。另据美国 Census Bureau 人口普查局报告，2016 年全美社会消费品零售总额为 5.5 万亿美元，同比增长 3.3%，电商的比重为 8.5%。而中国 2016 年电商的比重为 12.6%。

为什么会出现这样的情况呢？与国内实体零售被电商冲击得溃不成军的局面相比，美、日、西欧发达国家的线下零售却活得相当滋润，虽然电商对其或多或少有些影响，但是大部分消费者仍然青睐线下的渠道。中国电商比重大，其原因很多，除了中国人口众多这个因素之外，在中国，人们选择购物的首要因素是价格便宜。

据广州市消委会发布的《广州市网络购物消费调查报告》显示，消费者选择通过网络进行购物，有 72.5% 的被调查者认为最首要的原因是出于"节省购物时间"；70.2% 的被调查者认为是"比实体店价格便宜"。而大多数民众认为上街购物"不会"被上网购物取代，持这一看法的人达 60%，而认为"会"的人不足三成，为 27%，此外有 13% 的人表示"难说"。

价格因素成了我国大多数消费者选择网购的重要理由，也造成线下线上不同款，甚至款式或者外观看似一样，实际上材质或者用料不一致的情况。原格力集团董事长董明珠认为，消费者的需求是一致的，线上的价格和线下不同，只能说明一个问题，那就是线上款质量不如线下款。

事实上，很多品牌商也明白，消费者之所以选择网购，就是为了贪图便宜，品牌商只有开发线上专供款。所谓的线上专供款，那就是和线下的标准不一样。例如，某国产空气净化器，线下款零售价为 3500 元，但是这个价格在网上很难卖得动，网购的消费者比较能接受的价格是在 2000 元以内。品牌商只好在用材上退而求其次，如用塑料替代金属外壳，用国产的电机代替进口电机，用国产活性炭替换进口活性炭，甚至线下款使用 6 层的滤芯，线上款只能用 2 层。为了把成本降下来，品牌商只能在用材和用料上下功夫。当然，消费者最后也得为省钱付出代价。

美日等发达国家的人均收入较高，人们上网购物不只是为了图便宜，而是一种购物体验。据日本相关调查显示，"享受逛的乐趣"是日本消费者选择购物的首要理由，价格影响消费者购物却排在第二位。

除了价格因素之外，商业服务成功与否就在于细节服务。以日本为例，日本的线下实体店提供给消费者比线上更多的增值服务，这恰恰是影响日本消费者购物的最重要因素，享受逛的乐趣，其实就是充分满足消费者的需求，让用户体验最好，让用户感觉到爽，用户黏性自然就强，复购率就高，这就容易形成良性循环。日本线下零售服务在细节上体现在以下六个方面。

一是完善的基础设施。日本商业街之间有专门设计的连廊，消费者不用担心日晒或者下雨。标示清晰得连路盲都没机会迷路的指示牌，具有坡度可以自动补货的货架。为方便携带旅行箱的外国游客前来购物，免费储物柜特意设计成可以装进旅行箱的大尺寸。

有些便利店的收银台下面还有小小的洗手台，以便让消费者能及时洗手；厕所里播放着轻音乐，是为了防止外面等着的客人听到不雅的声音，等等；这些细节都是出于对顾客的尊重和体贴，让人发自内心的感动和暖心。

二是个性化的细节服务。日式服务以亲切、周到、细致入微，想他人所想的人性化关怀独树一帜，日本商业尺度唯一的标准是人——对人的尊重和关注。如休息区内专门劈出儿童区，区内所有设备尺寸都小一号，桌椅、洗手池都是儿童尺寸。婴儿室内的自动售货机，比照幼儿身体设计，就连饮料盒都比一般的小，适合孩子的小手拿握。还有专门为妈妈照顾婴幼儿而设的婴儿室，内有哺乳室、换尿不湿台等。婴儿车旁边还放着消毒纸巾，让爱干净的妈妈用于擦拭。

此外，代客泊车取车、提行李、推婴儿车、为轮椅顾客启用专门电梯等，都是必不可少的免费服务。收银员在小票上盖上章后用吸油纸轻轻地按在上面吸走油墨，防止染脏了顾客的其他物品。东京的很多大商场还配备了中文服务员，专门为中国游客提供帮助。

三是良好的服务礼仪。在日本，当客人对服务有所抱怨的时候，不管是不是你个人的问题，都必须代表团队道歉。当有顾客咨询的时候，不管服务员正在忙什么，都会立刻停下来回复顾客。在日本很多消费场合如日式料理店、商场试衣间等，客人需要脱鞋，服务员的第一个动作就是要把鞋子整理好，然后鞋跟朝着客人出来的方向收好，方便客人穿鞋。日本还流行跪式服务，在料理店和夜店 KTV 等，服务员都必须跪着上酒上菜。在营业时间内，绝对不可以扫地，以免影响到顾客。

四是无假冒伪劣商品。这一点是让消费最放心的，日本线下实体店绝无假货和次品，商户对产品质量严格把控。如果消费者购买到残次品，消费者不但会获得大额赔偿，门店经理还必须亲自上门道歉。

五是网购价格无优势。日本的人工成本高，物流成本就更高，电子商务同样征税；再加上线下市场竞争激烈，价格水分小，利润空间已经很小，导致网购价格优势不明显。

六是商品价格实在。因为日本商业化时间比较长，市场竞争充分，虽然日本的商品制造标准要求极其严格，但是价格却相对比较低。比如同款 850 克的婴幼儿配方奶粉，在日本的商城售价折合为 200 ~ 300 元人民币，而在中国，则为 300 ~ 400 元人民币。即使不计算两个国家的收入差距，国内很多商品的零售价格远远高于日本，以至于很多国人初到日本，便惊讶于日本商品的品质和价格而拼命购买。国内商品价格奇高的原因很多，除了信息不对称、效率低下导致成本奇高，商户被电商平台和实体商场层层盘剥导致成本高昂才是真正的原因。

线上线下各有优势，好比看电视直播很逼真而且免费，但还是有很多粉丝愿意花大价钱购票，到现场去看明星演唱会，因为演唱会现场带给粉丝的体验完全不一样。零售业已经从最初的商品交易年代，进入到以体验为核心的消费时代，打造多维度、多体验的消费场景是实体店的最大优势。

日本的线下零售实体真正做到了以消费者为本，在服务细节上做到了极度人性化，带给消费者的是一种享受般的全方位购物体验。线上电商通过电脑、智能手机进行交易，虽然有着线下实体无法比拟的优势，但却很难向顾客提供这种独特的体验感，这才是日本线下零售实体能抵御住电商冲击的真正原因。

反观国内的很多零售企业，不管是电商平台，还是线下的实体零售，对在自己平台或者商超里面开店的用户，即自己的衣食父母都尚且如此对待，更何况对终端消费者。所谓客户是上帝、以人为本，对这些电商平台和线下零售实体来说，只是贴在墙上的笑话而已。

对于零售业，毫不夸张地说，商业服务，细节决定成败，凡是研究过零售业的人都明白这个道理。大道至简，日本的线下零售实体就是赢在这个简单的道理上。

国内的线下零售实体，一方面是千店一面，商品同质化严重；另一方面是"二房东"的角色导致入驻商户成本高企。更要命的是，在服务方面，仅服务态度和退换货来说，和线上就差距十万八千里。线上毕竟有平台在管束，商户不管是主动还是被动，服务态度都比线下好很多；线上支持七天无理由退货，而在线下，退换货经常会遇到很多麻烦甚至不予退换，加上国内城市道路拥堵，退换货的时间成本很高。

目前国内线下零售商品价格高、服务差、消费者的体验不佳，这样零售模式如何能满足新消费者的消费需求呢？

16.1.3 垂直和升级

新的消费者有新的消费需求，从新零售的发展态势来看，垂直类势必是第一阶段的爆发点。目前，不管是从阿里巴巴和京东的布局，还是国外零售巨头的布局，很明显，越垂直越有机会。消费者一方面需要有足够多的商品供其选择；另一方面，消费者也很懒，或者说没有时间和精力去了解商品背后的信息，他们只想要得到最好的商品，这就需要有专业人士或者垂直类专业平台来满足他们的需求。

如母婴平台，大部分新晋宝妈宝爸对婴幼儿配方奶粉真假辨别、购买渠道、喂养知识等内容储备都相当贫乏，大部分消费者靠的是身边亲朋介绍或者通过零碎的自学获得，这样的途径获得的知识势必相当片面和肤浅。消费者非常需要权威和具备公信力的平台来传授相关的知识，直截了当地告诉消费者，该买什么不该买什么，哪些渠道可信，哪些知识是正确的。

另一方面，对于知识储备已经足够成为专家级的发烧友，他们更需要的垂直类平台，他们不屑于与小白用户为伍，毕竟物以类聚，人以群分。

例如，沃尔玛的商品多而全，而且品类层次丰满，面向的是所有消费者，也往往让消费者不知道从何下手。好市多精而优，已经帮助消费者精挑细选过滤了一遍，面向的是中产群体，能为该群体节约大量的时间。而且在某些品类上，好市多其实是非常垂直的，如好市多卖轮胎、汽油和汽车相关用品，面向的就是有车一族的中产阶层。

我们在新社群里分析过，垂直类的圈层是可以重叠的，如喜欢运动的圈层，也可能是美食或者旅游的圈层，每一个圈层，实际上就是一个垂直群体，它们可能交叉，组成了具有相同标签的用户画像。例如，我们可以给新零售客户圈层打一个标签：男性，40～45岁，年收入8～15万美元，每周跑步30～50千米，每周消耗4～6千克牛排，最近三年，每年有30～50天的国外度假记录。好市多超市，应该很容易就为这群消费者准备足够的相关商品。

网易的初选也是基于这样的思路，为中产阶层选择精品，商品价格是中产阶层所能接受的，对于大众阶层，消费起来还是感觉有比较大的压力，这和好市多、山姆会员超市的定位是一致的。

另外，我们也可以从优衣库的定价策略来分析，优衣库刚刚进入中国的时候，店铺的位置几乎都是选择在非常便宜的地段和楼层，甚至是在地下室，而且装修也很差，服装的价格定价也非常低；和中国大多数服装比，差异化不明显，消费者自然就不买账，因为国人对国外品牌的期望值比较高。崇洋媚外是当年很多国人的消费属性，一个日本品牌，卖那么便宜，中国的消费者穿在身上，会感觉很没面子。

之后优衣库调整了开店和价格策略，店面的选址都选择在高大上的商圈，而且面积都特别大，动不动几百上千平方米，给人感觉是比较高大上的品牌，但是价格却比其他国外品牌便宜了不少，和国内的品牌又拉开了距离，差异化就非常明显。在定价方面，即使是同款服装，比日本国内的定价高了不少，中国的消费者再也不会感觉优衣库是个很 Low 的品牌，其价格策略就是面向中国城市新晋的中产阶层，穿出去感觉会比较有面子是这个人群穿衣的主要诉求。

很显然，上述好市多、优衣库等企业的做法，只有在自营的前提下，才能在前端和终端有决策权，否则只能是空谈。事实上，作为服装鞋帽包袋、手机、轿车等有心理价值的产品，价格如果定得太低，会让消费者感觉没面子，因为如果太便宜，会给人感觉你的收入很低，这就是大部分中国人的消费心理。

苹果对中国人的消费心理研究得极为透彻，中国人爱面子，全世界人民都知道，所以同款苹果手机，在中国卖得价位也是最高的。在中国的大街小巷、公交车上、地铁上，到处都可以看到拿着苹果手机，其实收入不怎么高的年轻人，也就没有什么可以感到奇怪的了。因为这群人爱面子，只选贵的，不买对的，不买和自己收入相称的手机，在他们看来，越贵拿出去越有面子，苹果手机俨然已经成为这群人身份和地位的象征。

表 16-2 所列是 16GB 苹果手机上市的时候，在各国和地区的售价。先不谈收入差异，单单价格上就可以看到苹果公司对中国消费者的歧视。爱面子的消费者当然要为自己的消费心理买单。

表 16-2

美国	中国大陆	日本	加拿大	澳大利亚	中国香港	俄罗斯
649 美元	808 美元	637 美元	659 美元	672 美元	726 美元	735 美元

在利润方面，全球前 10 名的手机厂商，苹果占了 79% 的利润。也就是说，三星、华为、小米、OV 等等其他 9 家赚的钱加起来只有 21%。据国外相关机构测算，每部苹果手机的毛利润达到不可思议的 3000 ~ 4000 元人民币。

小米这两年销售排行跌出前五，价格低是很大的原因。因为在 2012 年前后，小米的用户主要是城市低收入者和大学生，经济情况比较差，买不起苹果，小米手机高性价比刚好满足了这群人的需求。可是随着这群用户毕业走向工作岗位，同时也迎来了 3 年左右的换机潮，他们很多人有能力购买价位更高的手机，小米低价让他们感觉到很没面子；因此他们纷纷把钱掏给了苹果、华为和 OV，因为这些产品的价格更高，颜值更高，会带给他们更多的满足和自豪感。

其实从配置上看，小米的性价比还是比较高的。很多消费者根本不明白高通和联发科的处理器差距在哪里，只要外观漂亮，价格越高越有面子，这就是华为和 OV 手机能迅速把小米甩在身后的一个重要原因。当然，小米的饥饿营销，只在网上销售，导致覆盖人群单一，也是小米销量大跌的重要原因。

此次的消费升级，其实就是更多满足消费者在精神方面的需求，也就是在心理上的满足感。当然，商品要足够好是前提，如果颜值还不错，消费者就会认可。垂直类平台的商品或者服务会显得更专业和可信，就越有可能进入消费者的视线，因此，也就越有可能获得消费者的青睐，并且抢先在新零售这种新业态中占有一席之地。

16.2   新 体 验

16.2.1   中产阶层崛起

据阿里巴巴商学院和波士顿咨询的研究数据显示，目前中国富裕人群和上层中产，在 2010 年的时候只占了 7% 的数量，2015 年占了 17%，达到 1.3 亿人。到 2020 年这个比例将是 30%，城镇化的结果将导致这部分群体逐年增加，这就意味着线下实体零售将会拥有可观的消费人群。

另据统计，这类群体的消费额在 2010 年的时候只占了 20%，到了 2015 年占 40%，到 2020 年将占到 55%。这类人群几乎占据了半数以上人数和消费额，同时也说明，未来 5 年，中国消费者将更加富有、理性和成熟。

仓廪实而知礼节，在解决了以往的追求商品的功能、耐用性和性价比之后，中国的消费者对于零售业提出了更高的期望。在商品方面，转向更高的性价比、更高的颜值、更高的品质、标准化＋个性化的专业功能；在内容方面，他们则需要更多的社交体验、更丰富的文化认同和价值认同，具有强烈的参与感；在服务方面，无缝融合的不同场景、随时待命的服务、贴心的个性化服务，以及方便零售的体验和交付，都是这类人群的主要需求点。

值得关注的是，随着新兴中产阶层的不断壮大，新零售首先会在中产阶级这个群体寻找突破口，有钱又有闲的中产阶层更需要具备体验式消费的线下渠道。

也就是说，中国进入中产阶层的消费时代，中产阶层将成为拉动消费的主力军，从原来追求商品功能和性价比，转向以内容和服务为主的体验式消费，他们不再只满足于以往只在线上消费，而更加追求线下消费才能带来的良好体验。而体验式消费诉求恰恰是线下零售实体的强项。新零售把线上便捷的优势和线下体验优势进行有效融合，带给消费者的必将是全新的消费体验。垂直类平台和线下实体零售实体，能提供更加专业、标准的商品和服务，因此，也会是中产阶层首选的消费场景。

另外，我们也可以从另外一个侧面了解到中产阶层的消费趋势，无论是好市多会员，还是亚马逊 prime 会员，以及沃尔玛山姆会员，都是面向中产阶层。当一个国家的人均收入达到中产阶层水平时[①]，消费需求将发生重大变化，也就是食品在消费支出的比重越来越低，更多是在社交、健康、安全及精神方面的支出，即恩格尔系数低。

而在 2015 年，京东商城推出了 149 元的 PLUS 会员服务，紧接着亚马逊中国也出台了 Prime 会员制度[②]，都是收费才能成为会员。京东还和山姆会员超市进行合作，双方就会员和配送达成共识。根据沃尔玛集团发布的最新财报，沃尔玛全球 2017 财年（2016 年 2 月 – 2017 年 1 月）营收达到 4859 亿美元，2017 财年第 4 季度（2016 年 11 月 – 2017 年 1 月）沃尔玛在中国的总销售额增长 5.4%，可比销售额增长 2.3%，可比客单价增长 5.2%。2016 年，沃尔玛开出 24 家新店，包括 21 家大卖场和 3 家山姆会员商店，新店表现超出预期。推动销售增长的动力主要来自大卖场和山姆会员商店，鲜食和干货商品表现最为强劲。

沃尔玛亚洲及中国总裁兼首席执行官岳明德（Dirk Van den Berghe）表示："2016 年是我们近 5 年来业绩表现最好的一年，2017 则是我们加速业务融合发展、全面提升顾客体验的一年。我们将继续推进与京东的战略合作和全渠道发展，为顾客提供线上购物、送货上门、移动支付等多种解决方案，提升线上线下无缝连接的顾客购物体验。同时，加强商品的差异化竞争优势，通过更好的鲜食、自有品牌和直接进口商品给顾客带来差异化的价值体验。"

上述商家不约而同推出会员制，正是基于对中产阶层人群消费属性的重新定位，通过提供不同层次的消费选择，满足中产阶层的消费体验。

2015 年网易也推出了严选购物，一举成为网易电商业务重要的增长驱动力。严选的商品严格选自一线品牌制造商，由网易公司负责采购、品控、物流、销售、售后，提供 30 天无忧退货服务。以"好的生活，没那么贵"为品牌理念，为用户提供好商品、好价格、

---

① 各国水准不一致，美国个人年收入为 5 万～ 8 万美元，8 万以上属于富裕阶层。

② 亚马逊中国 Prime 会员年费是 388 元（首年加入会员优惠价是 188 元，优惠期到 2016 年的 11 月 26 日）。

好服务，和用户一起为美好生活努力。

而在前不久，虽然在电商之路发展屡战屡败的腾讯也不甘寂寞，推出了和网易严选如出一辙的"企鹅优品"，妄图通过腾讯庞大的社交力量再次占据电商业务的一席之地。虽然目前网易严选和企鹅优品尚未收取会员费，但是其选品和经营模式直指中产阶层，试图抓住此轮消费升级的契机，占据中产阶层消费者心智。

16.2.2　勇敢拥抱未来

到目前为止，新零售都是像阿里巴巴、京东这样的大企业在玩，中小零售实体、线上电商和生产贸易型企业有没有机会呢？据国家工商局统计，2016 年 10 月末，个体工商户、私营企业多达 5800 多万户，从业人员 1.24 亿人，私营企业为 2220 多万户，从业人员 1.75 亿人，主要从事批发和零售。这些餐饮、服装鞋帽街边店、夫妻店作为实体零售最重要的组成部分，如果都没有机会参与新零售的话，那么新零售只能是失败的，或者只能像有些人说的那样，只是马云换了个马甲继续骗取线下的流量罢了。

诚然，作为中小电商、中小零售实体和生产型企业，没有电商或者零售巨头们的实力与财力，但是与其坐而待毙，不如拥抱变化。中国之大，城乡差异巨大，即使城市级别相同，由于地域和文化的差异，也将导致消费属性的巨大差异。但随着移动互联网和电商的日渐发达，信息不对称被彻底打破，加上高铁和高速公路的发展，在中国，很难再像过去那样，靠不透明的商业信息赚取差价。不管是线下实体店还是线上电商，靠信息不对称的时代已经彻底过去，物流的高速发展也让电商的优势进一步被打破，此消彼长，线下零售实体作为体验的最佳场景，反而成为了新零售时代的宠儿。

因此，作为小微企业，要想在弱肉强食的丛林时代生存，只有避开和巨头们正面对抗，采用侧翼或者降维攻击的打法，在某垂直领域做精做透，服务好一定范围的一部分人群，就像 KK 说的"一千个铁杆粉丝理论"一样，只要有 1000 个铁粉愿意成为你的会员和用户，你就可以衣食无忧。同理，如果你的小店能覆盖周边 3 ~ 5 千米内的 1000 个家庭，为他们提供商品和服务，那么这个店铺也能获得不错的收益。

事实上，在日本和欧美国家，几代人经营一个蛋糕店、咖啡店、裁缝店、皮鞋店等，传承上百年甚至数百年，他们在各个领域成为了当地社区不可缺少的"基础设施"，有的甚至成为行业的翘楚。欧美的很多大牌，也都是从小作坊、小工作室，经过多年的经营和发展，才慢慢走向世界。

而在我国，不管是互联网领域的创业，还是其他领域的创业，甚至只是开了个街边小店，创业者普遍陷入了集体狂躁症。千篇一律的街头小店，没有任何差异化；当团购开始出现的时候，全国出现了数万家团购企业，当 O2O 概念风行时，又出现了数万家

O2O 概念的企业，以 Uber 为代表的共享经济一经传播到中国，国内数十家企业纷纷加入；共享单车的概念一起，迄今又有几百家企业争先恐后加入这个阵营。没有人愿意去做更多的思考，自己有没有这方面的积累，是否有这方面的能力来做这个事情，只想着拿风投的钱来烧，反正又不是自己的钱，花完了也不会心疼。集体的狂欢和躁动，最终只能落下一地鸡毛。

新零售是一次新的机会，与其坐而待毙，不如勇敢拥抱变化，拥抱未来，勇于探索，走一条与众不同的道路，这才是真正的机会。毕竟只有适合自己的，才是最好的。不要还像上述几次机会来临一样，大伙一窝蜂而上，不久，也一窝蜂阵亡。

16.2.3　小蚂蚁也有机会

大象可以跳舞，蚂蚁也有机会。新零售来袭，作为街头小店，除了接受巨头们的收编，心甘情愿被其先进的技术、供应链和物流体系所改造，搭上巨头们的战车，继续冒着沦为它们获取流量和赚钱的棋子之外，也许，小生产企业、小零售实体也可以把握这次消费升级和零售业态更新换代的机会，蹚出一条属于适合自己独立发展的道路。以下给出十五点建议。

1. 选择一个好的位置开一个零售店至关重要

大卫·贝尔在《不可消失的门店》一书中描述到，传统零售行业中的一条金科玉律——位置决定一切（Location is everything），消费者"位置"至关重要，消费者的收入、教育背景及消费特征等决定了消费者在线上的消费能力和情况。这也是盒马鲜生把第一家试验店开在上海素有"东张扬、西古北"之称的张扬路的最主要原因，该区域是外国人和金领聚居地，具有非常强大的购买力。国外多家大型卖场大多首选中国第一站也在此区域。

事实上，随着移动互联网及新技术的出现，如 LBS、AR/VR 的应用，极大地促进了线上零售业的进一步发展，对应"位置"的定义也越来越宽泛，如体验场景、购买渠道、支付方式、物流方式等也越来越灵活和多变，消费者的需求也变得更加复杂和不确定。但无论如何，流量永远是衡量"位置"的标杆，传统实体零售的流量获取更多依靠的是周边的社区环境；而新零售讲究的则是线上和线下的相互作用，线上零售除了价格、物流、支付方式等方面的优势之外，客户体验则是其软肋，与之相反的是，线下实体零售即买即可带走商品，在用户体验和黏度上更有优势。除非是门店的位置太偏或者太远，否则，用户一旦喜欢上一家门店的商品或者服务，一般情况下是不会轻易脱离的。因此，对于线下零售实体而言，最终决定消费者是否到店消费的最重要原因就是地理位置。

2. 做某个垂直领域占据用户心智的"小品牌"

在细分市场和专业领域，永远都有机会存在，巨头们身躯过大，无法面面俱到，在各个领域都能做得滴水不漏。这就像大象要踩死一只蚂蚁是非常困难的，蚂蚁只要找到一个石头缝隙钻进去，大象也就无可奈何。但是蚂蚁如果溜进大象的鼻子，大象是会感觉到非常难受的。

也就是说，在某个细分和专业领域，做一个占据用户心智的"小品牌"，其实是一个非常好的选择，如国内著名的王麻子剪刀、张小泉剪刀、六必居等。它们在各自细分领域都做到了极致，虽然规模不是非常大，但是品牌的知名度却是国人所认可的，也因此获得较高的溢价和不菲的收益。

据中新社报道统计，截至 2012 年，在日本存续超过 100 年以上的"长寿企业"已突破 2.1 万家。历史超过 200 年的企业有 3146 家，为全球最多，更有 7 家企业历史超过了 1000 年。超过 200 年历史的长寿企业在欧洲也不少，德国有 837 家，荷兰有 222 家，还有 196 家在法国。就连仅有 200 多年历史的美国，百年家族企业也达到 1100 家。

而在中国，经营历史超过 150 年的百年企业，仅有 5 家，分别是 1538 年的六必居；1663 年的张小泉；再加上陈李济、广州同仁堂药业以及王老吉。而超过 100 年的企业仅有青岛啤酒、泸州老窖等。

中国企业不仅不长寿，甚至有些短命。有抽样调查显示，中国民营企业的寿命仅 3.7 年，而美国为 8.2 年，日本为 12.5 年。

究其原因在于国人特别浮躁，没有长远的品牌规划，特别是最近几十年来，企业唯规模论、速度论，一切向钱看，企业价值观沦丧。假药、地沟油、假奶粉等，像蒙牛、伊利这样规模的企业在三聚氰胺事件中居然榜上有名的时候，国人怎么还能相信国内奶制品的品质？

品牌代表着品质，也是企业的良心、诚信和自我约束，任何时候，也是企业能给消费者消费信心的最重要来源。而美、日、西欧等国家，很多店家极具匠心精神，一家店经营 50 年甚至 200 年非常普遍。他们以"一根筋"的匠人精神在做一件事情，以诚信、品牌、商誉、专注、坚持、传承和精益求精为傲，大小生意一视同仁，不会区别对待，首先做到让自己满意，对得起自己的良心，然后才敢把商品提供给消费者，这也是美、日、西欧实体零售充满活力的源泉。

3. 不求大求广，而是要做细做精，精准定位用户群体，做到小而美，服务好周边的消费者就够了

一般的小店，覆盖的范围也就 3 ~ 5 千米，大一点的店也就在 7 ~ 10 千米范围内。互联网的优势理论上的覆盖范围是无限广，事实上，互联网首先应该是本地化，才有可能是全国化甚至全球化，阿里巴巴从小到大的扩张其实也是按照这个路径在发展。对于新零售来说，如果具备天时地利人和的本地都无法做好，那就不要奢谈覆盖全国了。当然，一个小店一旦在某个区域试验成功，复制到更大的区域或者全球的可能性就大大增加，星巴克、麦当劳、肯德基等巨无霸企业，刚刚开始的时候，也只不过是一个街头小店，和众多小店并没有什么不同。著名的奢侈品牌LV，也是路易于1854年在巴黎闹区开了第一家的店面发展成长起来。

聚焦小众和精品，做好差异化和精准营销，只做一定区域内的生意，无疑是线下实体零售最应发力的地方，只有把产品和服务做细做精，让用户的体验最佳，产生极高的黏性，不断复购，甚至乐意在亲朋好友中分享和传播，营销费用也将大幅降低，从而能降低成本，把利润回馈给消费者，这是一种正向的良性循环。

4. 以家庭为消费主体，是未来一种重要的消费趋势

随着收入的增加，人们对精神方面的需求越来越看重，对亲情和互动也越来越重视，美、日、西欧等经验表明，当收入水平进入中产阶段，人们对社交的渴望会成为新的消费需求。中产阶层的特点是"有钱又有闲"，对家庭集体活动更加看重，如家庭聚会、生日PARTY、周末家庭购物、家庭旅游、家庭美食，等等。

在中国这个人情味极浓的国度，以目前最典型的中国三口之家为例，其实背后连接的是夫妻双方父母的两个家庭，也就是说，一位消费者背后至少是三个家庭一共7位消费者，打动其中任何一位消费者，就有可能成交三个家庭。

5. 做好引客留客

大家都知道，网上零销量的商品是很难售出的，其实线下也是一样，线下没有类似线上的评价系统，消费者的口碑传播就显得更为重要，在把客户引进来的同时，也要让把客户转化成用户，并不断为用户提供增值服务，才能持续不断地获得收益。

一个人的需求是多方面的，在商品极大丰富的今天，同一款商品在同一个区域内可能有不同的商户在销售，同质同价比拼之外，更多比拼的就是态度和服务，除了商品的功用之外，商品背后带来的心理属性更应获得重视，谁让客户更爽，谁就更有可能赢得用户的芳心。

在获客成本日益高涨的今天，老用户维护的成本是非常低的，而且，有研究表明，对于实体零售而言，老用户贡献了80%的利润。可见，留住老用户是多么重要。例如，店主可以建一个微信群，把成交过的用户聚集在一起，让他们有机会一起分享和互动，定期举办一些优惠活动或者线下活动，如为社区提供一些赞助，举办一些以家庭为主的亲子活动、春游、自驾游，等等。

6. 由商品转为用户为核心

传统零售是以商品微核心，顾客买完商品离店之后，和店家的关系就结束了，除非顾客下一次再进店购买。店家是一种守株待兔的模式在被动等待客户，完全靠自然流量来养活一家小店。可随着竞争日趋激烈，小店的生存空间不断被挤压，生存状况也日趋恶劣。而在接下来的新零售中，商品的售出只是一个连接顾客的介质，真正的营销是从

接下来的服务开始，当然，留住顾客的信息，才有可能进行二次销售，这是实体零售首先必须做的事情。

进入新零售时代，零售业的竞争已经由商品的竞争，转向了顾客的竞争。在商品主导时期，零售店最重视的是商品，所有组织和流程都围绕着商品进行设计，零售的核心问题就是商品问题。而在消费者主导的新零售时代，零售企业最关注的却是客户，除了做好商品之外，所有的流程设置、组织设计，都要以洞察客户、获取客户、留住客户为最高原则，一切以经营好和服务好顾客为核心。国内很多企业或者零售店，天天喊着以人为本，上帝是顾客，那些都是贴在墙上的标语罢了，真正做到的没有几个。

举个例子，麦当劳、肯德基、星巴克等国外餐饮连锁店，提供免费的厕所服务，星巴克还提供了免费的WiFi和开水，顾客即使不消费，也可以在店里享受到免费的服务，即使你无所事事，在里面一坐一整天免费享受暖气，服务员也不会对你侧目。事实上，只要顾客在店内停留的时间足够长，一定会有购买的需求。特别是免费厕所，很多顾客都有这样的体会，当你内急不得了，半天也找不到厕所的时候，发现麦当劳和肯德基就像找到救星一样，拿人手短，当厕纸也免费给你使用的时候，当你舒舒服服解决完内急的时候，是不是对其有一丝丝的感激？很多人自然而然在店里稍作休息顺便消费。而国内的零售企业呢？如果你不消费，服务员不把你赶出去就算是有素质了。

7. 让客户留店时间更长

罗辑思维提出一个概念，即国民总时间。随着越来越多的手机应用占据了用户的时间，争夺用户的眼球将成为竞争的重点，每个人的时间都是有限的，谁能占据用户的时长越长，谁就越具有竞争力。在咖啡店花了3个小时时间，这3个小时就不可能在超市内产生消费。这也是内容营销被很多零售企业提上当前最重要日程的主要原因，其目的就是试图通过有趣、有价值的内容来吸引和留存用户。

阿里巴巴的盒马鲜生、永辉的超级物种、便利蜂等"新零售业态"，都不约而同地把超市和餐饮结合起来，打造"吃"的场景消费体验，其目的就是让消费者在店内停留的时间更长，带来的消费需求就可能越多。

8. 个性化和差异化

很显然，随着80后、90后成为消费主体，这群互联网的原住民不仅具有线上的消费属性，而且在消费观念上，由于父辈的积累，80后、90后在经济上已经比60后、70后的父辈更加从容和得体。这群新兴的消费者天生具有对更高品质、更深层次、更广范围的消费追求。如对智能、健康、运动、旅游、文化、休闲、时尚、个性化、差异化等方面的需求，80后、90后和60后、70后的消费观念完全不一样，除了看重商品的品质，他们更看重的是消费的场景和体验，即不同场景下能满足其体验的需求，如家庭场景、运动场景、工作场景、旅游场景、休闲场景，等等。因此，零售实体必须站在体验消费的角度，构筑各种不同的消费场景，满足消费者的体验需求。也就是说，零售实体必须为消费者找一个购买商品和服务的理由。

9. 不同品类的商品适合不同的消费渠道

虽然线上可以卖冰激凌，可以卖 SPA 服务，哈根达斯之所以能在线上销售，是其遍布全国的线下店可以提供体验和提货。如果没有线下零售实体的支撑，很多商品和服务就无法完成在线上的销售。事实上，线上比较适合做标品和爆款，线下却比较适合做非标和体验款，理论上，在线上打造爆款引流到线下体验，从线下体验店把流量往线上引，让用户体验更佳，获得更多的用户数据，都是可行的。如盒马鲜生必须使用支付宝支付，其目的就是获得更好的顾客数据，以便在数据层面，对用户价值进行深度挖掘。

当然，哪些商品适合在线上销售，哪些商品适合在线下销售，在新零售来临之前，其逻辑是不一样的。如某款沙滩裤，你如果想要卖出 10 万件，很显然，这样的商品比较适合在线上销售，而且必须考虑到供应链和物流能力。如果想出售的是一款旗袍，那线下是首选，很难想象，一位北京的女士，愿意到杭州来试穿旗袍，对于像旗袍这样对身材要求极其严格的个性化商品，显然线上渠道没有任何优势，除非在北京也开有分店。

另外，对于不知名的品牌而言，很多产品也不太适合在线上销售。例如，某款技术和性能都特别好，但不怎么知名的空气净化器，对于消费者而言，线上的优势特别适合比价，消费者只要在线上一搜索空气净化器，数十款产品立刻出现在面前。从认知的角度上讲，大部分消费者对空气净化器的技术及功用的知识储备是非常有限的，在品牌认知度不够的情况下，即使是性能和功用完全一致，消费者只会优先选择知名品牌和大牌产品，这对消费者是最省心又省事的事，因为在消费者的心智中，"大牌比较有保障""大牌不会骗我"已经成为消费共识。

但是，如果在线下实体店，客户没有那么多品牌的产品可比较，而且如果销售员有足够的时间来和消费者面对面交流的话，产品的性能和优点就可以现场体验，消费者也往往更容易买单。

在即将到来的新零售，消费的主体已经发生根本改变，商品能否卖得好，完全取决于消费者，也就是基于大数据的 C2B 模式，根据客户的需求进行定制，而不是像之前先把产品制造出来，再硬生生地塞给用户。海尔的定制冰箱，就是依托海尔开放性的交互平台和海尔行业领先的互联工厂，消费者可以从众多选择中挑选出自己喜欢的风格和时尚元素，来设计一款专属的个性冰箱，这样的创新模式，可以为消费者带来更个性的生活体验。

法国现代家居设计大师皮埃尔（Pierre）曾说过："最好的产品设计其实都出自用户之手，因为用户才最清楚自己需要什么。"一对一的量身定制，是非常具有个性化的，例如，消费者可以把自己的肖像喷绘在冰箱门上，这对年轻消费者的吸引力可想而知。

随着近年来家电产品同质化现象越来越严重，定制业务无疑戳到了消费者的"痛点"。

这对于小零售实体而言，也是一个非常重要的启示，比如蛋糕店和鲜花店可以根据顾客的需求来定制个性化的蛋糕和生日花束，甚至可以邀请顾客全程参与制作。披萨店和饼干店，也可以根据儿童的喜好，制作不同配料和图形的披萨和饼干，这带给家长和儿童的体验和标准化流程制作的产品完全两样。

10. 跨界整合营销

在流量越来越紧俏的今天，加上时间成本高企的今天，消费者越来越难被邀请，店家想搞个活动，可是没几个人愿意来参加，其原因是消费者对品牌的认知度不够，再加上线上线下的频繁促销，已经让消费者倍感疲惫。因此，店家们抱团取暖，用户资源共享，无疑是能让消费者体验最好，得到更多实惠的做法。例如，可以多店进行联合营销，或者跨界整合营销。

举个例子，有家卖泰国香米的店家，就和商场里儿童游乐场的老板合作，在游乐场里面放了几口电饭锅，煮着香喷喷的白米粥，儿童玩累了饿了，都能免费品尝，儿童们尝得好开心，虽然价格比较贵，但是品质的确好，家长们自然愿意买单，一个家长购买5斤或10斤，一个月下来，几个游乐场共售出了几万斤大米，而且这些顾客都关注了米店老板的微信公众号，以后如果有需要，直接在公众号商城直接购买即可。同时，在米店消费的积分也可以在合作的游乐场进行兑换，进一步带动了游乐场的生意。

11. 所见即可售

消费者的需求是转瞬即逝的，消费的习惯也是越来越碎片化和随意性，上一秒觉得值得购买，他就开开心心下单带走，下一秒他突然有个念头一闪，也许就放弃了购买。因此，在不同的渠道，必须用不同的场景来覆盖和满足不同消费者。小米这两年之所以销量大幅下降，其原因之一就是小米的消费渠道太过于单一，只在互联网进行销售，其实即使在电商高度发达的中国，2016年线上的零售占比也只有12.6%，手机作为比较适合在网上销售的品类，也只有20%的市场占比，线下实体渠道还有80%的市场，小米却没有去触及，这也是雷军在三年内要开1000家线下小米之家的原因。

因此，所见即可售、所见即所购、所见即体验、所见即服务，一定是未来新零售的主要特点。卖汉堡的麦当劳卖起了咖啡，卖咖啡的星巴克也宣布开始卖午餐了，永辉超市卖起了服装。上海的某咖啡店也开始卖起了图书，图书店却卖起了咖啡，没有什么不可以，所见即可售，只要消费者有需求，并能及时满足消费者，就是新零售。

12. 多渠道全覆盖

网易考拉玩起了微商，雷军的小米也玩起了直供，这些都是从各个渠道去触达消费者。新零售不仅仅存在于电商或者线下实体店，只要是能够接触到消费者的地方，都可以是消费的场景。渠道也没有好坏之分，主要看产品适合在哪些通路上进行消费，如让大家都深恶痛绝的微商，天天在朋友圈里拼命发广告，大多数人都非常反感，可是来自腾讯的数据却显示，有46%的35岁～55岁的中年人，有过在朋友圈购物的经历。新零售作为一种全新的零售业态，大家都还在摸着石头过河，只有最适合自己的才是最好的零售。

但是不管零售怎么变化，消费者最根本的需求不会变化，那就是实惠、便利和最佳体验，只要触及消费者的通路足够顺畅，营销的成本足够低廉，营销的效果足够好，都可以去尝试。单一的渠道和全渠道各有优劣，适合自己的永远最好。

13. 挖掘商品背后的价值

我们在前面的章节也分析过，商品除了功用之外，还具有心理和精神方面的属性，如保健产品，除了食用的功能之外，更多只是心理上的慰藉。不少老年人会购买很多保健品，就是因为寂寞，而保健品的促销员，正是看中这一点，看似对老人们无微不至的关怀，最终只不过是为了推销产品。

另外，人参、燕窝、鱼翅等产品，实际的功效其实非常有限，吃这些产品的人更多是在精神上获得一种满足。他们会这样认为：这些产品足够贵，我有能力消费，我比其他人更成功；或者，我吃了这些产品，我能更健康，我能活到比他们更久一点。事实上，附加在商品上面的文化、社交、品位等属性，能给消费者带来更好体验。

14. 和社交结合起来做营销

社群裂变，是目前零售实体通过社交网络传播最有效的方法，而且是成本最低的办法。事实上，新零售的诸多特征，和新社群经济的诸多特点，有异曲同工之妙。比如，在用户定位方面，两者都强调只对特定人群的范围营销；在传播方面，主张以消费者为核心，通过人与人之间的口碑传播，实现低成本营销；在商品和服务方面，两者都主张在垂直和细分做得最好，为用户提供最具性价比的高品质商品和服务；在利益分配上，两者都主张尽量缩短供应链，让利给合作伙伴和消费者，最大程度上做到利人才能达己。在组织方面，两者都认可用户（成员）的价值，会员就是收费的用户，也就是最有价值的用户，会员之所以缴费，其实是对社群或者企业价值观的认同。

15. 新零售就是做好产品和服务

只有做好产品和服务，才能做好新零售。不断通过新技术来提升效率，除了做好产品和服务，也要做到"好货也便宜"。小米科技创始人雷军不久前说：我觉得不管是电商，还是线下的连锁店、零售店，本质上要改善效率，只有改善效率，中国的产品才会越来越好，中国老百姓的购买需求才会极大地释放出来。

在线下实体店一片哀鸿遍野的当下，小米董事长雷军做了一个大胆的实践，把小米系列产品放在线下的"小米之家"出售，售价和网上的价格保持一致。按照正常的思路，线下实体店的房租、人员工资等各种成本居高不下的情况下，在线下门店出售商品的价格就必须比网上的贵一倍、两倍，否则就没办法盈利。

2016 年小米一共开了 50 多家"小米之家"，坪效到了惊人的一平方米 26 万元，整个运营费用接近电商，也就是说，用线上电商的价格在线下实体零售店里出售。据雷军介绍，"小米之家"在各大商场几乎都是人流量最大、销售额最高的店铺，有一个 200 多平方米的小米之家一年销售额居然达到 2 亿元。

雷军还认为，当期中国的企业家应该共同推进国货的品质。消费升级的核心不仅仅单纯把产品做好，还应该提升商业效率，把东西做得性价比极高。只有优化商业效率，才能真正降低成本。消费升级的本质不是把东西卖得越来越便宜，而是用同样的价钱，甚至更便宜的价钱把东西越做越好，这样才能推进社会的进步。

本 章 小 结

面对新零售的汹涌来袭，关键是要有拥抱变化、拥抱未来的胸怀和态度。从这个角度看，新零售不仅是一种全新的商业模式，也是一种全新的营销方式，更是一种全新的思维方式。随着消费升级，消费需求被更新，新的消费者提出了消费新主张，只有通过线上线下结合的新零售，才能满足未来消费者的消费体验。

大象可以跳舞，小蚂蚁也不必悲伤，坚持差异化，在垂直和细分领域深耕细作，做自己的专长。新零售，新体验，新消费，永远只属于拥有新思想、有胆量、肯苦干的零售人。